YINGKE® 盈科

盈科全国业务指导委员会系列丛书

博弈与和谐

360度解码企业
劳资风险管控及争议化解

盈科律师事务所 / 编
蒋阳兵　张　莹　孔　霞 / 著

GAME AND HARMONY

DECODING ENTERPRISE LABOR RISK MANAGEMENT AND DISPUTE RESOLUTION

法律出版社 LAW PRESS · CHINA
北京

图书在版编目(CIP)数据

博弈与和谐：360度解码企业劳资风险管控及争议化解/盈科律师事务所编；蒋阳兵，张莹，孔霞著. --北京：法律出版社，2023
ISBN 978-7-5197-7682-4

Ⅰ.①博… Ⅱ.①盈… ②蒋… ③张… ④孔… Ⅲ.①劳动法－研究－中国 Ⅳ.①D922.504

中国国家版本馆CIP数据核字(2023)第045171号

博弈与和谐:360度解码企业劳资风险管控及争议化解
BOYI YU HEXIE: 360 DU JIEMA QIYE LAO-ZI FENGXIAN GUANKONG JI ZHENGYI HUAJIE

盈科律师事务所 编
蒋阳兵 张 莹 孔 霞 著

策划编辑 朱海波
责任编辑 朱海波 张 颖
装帧设计 臧晓飞

出版发行 法律出版社
编辑统筹 法律应用出版分社
责任校对 邢艳萍
责任印制 刘晓伟
经　　销 新华书店
开本 710毫米×1000毫米 1/16
印张 21.75　**字数** 353千
版本 2023年9月第1版
印次 2023年9月第1次印刷
印刷 天津嘉恒印务有限公司

地址:北京市丰台区莲花池西里7号(100073)
网址:www.lawpress.com.cn
投稿邮箱:info@lawpress.com.cn
举报盗版邮箱:jbwq@lawpress.com.cn
销售电话:010-83938349
客服电话:010-83938350
咨询电话:010-63939796

书号:ISBN 978-7-5197-7682-4
定价:80.00元
凡购买本社图书,如有印装错误,我社负责退换。电话:010-83938349

本书编著者

蒋阳兵 张 莹 孔 霞 著

自　序

本书行文结束即将付梓之际，回想自己创作初衷和历程，思绪万千。

劳动是人类生存和发展的重要方式，亦是公民的权利和义务。在社会中，大多数人以员工与组织（用人单位）建立劳动关系的方式为社会提供劳动。劳工权益和劳资利益平衡与绝大多数人有关联，且直接关系社会和谐稳定。

从笔者的生活和工作经验来看，身边人对劳动关系的法律问题十分关注。笔者自2010年在法院工作时即开始办理劳动争议案件。从法院离职从事律师工作以来，专注于民商事争议解决和提供企业法律顾问服务，笔者经常处理劳资问题和劳资纠纷。十多年的办案经验让笔者对劳资问题有了较为深刻的认识。

我国《劳动法》和《劳动合同法》的修订时间距今较远，但社会的日新月异却带来了一些新问题。例如，互联网平台创新发展的新型共享经济下的用工问题，它们在具体的个案中又有不同的表现形式。2021年7月16日，人力资源和社会保障部、国家发展和改革委员会、最高人民法院等八部门联合出台了《关于维护新就业形态劳动者劳动保障权益的指导意见》，在一定程度上有利于新型用工关系的界定。

又如，一些互联网企业新型灵活的工作方式使传统的工作制度与企业的发展并不匹配，员工与企业亦时常因此发生纠纷。此外，因互联网经济、高新技术的发展和企业对高技能人才的需求原因，越来越多的企业和员工对竞业限制、商业秘密保护等进行了约定，并约定高额的违约金。同时可能因某方的违约造成高额的损害赔偿（笔者办理的近百个竞业限制案件中，相当一部分案件所涉及的违约金和损害赔偿金高达百万元甚至几百万元）。这些问题亦成为当前的热点。

在编写本书的时候，笔者查阅了大量法律法规、司法案例以及相关的期刊文献，思考了许久，决定按照从员工招聘到员工离职再到员工离职后应承担的竞业限制义务和保护商业秘密的体例进行撰写。首先，在招聘环节，从招聘广告开始就会存在劳资纠纷，如就业歧视、招聘广告与劳动合同内容不一致等。其次，确定录用员工后签订劳动合同又或者没有签订劳动合同引发的法律问题关系着员工的整体利益，这也引发了后续合同履行过程中缴纳社保、工伤赔偿、薪资计算、调岗调薪等一系列问题，是发生劳动纠纷的主要内容，因此，需要重视其风险。最后，员工离职也是劳动关系中比较复杂、稍有不慎就会对企业形象、对劳资关系造成重击的环节，常起纠纷，笔者希望能够提供离职管理、离职补偿的规范操作来为企业阻却风险、为员工保障利益。

另外，笔者以专章的方式对新型用工关系和竞业限制等热点问题进行详解，对其产生背景、特点、认定一一表述。同时，笔者对劳动争议解决程序进行了论述，可作为员工和用人单位在发生劳动争议后，通过法律途径化解争议的指引。

思至本书的受众，笔者倾向于将自己亲身接触的情形作为引入，以律师朋友的口吻对法律问题、法律风险进行讲解，还会举一些经典案例来使行文能如电视剧情节般浮现在读者眼前，使读者不会觉得枯燥无味。同时，在多处经典问题的最后，加上案例链接，帮助读者更好地了解相关法律问题、做好风险防范。

在本书的编写过程中，孔霞女士为本书提供了较多生动有趣的实务案例，并参与了部分内容的撰写。岭南师范学院从事学生就业指导的张莹老师亦全程指导，共同参与撰写成书。团队小伙伴黄雅琪精心收集了可以说是海量的甚为齐全的劳动法规范文件，并进行整理归类。在此，对上述人员的辛勤付出表示由衷的感谢。

本书的写作过程虽历时近两年，但基于笔者对本书全面性、多样性、时新性、前沿性和实用性的追求，甚感时间仓促，其中难免有些错漏，部分观点可能甚为肤浅。恳请各位业界权威、师长前辈、同业专家多多批判，多多指正，不吝赐教。

为了增强实用性，团队小伙伴收集了涉及劳动领域的法律法规、司法解释、司法指导性文件及其他规范性文件，分门别类整理成册。部分规范虽已经失效，但为了大家能更好地了解我国劳动法制度过去的实施情况，还是予以保留并注明失效情况。鉴于书籍篇幅的限制，未能全部附在书中，故我们整理了电子文件并将持续、及时更新补录相关内容。如有需要，大家可与笔者联系。

是以为序！

前　言

作为律师,在服务很多常年法律顾问单位等客户的过程中,经常遇到各种各样的企业用工问题。而说起企业用工这个话题,真的是很多企业 HR① 的一个“痛点”。为此,我们想从律师的角度为 HR 提供一些劳资方面的实务法律知识,以便对 HR 的工作有所帮助。

首先,从财务方面来说。

大部分企业,经营是为了利益最大化。但是,在赚钱的同时,合理的开支是必要的。对于大多数企业尤其是中小微企业来说,人力成本是企业最大的固定财务支出成本,如工资、奖金、社保、公积金、招聘费、培训成本、离职成本等。这些成本加起来,就会是一笔庞大的开支。无论公司经营业绩好坏,人力成本是必需支付的。如何合理合法避税、严格控制人力成本,如何通过组织结构设计、职位搭配、流程管理提高人员使用效率,建立严密的职位编制、人力成本预算、进行人力成本控制等,这些是每一个企业管理者都要了解的。

其次,从企业经营角度来说。

在公司发展的每个阶段,都可能存在用工隐患。有的隐患发生后,甚至会给企业带来致命的打击。每个企业的成长都会遇到一些坎儿、一些坑儿。我们怎样踏过这些坎儿、这些坑儿?比如,怎么做才能保护公司的商业秘密不被泄露?辛苦培养出来的员工被竞争对手挖墙脚了怎么办?花费了大量的精力和财力,给公司挖来了一个高级管理人员,却发现他的实际能力与预期不匹配,该怎么处理?高级管理人员不辞而别带着公司的核心技术去创业了,该怎么办?这些都是现实中比较常见的实务问题。

---

① HR, Human Resource,人力资源管理。此处指从事人力资源管理工作的人员。

最后，从企业发展角度来说。

企业在发展，员工的维权意识在增强，随之而来的是劳动争议案件数量的增长。如果员工频繁变动，企业将可能花费很大的时间和精力应对仲裁、诉讼和执行，甚至承担高额的费用支出。随着互联网的发展和司法公开的推进，公司的争议诉讼大多呈现在网络上。大量的纠纷不但影响企业的声誉，还可能影响品牌形象；对企业的招聘、与合作方的业务合作和未来发展也会产生很多不良影响。

近年来，随着互联网经济的发展，各种商业模式不断涌现，新型用工关系兴起。新型用工中又存在不同模式，司法实践中对于新出现的用工关系的裁判尺度不统一，给一些企业带来了用工和商业模式创新方面的困惑。为此，我们在本书设专章研究新型用工的各种模式和司法机关的裁判规则，以期给读者一些建议。

此外，为防止高级管理人员、涉密人员在有竞争关系的资本中流动，与员工约定竞业限制日渐成为用人单位防止核心竞争力流失的不二法门，竞业限制纠纷成为当前的热点。因各地社会经济发展状况不同，各地的司法裁判尺度亦相差较大。有的司法机关更注重契约精神和竞业限制的价值，倾向于裁判违约的劳动者支付高额的违约金；有的司法机关更倾向于保护劳动者的劳动权利，不轻易认定劳动者违反了竞业限制约定或只支付较低的违约金。

学以致用、用以促学、学用相长。

目　录
CONTENTS

第一篇 Part 1 招人篇

第二篇 Part 2 用人篇

第三篇 Part 3 离职篇

第四篇 Part 4 商业秘密保护与竞业限制篇

第五篇 Part 5 新型用工篇

第六篇 Part 6 劳动争议解决篇

附 录 Attached 相关法律法规

第一篇

招人篇

1. 发布招聘的法律风险防范

1.1 招聘广告的重要性

曾经一则招聘广告火爆网络，这篇招聘广告全篇没有一句空话、废话，全是实实在在的“干货”。例如，“学校很一般”“不是双一流”“平台很一般”“牛肉便宜35元一斤”等。该招聘广告显示出了招聘方质朴、真诚的求贤心态。

一篇几百字的招聘广告，不仅帮该学校打响了名声，更是用不占优势的薪酬和福利，吸引了大量的目标人才。

然而，有些招聘主体却被指控在招聘广告中涉嫌就业歧视。例如，在招聘广告中声称求职者可以与“美女同事”一起工作，某视频平台招聘时过滤掉特定地区人等。

这样未经把关的招聘广告，不仅会给企业带来负面影响，影响自己的品牌形象，还会导致利益损失。在企业与员工的关系中，“招聘”是第一个环节，但也是最容易被忽视的环节。

有一位商界大佬说，我拿出1/3的时间花在招人上，因为优秀的企业离不开人才，如果招到普通人再去花钱花精力培养，却培养不出来，不如在开始就招到合适的人。所以，只有先把招聘广告做到位，企业留住核心人才、保住核心技术、业绩持续飙升等目标才有可能实现。

1.2 招聘广告的撰写

1.2.1 写明薪酬与地点，招聘信息中要写明公司的具体位置。让应聘者能核算时间成本、生活成本。对于部分一线城市的应聘者来说，一个离家近、少得到一些薪酬的工作,会比薪酬稍微高些却要上下班来回三四个小时路程的工作适合。

1.2.2 确定HR。如果你说公司太小没有HR,那么你作为公司负责人,也应该具备招聘的技巧。公司招人难的问题,首要的就是先招到优秀的招聘人员（HR）。

1.2.3 招聘信息客观真实。不要在招聘广告中撰写主观要求,如以加班为荣等。若该岗位确需加班,要如实写清加班的待遇。

1.2.4 写明发展前景。很多年轻的应聘者,更愿意考虑在新公司能学习到什么,有没有上升空间。对于他们来说,成长比现有利益更重要。

1.2.5 招聘信息要精练。互联网时代讲究效率,废话不要有。

1.3 发布招聘信息的法律风险

1.3.1 招聘信息虚假。招聘广告不能虚假承诺,更不能有招聘歧视。否则,不仅会影响企业形象,情况严重的话还要承担法律责任。

《就业服务与就业管理规定》中明确规定,企业提供虚假招聘信息、发布虚假招聘广告的,由劳动保障行政部门责令改正,并可处以1000元以下的罚款;对当事人造成损害的,还应当承担赔偿责任。

1.3.2 就业歧视。招聘广告中表明“985、211高校优先”“本地户口优先”“优先录用男性”的,一般属于就业歧视;“乙肝病毒携带者”报考公务员或者求职时被拒,也属于就业歧视。在招聘信息中应该尽量避免,以防带来不必要的麻烦。如企业确有此特殊需求的,可在具体的录用考察中根据企业需求确定录用人选。

1.3.3 招聘信息内容不精准、有歧义。招聘信息中最重要的两个信息就是薪酬待遇和录用条件。信息所表明的工资、福利、假期等内容,应该明确具体,不能虚假承诺。尤其是一些特殊岗位应标明详细的薪酬设置。比如,是底薪+提成,还是固定工资;是否有股权或期权的激励;是否有上升空间等,这些都是吸引应聘者的亮点。做好用工规划、写清楚要点,有助于人才的招募。

有的企业管理者会想,怎样既能招到合适的人才,又能平衡供需双方的利益呢？笔者建议，可以把薪酬体现在一个适当的区间内。

比如，在招聘信息中，可以把月薪定在1万至3万元（以深圳、广州等地为例）。从企业的角度来看，你不能预估出新招来的员工其实际能力是怎样的，但可以在电话沟通或面试的环节通过具体的洽谈来判断他能给企业带来什么样的价值，根据价值确定最终的薪酬标准，这么做就给了企业一个缓冲的余地。对于应聘者来说，如果看到企业定的薪酬过低，可能会失去应聘的兴趣。如果看到企业薪酬定得很高，面试结束后也被录用了，而最终发现企业给不了招聘信息中的待遇，那么就会浪费双方的时间和精力，甚至可能引发争议。

比如，有位杨小姐，成功地应聘到一家企业做销售运营总监助理，双方约定月薪13K。可是当她去做入职体检时，被人力总监叫去谈话，说变动工资，基本工资变为4K，通过自己的努力，最后肯定能达到13K。

杨小姐坚决不同意，因为之前双方谈的都是基本工资，不是综合收入，这点公司的负责人已经说过。后来该公司的人力总监说确认下，结果第二天，她接到通知说不用入职了，再去找其他工作吧。

杨小姐开始维权，该企业的信用和品牌形象受到了一定的影响。

那么这个事件存在的问题有哪些？

第一，企业没有明确地表明薪酬的组成结构是什么。给应聘者造成了假象。如果当时企业负责人觉得对方是职场新人，不值得给出这么高的工资，那你可以说得很清楚，基本工资4K，加上绩效综合月收入可达13K或等成长起来后可达13K。

第二，该企业负责人口头承诺杨小姐被录取了，这只是一个“要约”。什么是要约呢？就是一方以缔结合同为目的，向对方提出合同条件，希望对方当事人接受的意思表示。所以，这个口头承诺并不是一个正式的录用通知书。正式的录用通知书也就是“offer”，是用电子邮件或纸质文件表明，你被录取了，你的薪酬待遇是怎样的。在这个事件中，并没有详细地说录用通知书上是否写了薪酬是多少。这也是引起争议的主要原因。

第三，没有完善的录用流程，岗位职责分工不明确。这就产生了公司负责人说可以录取，但人力总监却不这样认为。关于这个话题会在下文详细说明。

虽然这个公司在网上作出了公开道歉和经济赔偿，但是对于一个大企业来说，再好的公关措施也弥补不了品牌形象和声誉的损失，不如把好招工开头关。

此外，录用条件明确具体，也能够帮助用人单位节约招聘成本，淘汰不适合自己企业的劳动者。

1.3.4 招聘广告不合法。有的朋友可能认为，我发布一个招聘信息而已，难道还会违法吗？其实是有这种可能的。法律规定招聘广告必须符合国家以及地方的法律法规和政策，不能发布违法信息。

比如，一些不具备境外劳务派遣资格的公司，存在招聘员工到境外工作、将招聘信息通过非正常途径向受众发送，以及非法挖人等现象。这些都有可能被认定为招聘行为违法。

1.4 实用技巧

1.4.1 招聘广告尽量灵活。前面本书已提到，薪酬可以设立范围，那么招聘条件可以使用“优先”“择优”等字眼，在合适的条件下尽量扩大目标求职者的范围，最后根据面试对应聘者进行评估和考核之后，作出合理选择。

其实，有些时候没有必要把条件说得太死板，这样很可能错过优秀的求职者。而且，使用灵活、委婉的表述来表明自己的某些要求，一般情况下不会被认定为歧视。

1.4.2 招聘广告可适当注意宣传企业。招聘广告也是广告，特别是现在在一些招聘平台上发布信息，是要有资金支持的。

因此，既然花了钱，给企业争取了曝光的机会，那么就要巧妙恰当地在招聘信息中加入一些企业的宣传信息，这样不仅有助于企业建立品牌，赢得好口碑，也能更加吸引那些优秀的求职者。例如，公司规模、做出过什么样的成绩、获得了某大投资机构的融资等，都是很好的宣传企业品牌的方式。

1.4.3 招聘广告中添加“披露未尽”声明。在招聘信息中，列举工作内容、公司规章制度等内容时，应该添加一条“披露未尽”的声明。也就是说，招聘的详细情况以公司的制度文本及最终签订的劳动合同为准。这样可以避免将来出现不必要的纠纷。

1.4.4 招聘广告要存档备案。招聘广告内容和最终签署的劳动合同可以组成完整的证据链。招聘广告、规章制度、入职手续以及劳动合同等环节全部打通，才能够形成完整的防御体系，这样将来如果发生劳动仲裁或者诉讼，企业就能够拿出有力的证据，来维护公司利益。

总结一下，本节主要讲了如何做好企业用人第一步，写好招聘广告，规避招聘风险，并给出了相应的建议和技巧。

法条链接

《就业服务与就业管理规定》(2022 修订)

第十四条 用人单位招用人员不得有下列行为：(一)提供虚假招聘信息，发布虚假招聘广告；(二)扣押被录用人员的居民身份证和其他证件；(三)以担保或者其他名义向劳动者收取财物；(四)招用未满 16 周岁的未成年人以及国家法律、行政法规规定不得招用的其他人员；(五)招用无合法身份证件的人员；(六)以招用人员为名牟取不正当利益或进行其他违法活动。

第六十七条 用人单位违反本规定第十四条第(二)、(三)项规定的，按照劳动合同法第八十四条的规定予以处罚；用人单位违反第十四条第(四)项规定的，按照国家禁止使用童工和其他有关法律、法规的规定予以处罚。用人单位违反第十四条第(一)、(五)、(六)项规定的，由劳动保障行政部门责令改正，并可处以一千元以下的罚款；对当事人造成损害的，应当承担赔偿责任。

2. 办理员工入职的法律风险防范

招聘广告发布后,接下来就是新员工入职了。新员工入职非常关键。常言道,好的开始是成功的一半。接下来,就对办理员工入职的法律风险防范展开论述。

2.1 案例说法

某公司新招聘到一名技术顾问小王,小王曾在一家互联网公司工作,负责计算机专业技术。劳动合同到期后,他与原单位终止劳动合同,之后领取了失业证。随后应聘到新单位,因为各种调查均证明小王各项能力符合公司招聘条件。小王入职第 3 个月,新单位就收到了一份律师函,原来小王上一份工作单位是一家互联网公司,他在入职那家公司时,与公司签署了很多文件,其中就包括竞业限制协议,但离职的时候小王早就把竞业限制协议忘得一干二净,更没注意到账户里多出来的补偿金。接到这个案子后,我们团队调查得知,这是一家初创企业,和很多初创企业一样,为了节省人力开支,并没有设定负责招聘的人力资源岗位,日常的招聘工作如招聘广告的发布、约人面试等都是由前台完成的,企业老板直接负责面试。技术顾问小王就是在与企业老板进行一番沟通之后,便签了劳动合同。我们团队接手这个案子后,就企业的用工问题向企业老板解释了相关规定,企业老板才知道,招聘原来不是把人招来那么简单,还要注意一些风险防范。在处理完竞业限制案件后,这家企业专门邀请我们团队对所有已经签了劳动合同的员工逐一排查潜在的法律风险,还真筛查出了几名员工,这对企业负责人来说,也算及时止损。

就在准备写这本书的时候,笔者的一个朋友曾聊过,费了好大力气,终于招来一个行业高手,谁知刚工作半个月就发现,其简历跟能力完全不匹配。问笔者怎么办?笔者提供的建议是立刻按法定程序解除劳动关系。

2.2 防范建议

2.2.1 面试时要进行工作能力测试。如果招聘的是人力资源,可以让应聘者写一个新员工入职流程;如果是自媒体招聘内容编辑,可以让应聘者分析一篇网络热文;如果是技术型人才不方便当场测试,那建议在签订劳动合同时,从试用期长短、岗位说明等细节方面进行规范。

2.2.2 让专门从事人力管理的人负责新员工入职流程。有的初创公司和小公司没有人力部门负责人事,可以考虑请外部的劳动法律师根据公司特点和职位要求,拟制员工入职流程,把每一个环节可能涉及的"法律点"都写清楚。在笔者从业过程中,看多了因为不懂法律引发的劳动纠纷,一直跟客户强调:专业的事一定让专业的人做,一时间找不到专业的人,自己又不懂,就一定要找懂的人给把关。例如,找专门的劳动法律师、人力资源服务公司出一份招聘方案,一次付费,一劳永逸。老话说贪小便宜吃大亏,这句话在企业经营上也适用,那就是省小钱、吃大亏。

2.2.3 做好入职前的调查工作。调查包括:(1)给即将入职员工的上一家单位打电话,了解劳动者的个人情况,如劳动者以前的工作内容、工作态度等,这个电话调查最直接也最有效(实用技巧,简单可操作)。(2)进行诚信调查。现在网络信息通达,如果新员工官司缠身或者有经济纠纷案史,就会给公司埋下隐患,特别是高级管理人员职位,势必影响工作,所以司法调查是很有必要的。大家可以登录"中华人民共和国最高人民法院"网站,点击"被执行人信息查询",在对话框中输入新员工的姓名、身份证号码、验证码,点击查询,就可以知道新员工是否为失信被执行人,若新员工是失信被执行人,那么必定会影响企业的工作进展。(3)审核入职资料,验明正身。入职资料包括学历、学位、专业证书等,可以通过登录学信网对毕业证书的真伪进行查询;如果是各类资格证据则登录相应的网站进行查询,如造价师证需要登录造价员管理系统进行查询,以确定证件的真实性。

2.2.4　确认要入职的员工是否与其他单位签订竞业限制协议。员工签订竞业限制协议多发生在知识型、技术型公司，或者掌握企业一定商业秘密的员工身上，此类型公司，这个工作一定要做。

对于这个问题，有三个解决办法：一是审阅员工与原单位签订的劳动合同；二是向原单位核实；三是要求新入职员工写下保证书，保证其在原用人单位工作期间无保密和竞业限制约定，否则后果自负。

2.2.5　查验将入职员工与其他单位是否存在劳动关系。在入职新单位时，离职证明一般是不可缺少的文件。我国《劳动法》规定，如果用人单位录用的员工与原单位的劳动关系没有解除，给原单位造成损失的，该用人单位应承担连带赔偿责任。笔者在从业实践中，反复跟对接单位强调，只要触及法律和经济，就一定要多加谨慎。对新入职的员工，不能只听他说，还要实物证明文件。例如：(1)要求劳动者提供离职证明或者失业登记证明，如果是大中专毕业生则要求提供报到证等；(2)签订劳动者本人承诺书，保证与原用人单位已解除劳动关系，否则后果自负。

2.2.6　对员工进行入职前的健康检查。入职前体检是为了预防新员工带病入职，给公司带来不必要的风险。为了确保体检报告的真实性，建议公司统一规定员工到指定的市级、县级、区级医院进行体检，以免有涉嫌假体检之类的情形，引发不必要的麻烦。

2.2.7　向应聘者发出录用通知书。在这里，建议录用通知书在确认体检合格后再发出，目的是防止发出通知之后发现体检问题而无法入职。此外，录用通知书最好表明有效期间的起始日期和截止日期，或者注明应聘者需要确认的条款内容，并要求应聘者将确认文书邮寄给单位。这样设置的主要目的是使单位在有限时间内招录到合适的人才。此外，还可以注明期满前应聘者未书面确认接受录用的，录用通知书自动失效。

2.3　细节提示

以上入职前所有该做的审查都做完了，是否就能高枕无忧了呢？当然不是。在完成入职前的审查事项后，即将进入合同签订环节。在这里，有几个细节一定要注意。

2.3.1 让员工签订本人承诺书。关于承诺条款,可以根据公司需要进行设定,如承诺所提交材料的真实性,承诺已离职,承诺没有与其他单位签订竞业限制协议等。

2.3.2 签订员工入职前岗位说明书。有的企业对某岗位有绩效考核等要求,此时说明书就一定要签,并且要写好考核细则和标准。说明书的签订,是为了预防企业单方解除劳动合同时发生纠纷。

2.3.3 公示公司规章制度。几乎每个单位都有自己的规章制度,这个规章制度包含了员工的行为规范及员工的责任权利等内容。在签订书面劳动合同前,用工单位一定要向新入职的员工公示企业规章制度,包括员工手册等,这样在发生劳动纠纷时,规章制度才能够作为一个可以采用的法律依据。企业规章制度通常由专业劳动法律师根据企业特点量身定做,关于这一点,将在下文详细介绍。

2.3.4 第一时间签订劳动合同、缴纳社保。关于这一点,会在后面的内容中进行介绍,包括试用期、实习期、正式劳动合同等,此处不再赘述。

2.3.5 文件留存备查。将新入职员工的重要证件扫描或复印留存,同时将各种相关文书或者招聘材料都存档备查。

相信通过本节内容,大家对"办理员工入职必须了解的法律风险"已经有了一个清晰的认识,希望在实践中也能把好企业的安全用工关,为企业的安全运营保驾护航。

法条链接

《中华人民共和国劳动合同法》

第四条 用人单位应当依法建立和完善劳动规章制度,保障劳动者享有劳动权利、履行劳动义务。

用人单位在制定、修改或者决定有关劳动报酬、工作时间、休息休假、劳动安全卫生、保险福利、职工培训、劳动纪律以及劳动定额管理等直接涉及劳动者切身利益的规章制度或者重大事项时,应当经职工代表大会或者全体职工讨论,提出方案和意见,与工会或者职工代表平等协商确定。

在规章制度和重大事项决定实施过程中,工会或者职工认为不适当的,有权向用人单位提出，通过协商予以修改完善。

用人单位应当将直接涉及劳动者切身利益的规章制度和重大事项决定公示，或者告知劳动者。

第九十一条 用人单位招用与其他用人单位尚未解除或者终止劳动合同的劳动者，给其他用人单位造成损失的，应当承担连带赔偿责任。

《违反〈劳动法〉有关劳动合同规定的赔偿办法》

第六条 用人单位招用尚未解除劳动合同的劳动者，对原用人单位造成经济损失的，除该劳动者承担直接赔偿责任外，该用人单位应当承担连带赔偿责任。其连带赔偿的份额应不低于对原用人单位造成经济损失总额的百分之七十。向原用人单位赔偿下列损失：

（一）对生产、经营和工作造成的直接经济损失；

（二）因获取商业秘密给原用人单位造成的经济损失。

赔偿本条第（二）项规定的损失，按《反不正当竞争法》第二十条的规定执行。

3. 签订劳动合同法律风险防范

自2008年《劳动合同法》生效后，相信很多企业都知道员工一定要签订书面劳动合同。随着劳动者越来越具有法律意识，他们也会要求跟单位签订劳动合同。但是，现实中总有这样或那样的“故事”在上演，有的不小心就演成了“事故”。

3.1 签订劳动合同的必要性

关于劳动合同，先给大家做一个简单的介绍，劳动合同通常有三种：有固定期限合同、无固定期限合同、以完成一定工作任务为期限的劳动合同。我们日常应用比较多的是有固定期限合同，在这类合同里，用人单位与员工在合同里约定了劳动关系的起始时间和终止时间。无固定期限合同就是用人单位与员工只约定了合同开始时间，没有约定终止时间。关于无固定期限合同，下文会给大家介绍，这里就不详细讲解了。而对于一项拆迁工程、研发一项专业技术以及季节性的工作等一般可以订立“以完成一定工作任务为期限的劳动合同”，这里需要跟大家说明的是，这种合同是不能与员工约定试用期的。

劳动合同是用人单位与劳动者确立劳动关系、明确双方权利义务的协议。劳动合同里约定了劳动者的工资、工作时间、工作地点等信息，保护用人单位和劳动者双方的利益，一旦发生劳动纠纷，劳动合同是解决争议最直接也是最有效的法律凭证。

劳动合同看似简单，但由于没有处理好劳动合同而引发的劳动纠纷却五花八门。

笔者曾接到某企业的委托，负责处理企业与员工的劳动合同纠纷问题。该企业是一家子公司,后来要变更公司名字,在变更之前,公司员工的合同陆续到期,企业负责人决定等公司名字变更后,以新公司的名义与员工续签合同。恰在这时,总公司决定把子公司注销。注销的消息通知到子公司后,由于总公司迟迟不解决子公司员工的赔偿金问题,员工一怒之下就未签劳动合同问题向劳动仲裁机构申请双倍赔偿。笔者接到这个案子后,非常明确地跟企业负责人说,未签合同是事实,仲裁机构一定会支持员工的诉求。我们需要:一是对员工晓之以理、动之以情劝员工放弃劳动仲裁;二是让负责人尽最大诚意、以最快速度按法律规定解决员工的赔偿金问题。企业负责人要让员工知道,企业并非恶意不签劳动合同,且一旦诉诸法律,在行业里也会对个人信誉造成不好的影响,笔者也将积极跟企业沟通,尽快按法律规定解决赔偿金问题。最后公司在一周内赔偿金到位,员工撤销仲裁。所以,笔者一直强调,规范用工必须从签订劳动合同做起。

在笔者的执业生涯里,很多劳动纠纷真的是可以避免的。笔者在与企业主交流时,也一直强调:一定要签劳动合同。

3.2 签订劳动合同的时间

劳动合同要签,那么,什么时候签对用人单位来说最安全?听了这个问题,很多人可能会想,当然是试用期满后签。实际上很多单位都是这么做的,但其实笔者不赞同这样做。

笔者的建议是,员工入职1个月内一定要签劳动合同。我国的劳动合同法规定,从员工上班第一天算起,1个月内如果企业没有与员工签订书面劳动合同,那从员工入职的第二个月第一天算起,用人单位就要支付劳动者双倍工资,一年后就视为无固定期限劳动合同,所以,单位一年不签合同,劳动者就可以获得11个月的双倍工资。

事实上,员工入职1个月内签订书面劳动合同对用人单位"百利而无一害"。这个将在用人篇着重论述,单位完全没必要担心试用期间签订书面劳动合同会有风险,此处不再赘述。

3.3 劳动合同的签订

劳动合同应当找专业律师把关。笔者知道很多企业会从网上下载劳动合同范本,但笔者是坚决反对这样做的。关于劳动合同,最重要的就是劳动合同条款的约定内容。范本,自然都是泛泛约束,强调的是共性问题,而企业性质、经营方向、工作方式等个性问题,在劳动合同范本里是体现不出来的。高科技公司、建筑、化工等专业性非常强的企业的劳动合同,建议找专业的劳动法律师,针对本企业实际情况把关。

3.3.1 劳动合同的核心条款以及注意事项,主要包括以下几点:

3.3.1.1 用人单位的名称、住所、法定代表人或者主要负责人。对于简单的用工关系来说,这点听起来很简单。但是,对于工作、业务、人事管理等方面存在交叉的关联单位来说,主体不确定可能需承担连带责任。比如,劳动者在关联单位之间交叉工作,而且工作内容发生重叠,那么涉及工资、加班费等纠纷时,关联单位很可能被列为责任人,承担连带责任。

3.3.1.2 劳动者的姓名、住址和居民身份证或者其他有效证件号码。在论述员工入职时的注意事项时提醒过单位要及时审查并保留员工入职时的各项信息材料,包括其身份证复印件。仲裁机构和法院立案时亦需要个人的身份证复印件。

3.3.1.3 劳动合同期限。前已述及要在1个月内签署书面劳动合同,那么合同期限从哪天开始呢?是从签订的那天计算,还是从试用期满的那天计算?都不是,应当是从开始上班的那天开始计算。如果签署时间晚了也要追溯到开始上班那天。

3.3.1.4 工作内容和工作地点。实践中,最常发生争议的就是工作岗位内容。所以,劳动合同既不能约定过窄而"自缚手脚",也不能约定过宽而没有实际效果,要保持在一个适当的尺度和范围。当然,工作地点也一样经常发生争议,因为这直接关系到员工的通勤时间,通勤时间过长很是影响劳动者的家庭生活。笔者作为法律工作者,为单位审查劳动合同时,见过各种各样的约定,有的根本就没有约定工作地点,有的则约定"全省"甚至"全国"。笔者给一家施工单位的客户审查劳动合同时，就建议单位将施工项目变更可能导致工作地点变化的行业特点直接告诉劳动者，先明确签合同时的项目地，然后明确变换工作地点的后果。因为施工单位的项目可能今年在北京，明年可能在深圳，所以这种情况就是双方对工作地点协商确定后的明确约定，在合同中注明“后期新项目，无须重新签订书面文件确认，劳动者服从用人单位的用工安排”。行业不同，怎么约定最有效还是建议聘请专业人员进行设计。

3.3.1.5　书面劳动合同的必备条款还包括工作时间和休息休假、劳动报酬和社会保险等。比如，员工加班会涉及加班费，根据工作年限会享有带薪年休假以及医疗假等，而劳动报酬和社保更是直接关系到员工待遇，拖欠工资或者社保不足额缴纳都会产生一定的后果，这将在后续章节中为大家着重讲解。

3.3.1.6　劳动合同必备条款一定要明确，否则一旦发生纠纷，行政或者司法机关在解释时会倾向于按照有利于劳动者一方的解释方法来解释条款。

3.3.1.7　除了必备条款，劳动合同还可以对单位出资培训、劳动者保守用人单位商业秘密、竞业限制、单位管理、劳动合同的解除等事项，约定双方的权利和义务。这个可以根据本单位的实际情况进行约定，知识型和技术型等高科技公司，由于比较专业，建议请专业的劳动法律师进行设计和把关。

以上是书面合同初次签订问题，书面合同到期后还有一个续签问题。

3.3.2　劳动合同续签，需要注意以下几点：

3.3.2.1　人事部门可以设置到期提醒程序。这是为了避免出现劳动合同到期后没有终止或者续签，形成事实劳动关系的情况，因为一旦形成事实劳动关系，用人单位再想解除，就会承担更多的法律风险。

3.3.2.2　在企业与员工沟通续签问题时，建议双方以书面形式进行，方便留存证据。用人单位可以先行制作征询意见函，经沟通，双方都同意续签劳动合同的，应当在原劳动合同期满前完成续签。如果有一方决定不再续签，也要在原劳动合同期满前办妥劳动合同的终止手续。

3.3.2.3　企业需在法定期限内与员工续签劳动合同。超过原劳动合同期限届满日（30 日），即为超期续签，企业将存在需向员工支付从未签订劳动合同第一个月起的 2 倍工资风险。

3.3.2.4　超过续签法定期限未签订劳动合同，应与员工协商能否倒签或者补签，以降低支付 2 倍工资风险。

3.3.2.5 企业拒绝与员工续签时,应当向员工支付经济补偿金;员工自愿不续签时,企业可不予支付经济补偿金,节省用工成本。

3.4 劳动者拒绝签订劳动合同

对已在单位工作的劳动者,用人单位要在1个月内向劳动者送达签订合同通知书。劳动者拒绝签订劳动合同的,应要求劳动者提供书面意见,将其书面意见作为证据保存,然后在1个月内书面通知劳动者终止劳动关系。

3.5 合同保管问题

劳动合同要将员工入职以及工作期间直至解除合同时的全部材料均作为员工档案,并进行规范管理。员工离职后,亦要至少将其档案保留2年备查。当然从防范法律风险角度来看,不仅是劳动合同,跟劳动关系有关的一切档案材料,都是需要保留的。

法条链接

《中华人民共和国劳动合同法》

第八条 用人单位招用劳动者时,应当如实告知劳动者工作内容、工作条件、工作地点、职业危害、安全生产状况、劳动报酬,以及劳动者要求了解的其他情况;用人单位有权了解劳动者与劳动合同直接相关的基本情况,劳动者应当如实说明。

第九条 用人单位招用劳动者,不得扣押劳动者的居民身份证和其他证件,不得要求劳动者提供担保或者以其他名义向劳动者收取财物。

第八十二条 用人单位自用工之日起超过一个月不满一年未与劳动者订立书面劳动合同的,应当向劳动者每月支付二倍的工资。

用人单位违反本法规定不与劳动者订立无固定期限劳动合同的,自应当订立无固定期限劳动合同之日起向劳动者每月支付二倍的工资。

《就业服务与就业管理规定》(2022 修订)

第六十七条 用人单位违反本规定第十四条第(二)、(三)项规定的,按照劳动合同法第八十四条的规定予以处罚;用人单位违反第十四条第(四)项规定的,按照国家禁止使用童工和其他有关法律、法规的规定予以处罚。用人单位违反第十四条第(一)、(五)、(六)项规定的,由劳动保障行政部门责令改正,并可处以一千元以下的罚款;对当事人造成损害的,应当承担赔偿责任。

案例链接

公司主动要求续订无固定期限合同,为何最终却要承担赔偿金?

【案情】

厦门一家网络技术公司在2012年6月聘用了一位程序员许女士,负责PC端开发工作。在签订劳动合同的时候,该公司与许女士约定的工资标准是每月4000元,另有每月500元的固定补贴在年终发放,如果中途离职,则不发放。2019年2月,许女士升任公司研发部主管,从当年6月起,许女士每月的工资已超过8000元,但劳动合同中约定的工资标准仍和2012年一样。从2012年6月许女士入职到2020年6月,这八年间,公司与许女士先后签订了4份固定期限劳动合同。2020年6月最后一份固定期限劳动合同期限终止时,公司想和许女士签订无固定期限劳动合同,合同约定的薪资待遇和之前固定期限劳动合同一样,实际执行的工资待遇则会高于合同约定。许女士要求按实际执行的工资待遇签订无固定期限劳动合同。因为双方就合同约定工资待遇没有谈拢,无固定期限劳动合同迟迟不能签订,公司于2020年7月向当地劳动仲裁委提出仲裁申请,希望双方早日签订无固定期限劳动合同,劳动仲裁委支持了公司的请求。公司根据劳动仲裁结果再次与许女士协商签订无固定期限劳动合同,确定许女士的薪资标准由原合同4000元提高到新合同薪资暂定6000元,每月实发薪资均按公司当年经济效益及个人贡献大小确定,而且正常情况下都高于合同薪资。许女士坚持按实际薪资签订劳动合同,并且许女士不服仲裁结果,拟向法院提起诉讼。在此期间,该公司按4000元的工资标准向许女士支付了工资。2020年9月,该公司通知许女士终止劳动关系。同月,许女士向当地劳动仲裁委提起仲裁,仲裁请求包括支付违法解除劳动合同的赔偿金10万余元、2020年1月至9月固定补贴4500元以及2020年6月至9月的工资差额等。

【裁判】

劳动仲裁委支持了部分工资差额部分,驳回了许女士的其他仲裁请求。许女士将同样诉求提请法院判决,一审法院支持了许女士的大部分诉求,包括违法解除劳动合同的赔偿金。网络技术公司不服一审判决提起上诉,二审法院维持了一审判决。本案最终结果是,网络技术公司须向许女士支付违法解除劳动关系赔偿金10万余元、固定补贴4250元(许女士在庭审后撤回了工资差额部分的诉求,法院予以准许)。

【评析】

本案中,网络技术公司认为,虽然固定期限劳动合同中约定的工资标准是4000元,但其实际每月向许女士支付的工资远高于约定,没有亏待许女士,行业里也通常采取这种做法。公司主动提起签订无固定期限劳动合同时,还准备将合同约定工资标准提升到6000元(但并不影响实际履行的薪资),超过以往签订的固定期限劳动合同中约定的工资标准。在劳动条件提升的情况下,许女士不签订劳动合同,公司与其终止劳动合同连补偿金都不应该支付。我们来分析一下,公司的"认为"存在哪些问题。

首先,关于名义工资和实际工资。可能一些有职场经验的同志有过这样的经历:劳动合同中约定的工资很低,或者就是基本工资,实际公司会按跟劳动者商量的结果发放包括基本工资在内的各项补贴、福利,达到入职时、调薪时双方谈定的薪资。这样的做法可以减少公司承担的社会保险费用和住房公积金,而其中需要劳动者承担的项目,由于合同约定工资的减少,同样会减少劳动者被代扣代缴的部分,劳动者因此拿到手的可自由支配收入就变多了,因此有些公司的此类做法也获得了劳动者的认可。

其次,劳动合同法中公司解除劳动合同无须支付经济补偿金的情形除过失性辞退外,还包括公司维持或者提高劳动合同约定条件续订劳动合同而劳动者不同意续订的情形,即本案网络技术公司"认为"的情形。那么本案中,网络技术公司为什么没有获得法院的支持呢?这就要说到工资标准的认定了,也就是本案争议的焦点。网络技术公司实际每月支付许女士的工资为8000元,还有每月500元的固定补贴统一在年终发放,许女士的实际月工资就是8500元。网络技术公司以之前固定期限劳动合同中约定的名义工资4000元作为基准，认为后续拟调整的6000元名义工资比4000元是提高的，没有降低续订劳动合同的约定条件，属于落入“形式主义”的窠臼了。在计算劳动者的补偿金、赔偿金、社保待遇方面，工资的计算都是以劳动者应得工资（包括计时工资或计件工资以及奖金、津贴、补贴等货币性收入）为准的。劳动合同约定与实际执行不一致的，视为公司与劳动者已经通过实际行为变更了劳动合同，以实际执行的为准。

本案许女士要求按实际执行的工资待遇签订无固定期限劳动合同，合理合法，公司按此条件与许女士签订合同，才算维持了劳动合同约定的条件。而此前的4000元也好、公司单方面认为提高的6000元也好，都已经被实际履行金额取代了。如果公司执意按4000元或者6000元签订无固定期限劳动合同，就是降低了许女士的工资标准，以降低劳动者工资标准为前提签订无固定期限劳动合同让《劳动合同法》规定的签订无固定期限劳动合同失去意义，违背立法本意，因此法院不予支持。在双方未就无固定期限劳动合同达成一致，且许女士无其他违反劳动合同行为的前提下，公司解除与许女士的劳动关系，属于违法解除，法院因此支持了许女士要求公司支付赔偿金的诉求。

第二篇

用人篇

1. 约定试用期的法律风险防范

在为企业服务时,经常会听到企业老板谈论试用期开除员工问题。凭着职业敏感,笔者觉得这里可能有法律漏洞,试用期能随意开除员工吗?在这里,很明确地告诉大家:试用期不能随意开除员工。

1.1 约定试用期的必要性

试用期,简单地说,就是劳动关系的试验阶段,在这个阶段,用人单位对劳动者的工作能力、工作态度等进行考核;劳动者则对单位的工作内容、工作环境等进行考察,本质上,试用期是给单位和劳动者的一个双向选择的机会,以便了解双方是否适合。说到这里,先给大家讲个案例。

前几年,笔者一个顾问单位的下属子公司被劳动者申请劳动仲裁,通过顾问单位请求笔者代理这个案件。当事人李某与公司签订了1年的劳动合同,约定试用期2个月,担任销售专员,基本工资加提成,但对这个岗位的工作要求未作具体描述。结果2个月后,发现李某一项业务订单都没完成,单位人事部门就向李某发出解除劳动合同决定书。结果李某不服诉到劳动仲裁委,要求恢复劳动关系。笔者跟单位部门经理了解了李某的工作表现,又查看了单位的规章制度,发现规章制度规定了销售职位的考核标准,但这份规章制度根本就没有给李某看过,而没有公示的规章制度是不能作为法律依据的。后经调解,这个案子最终以单位支付李某1个月工资作为补偿金后和解结案。

试用期主要是对用人单位进行约束,对劳动者来说,如果觉得单位不合适,可以随时走人。对用人单位而言,试用期不可以随便开除劳动者,要想开除劳动者,必须证明劳动者不符合录用条件,如果用人单位无法证明劳动者不符合录用条件，可能就会面临支付经济补偿金的风险。所以，对单位来说，约定试用期很重要，但不能因为是试用期就掉以轻心。

试用期作为劳动关系的特殊阶段，已经成为劳动纠纷的高发区，这正是因为很多用人单位不了解试用期的相关规定。

试用期对于企业而言，往往是一把“双刃剑”。事实上，关于试用期的工资、期限等，法律上是有明确要求的。

1.2 约定试用期的注意事项

1.2.1 工资。试用期工资不得低于本单位同岗位最低档工资或者劳动合同约定工资的80%，不得低于单位所在地的最低工资。大多数单位会在合同中约定试用期工资。笔者作为法律工作者，也建议这么做。但也有的单位在合同中没有约定或只是口头约定，这样就必须有相应的规章制度来明确试用期工资的计算方式，否则就属于约定不明确。一旦发生劳动纠纷，这种约定不明确的解决方式就是协商，协商不成就会参照集体合同或者行业性合同或者国家标准执行。

1.2.2 期限。很多用人单位对试用期不以为意，甚至随意定期限，殊不知，法律对试用期的期限是有明确规定的，最长不能超过6个月。因此，单位应该根据员工的具体条件不同，灵活约定不同期限，与劳动合同期限成正比。这个期限单位一定要记住：劳动合同期限3个月以上且不满1年的，试用期不超过1个月，劳动合同期限1年以上不满3年的，试用期不得超过2个月；3年以上固定期限和无固定期限的劳动合同，试用期不得超过6个月。

1.2.3 次数。试用期最多只能约定一次，即使单位调整了员工的岗位，也不能再次约定试用期。这就意味着变相约定多次试用期或者延长试用期都是无效的。对于确实需要延长试用期的员工，一般可以通过延长劳动合同期限的方式进行，当然需要跟员工协商一致并签订书面协议。

1.2.4 试用期要签订书面合同、缴纳社保。笔者知道很多单位在试用期既没有与劳动者签订书面劳动合同，也没有给劳动者缴纳社保。作为一名律师，笔者个人是不赞成用人单位这样做的。原因是签订书面劳动合同，可以在合同里对试用期的工资、期限等进行约定,而如果不签书面合同,意味着口头上约定的"试用期工资"和转正后的工资一样,与劳动者之间存在的是事实劳动合同关系,超过1个月就是无固定期限劳动合同关系。至于社保,常言道,"人有旦夕祸福",一旦劳动者在试用期的工作时间发生意外,用人单位肯定就要承担相应的责任。概率虽小,发生在自家身上,那就是100%。在笔者处理的纠纷中,任何一种纠纷原本都可以避免,所以,笔者一直强调:要抓大放小,要"舍得小钱保大钱"。

1.3 约定试用期技巧

1.3.1 录用条件必须明确具体,必须是可以量化和可操作的,这个是用人单位解除试用期不合格劳动者的重要依据,绝对不可马虎。例如,用人单位如果招聘文员,可将熟练掌握办公软件改为每分钟打字不低于多少等。另外,特殊行业的单位可以根据本单位特点设定特殊标准,如果担心自己想得不周全,可以请专业律师制定和把关。比如,笔者一个顾问单位是石油化工企业,在帮顾问单位设计岗位的录用条件时用黑体大字明确写上了"上班时间不得吸烟",这个规定就是行业特殊性决定的。在这里,要尽量把能想到的录用条件一一明确,实在不确定也可以采用逆向思维,用"不符合录用的条件"来约定。录用条件明确后,要在劳动合同、规章制度等文件中通过书面形式明确体现出来。

1.3.2 向劳动者履行告知义务。可以用岗位说明、劳动合同、规章制度等方式进行公示,一份未告知的录用条件是无效的。公示,简单来说,就是要让员工知道用人单位的录用条件。在这里,特别建议用人单位要与劳动者签订录用条件确认函,或者在劳动合同、规章制度等文件中把录用条件明确地体现出来。否则,设计再完美的录用条件,没有让劳动者知晓,那也是徒劳的。

1.3.3 试用期届满之前要有具体的考核行为。笔者一般都要求顾问单位制作试用期考核表格,对试用期员工每周至少考核一次,特别事项要特别注明,并由试用期员工所在部门或者小组人员组成总人数是单数的评委对考核表进行评分,评分达到一定标准才可以录用。作为专业律师,必须告诉大家,从诉讼证据角度来讲,劳动者签字确认的考核过程和考核结论效力是最高的,即使劳动者不签字确认,单位也一定得履行好告知程序。

这样,有考核表在手,以“不符合录用条件”解聘便无可厚非了。当然,大家一定要记住时间点是在试用期结束前。另外,还需要把解聘的通知说明理由送达本人。

1.4　试用期遭遇医疗期的风险

单位约定试用期本来是要考察员工的,结果病假条上 7 天、15 天甚至 1 个月的医嘱,确实会影响单位对员工的考察。单位可能会问,劳动合同里若写上“如试用期间患病或非因工负伤属于不符合录用条件”,是不是就可以直接解聘了？答案是否定的,因为这样的约定是无效的。我们团队为顾问单位起草劳动合同时都会在劳动合同中对试用期作专门约定,明确约定试用期间患病或者请事假等事由出现时,试用期暂时中断,等劳动者重新回到工作岗位后,再计算试用期时间,然后在试用期满时再根据员工的其他表现作出是否继续劳动合同的决定。

希望大家把好试用期用工的安全关,试出最适合本单位的“千里马”。

法条链接

《中华人民共和国劳动合同法》

第十九条　劳动合同期限三个月以上不满一年的,试用期不得超过一个月;劳动合同期限一年以上不满三年的,试用期不得超过二个月;三年以上固定期限和无固定期限的劳动合同,试用期不得超过六个月。

同一用人单位与同一劳动者只能约定一次试用期。

以完成一定工作任务为期限的劳动合同或者劳动合同期限不满三个月的,不得约定试用期。

试用期包含在劳动合同期限内。劳动合同仅约定试用期的,试用期不成立,该期限为劳动合同期限。

第二十条　劳动者在试用期的工资不得低于本单位相同岗位最低档工资或者劳动合同约定工资的百分之八十,并不得低于用人单位所在地的最低工资标准。

第二十一条 在试用期中,除劳动者有本法第三十九条和第四十条第一项、第二项规定的情形外,用人单位不得解除劳动合同。用人单位在试用期解除劳动合同的,应当向劳动者说明理由。

2. 社保和公积金法律风险防范

员工入职签订劳动合同后,接下来就是员工的社保和公积金问题了,也即“五险一金”。在我们团队服务的客户里,经常会有企业负责人问,社保和公积金不缴纳可以吗?本节将详细讲解有关社保和公积金的法律风险防范。

2.1 案例说法

之前一家技术公司找到笔者,原来是这个公司接了一个大连的精炼炉项目,一名员工一时疏忽,没有检测氧气浓度就直接进入工作区,结果不幸窒息身亡。这名员工才 27 岁,家里的孩子也才两三岁,但由于这家公司没有给员工缴纳社保,所以死亡赔偿金和抚恤金等都需要单位自己承担。对企业而言,如果处理不好这起事故,不仅安全生产监督部门会就这起事故对其进行处罚,发包方也不会同意继续施工。

也正因为社保关乎健康,关乎生命,所以笔者一直强调:企业要给员工缴纳社保,而且要第一时间缴纳。

2.2 不缴纳社保的法律风险

2.2.1 员工离职时会要求用人单位承担离职的经济补偿金。本来员工主动离职,单位是不需要支付补偿金的,但是如果单位没有给员工缴纳社保,员工以这个作为离职理由就可以主张经济补偿金。

另外,这种情况下,员工还会主张单位补缴社保,但是,从法律程序上说,补缴社保不属于劳动仲裁的受理范围,而属于行政管理范畴,所以即便劳动者仲裁时主张单位补缴社保,劳动仲裁委也会驳回这部分请求。发生这种情况时,单位最好与劳动者对社保部分进行和解,以免劳动者又到主管部门反映欠缴社保的情况。目前,国家机构正在改革,社保由税务部门统一征收,而不再由社保局负责。那么,主管部门稽查后,认为企业应补缴社保的,一般还会要求单位承担滞纳金,至于补缴程序,一般是登录单位所在地的社会保险网上服务平台,在平台上申报补缴手续,然后系统扣划款项。

2.2.2　单位可能承担行政责任。如果单位没有缴纳社保,或者没有足额缴纳社保,劳动行政部门会责令改正,收取滞纳金,逾期不缴纳的还会对单位进行罚款。这个责任因为是行政部门的职权事务,劳动仲裁时一般不对单位补缴社保进行审理,而是告知劳动者向劳动保障行政部门反映。主管部门审查属实,会责令单位限期缴纳或者补足,并自欠缴之日起,按日加收5‰的滞纳金;逾期仍不缴纳的,还会对单位处欠缴数额1倍以上3倍以下的罚款。

2.2.3　劳动合同期限内,一旦员工出现人身伤害,单位可能承担经济赔偿责任。单位未缴纳社保,导致劳动者不能享受工伤、失业、生育、医疗保险待遇,劳动者要求用人单位赔偿损失或按规定给付相关费用的,其赔偿请求一般会得到支持。一旦出现这种情况,企业就会面临金钱和名誉双重受损的风险,绝对是因小失大。

2.3　低成本缴纳社保

通过前面的讲解,大家已经知道,社保必须要缴纳,那么企业怎么缴纳社保,才能节约成本?根据《社会保险法》的规定,用人单位缴纳社保费用的基数是按照本单位职工工资总额确定的,职工缴费基数是依职工本人工资确定的。但在实际操作中则是依劳动者本人上年度月平均工资计算的,而且有上限与下限之分,具体数额根据各地区的实际情况而定。一般来说,本人月平均工资低于当地月平均工资60%的,按当地职工月平均工资的60%缴费;超过当地职工平均工资300%的,按当地职工月平均工资的300%缴费,超过部分不计入缴费工资基数。

2.3.1　缴纳社保首先要看自己单位员工的工资情况，如果每月领取基本工资，一般按照基本工资计算；如果涉及提成或者奖金数额，那么也不是每个月都要按照实际数额缴纳社保的，可以参照上年度的基数来缴纳社保。此外，单位对一些员工通过劳务派遣或者劳务外包用工方式来转嫁一些风险。

2.3.2　员工不同意缴纳社保，并签署“不同意缴纳社保的声明”，单位也是不可以免除缴纳社保责任的，因为缴纳社保是单位应当履行的义务。目前的司法实践是，员工如果自愿签署放弃缴纳社保的声明，并且自愿承担不缴社保的法律责任，那么其离职时再主张经济补偿金，司法部门一般不会支持。作为律师，笔者不建议单位与员工私下签订不缴社保的协议。常言道，“天有不测风云，人有旦夕祸福”，一旦员工发生医疗期、工伤等情况，单位还是要承担全部责任。

2.3.3　单位没有足额缴纳社保时除前面讲到的主管部门追缴社保、滞纳金或者处罚外，如果在单位不足额缴纳社保的情况下员工发生了工伤，劳动者可以要求单位按照应实际缴纳社保所得到的数额赔偿差额部分。因为发生工伤后会对工伤进行评定伤残等级，不同的伤残等级涉及的社保基金部分数额会不同，最终会导致劳动者得到的赔偿数额不一致。这个会在专门化解员工工伤难题部分进行详细讲解。

2.4　公积金的缴纳

公积金的缴纳主要是在《住房公积金管理条例》中规定的。这个规定强调的是单位“应当办理”，也就是说，住房公积金是强制缴纳的。需要注意的是，关于公积金的问题和社保问题一样，不需要到劳动仲裁委提起劳动仲裁，因为劳动仲裁委对住房公积金的争议是不予受理的，而这类问题是由各市公积金管理中心及各区县管理部受理的。这也是大家觉得公积金没有像社保那么“强制办理”的原因。所以在实践中，很多单位尤其是中小微企业没有缴纳公积金。

此外，各单位根据各自的实际情况，公积金存在缴存比例的差别。比如，2017 年度，北京地区企业的住房公积金缴存比例为 5% ~12%。效益好的单位可以按照高比例多缴公积金，效益不好的单位可以按照最低档少缴公积金。此外，对于缴存公积金确有困难的单位，可以向公积金管理部门申请降低缴存比例或者缓缴。所以说,这里面空间是很大的。比如,企业怎么样的困难程度可以申请降低或者缓缴公积金,而且,企业什么时候经济效益转好也没有一个固定的期限。正是因为有这样的弹性空间,在为员工缴纳公积金的问题上,经常存在很多拖缴住房公积金的"扯皮"事件。

现在很多城市把买房买车和"五险一金"联系起来,这就使得劳动者越来越看重社保和公积金。所以,就企业而言,无论是从安全用工的角度,还是从吸引人才的角度来说,都要切实重视员工社保和公积金的缴纳。

法条链接

《工伤保险条例》

第十九条 社会保险行政部门受理工伤认定申请后,根据审核需要可以对事故伤害进行调查核实,用人单位、职工、工会组织、医疗机构以及有关部门应当予以协助。职业病诊断和诊断争议的鉴定,依照职业病防治法的有关规定执行。对依法取得职业病诊断证明书或者职业病诊断鉴定书的,社会保险行政部门不再进行调查核实。

职工或者其近亲属认为是工伤,用人单位不认为是工伤的,由用人单位承担举证责任。

第六十二条 用人单位依照本条例规定应当参加工伤保险而未参加的,由社会保险行政部门责令限期参加,补缴应当缴纳的工伤保险费,并自欠缴之日起,按日加收万分之五的滞纳金;逾期仍不缴纳的,处欠缴数额1倍以上3倍以下的罚款。

依照本条例规定应当参加工伤保险而未参加工伤保险的用人单位职工发生工伤的,由该用人单位按照本条例规定的工伤保险待遇项目和标准支付费用。

用人单位参加工伤保险并补缴应当缴纳的工伤保险费、滞纳金后,由工伤保险基金和用人单位依照本条例的规定支付新发生的费用。

第六十三条 用人单位违反本条例第十九条的规定,拒不协助社会保险行政部门对事故进行调查核实的,由社会保险行政部门责令改正,处2000元以上2万元以下的罚款。

《中华人民共和国社会保险法》

第五十八条第一款 用人单位应当自用工之日起三十日内为其职工向社会

保险经办机构申请办理社会保险登记。未办理社会保险登记的，由社会保险经办机构核定其应当缴纳的社会保险费。

第八十四条 用人单位不办理社会保险登记的，由社会保险行政部门责令限期改正；逾期不改正的，对用人单位处应缴社会保险费数额一倍以上三倍以下的罚款，对其直接负责的主管人员和其他直接责任人员处五百元以上三千元以下的罚款。

《中华人民共和国劳动合同法实施条例》

第六条第一款 用人单位自用工之日起超过一个月不满一年未与劳动者订立书面劳动合同的，应当依照劳动合同法第八十二条的规定向劳动者每月支付两倍的工资，并与劳动者补订书面劳动合同。劳动者不与用人单位订立书面劳动合同的，用人单位应当书面通知劳动者终止劳动关系，并依照劳动合同法第四十七条的规定支付经济补偿。

3. 合理的薪酬待遇

大数据显示,劳动争议纠纷案件有 1/3 以上甚至接近 1/2 是由劳动报酬引起的。这也不奇怪,对劳动者来说,到手的报酬越多越好;对单位来说,付出的人力成本越低越好。有没有一个办法解决两者之间的矛盾呢?答案是有的,那就是通过合理的薪酬设计,既能为单位节省开支,又能激励劳动者。

3.1 薪酬构成

员工的薪酬一般由六个部分组成:计时工资、计件工资、奖金、津贴和补贴、加班加点工资、特殊情况下支付的工资。以笔者多年的执业经验,一个合理而高效的薪酬结构应该既要有固定工资,如基本工资、岗位工资等,又要有浮动工资,如奖金、提成、年终奖以及股权期权等。固定工资可以保证员工的基本生活,稳人心;浮动工资可以激发员工的积极性,促效益。

不宜简单照搬别人的模式,而应根据企业自身的特点、员工的工作性质进行薪酬设计。比如,售楼员以及各个行业的销售人员,就适合采用基本工资+提成的方式;基层的技术人员就比较适合固定的基本工资;高级技术人员可以考虑基本工资+年终奖或者股权的方式;等等。由此可以看出,设计薪酬结构是一项复杂的工作,也就是说,单位的薪酬制度是一项至关重要的规章制度,最优的薪酬制度既可以为企业节省支出,又可以激励员工。要让薪酬制度达到最优,就需要一系列的调查、研究,乃至法律审核,如果企业条件允许,建议请专业的人力资源或者劳动法律师设计完成。

3.2 发放薪酬的三项基本原则

3.2.1 对外具备竞争力，对内具备公平性，对个体具备激励性。对于单位来说，既要留住好员工，又要支付薪酬待遇，当然还要省钱、省税。

3.2.2 注意单位支出费用与员工实际所得的平衡。单位发放薪酬时一定会考虑到单位实际支出费用和员工实际到手的数额，二者达到最优比例才最能实现单位和员工的利益。

3.2.3 进行适当的税务筹划。在个人所得税上，我国目前实行的是分类税制，每月收入额减除费用5000元后的余额为应纳税所得额，按照超额累进税率征税，所以单位应当对工资、奖金、提成等进行税务筹划。

3.3 薪酬设计的四个要点

3.3.1 合理分配薪酬待遇比例，避开临界点。我国“工资薪金”个税适用税率采取分档计算的方式，目前全国个人所得税起征点是5000元，即5000元以下的收入是不需要交税的，但是，对于5000元以上的部分，则适用从3%～45%的税率，也就是说，个人所得税税率最高档能达到45%。所以，单位发放工资时，一定要注意临界点，可以通过次月延迟支付等方式，降低适用的税率。比如，发放员工的年终奖时，就一定要考虑员工之前每月的工资数，对照税率表发放。

3.3.2 变“工资薪金”为“股息红利”，擅用股权激励。针对上市公司等大中型企业高管等群体，因为薪水待遇比较高，所以按照“工资薪金”计税，通常要适用45%的税率，税负沉重。但按照《个人所得税法》的规定，“股息红利”所得税适用20%的税率，所以，对于高级管理人员等群体，如果单位将其“工资薪金”转化为“股息红利”，则可以有效降低税负，既能为单位省钱，也能让员工得到实惠。

3.3.3 充分利用税收优惠以及免税政策。对于“按照国家统一规定发给的补贴、津贴”“保险赔款”，单位为个人缴付和个人缴付的社保、住房公积金等可以从应纳税所得额中扣除。这样企业可以在有关标准的范围内，最大化地降低“工资薪金”的个税负担，而员工也最大化地实现了个人利益。比如，作为补充养老保险方式的企业年金，目前也是享有税收优惠政策的。

3.3.4 以特殊的方式支付员工薪酬。现在很多单位愿意以“高薪”留人，尤其是提供住房、车辆等实物留人。当然这里面也是有操作技巧的。比如，单位直接给员工款项，员工获得的就是工资薪金，就要缴纳个人所得税。如果单位自己买房、买车，登记在单位名下，则员工实际受益，而且不用承担税费，“房、车”作为单位固定资产，还能计提折旧，在员工离职时再变更权属。当然，这些建议单位委托专业律师把关，设计起草相关法律文书，以避免衍生新的法律风险。此外，单位还可以通过一些福利或者非劳动报酬的方式来处理工资薪金的支出，主要目的是单位能省钱、省税，而员工又能满意自己的待遇，皆大欢喜。

3.4 工资待遇规范管理的实务技巧

用人单位克扣或者无故拖欠劳动者工资的，除全额支付工资报酬外，还需加发相当于工资报酬25%的经济补偿金。个别情况下，还会被劳动部门责令加付50%以上100%以下的赔偿金。因此，拖欠工资可以说后患无穷。那么单位如何规范管理来防范风险呢？现为大家提供三大超级实用技巧：

3.4.1 工资支付周期内及时足额发放工资。单位应按照劳动合同约定的固定日期支付当月工资。如单位有突发情况，可以与员工协商变更工资支付周期。延期支付工资，又没有正当理由，则可能被员工离职时主张违法解除劳动合同的经济补偿金，实践中不要对延期支付工资不以为意。比如，实践中，可以对工资支付日期作弹性约定，尽量不要选择在固定的日期支付工资，而应当选择在一个期间内支付，这样对企业更有利，可操作性也更强。比如，在劳动合同中约定每月的某日至某日或每月的某日之前支付上一个月的工资，这种约定都是合法有效，而且便于操作的。

对于提成和奖金来说，要看薪酬制度里是怎么约定的。是月付、季付，还是年付？就奖金来说，员工每月能按照劳动报酬获得奖金待遇当然很高兴，能够提高其工作的积极性，但季付又便于单位对员工进行考核，年付当然也是为了考核员工,同时还能节省单位的现金流,但是年终奖的那个“年关”一过,却可能出现离职潮。不管单位是从考核着手,还是从节省现金流着手,还是应该按照制度约定及时支付员工的薪酬。

3.4.2 对于员工加班、请假以及休年假等进行专门的制度规定。这个将在后面的内容中专门论述。需要注意的是,单位支付工资的时候,遇节假日或休息日应提前支付而非延后支付。实践中,有些单位遇节假日或休息日时延后支付工资,这属于违法行为。此外,法定休假日加班一般不能以补休代替加班费,应另外支付不低于工资300%的工资报酬,一般不安排补休。

3.4.3 留存各项考勤记录以及支付证据。劳动争议案件跟别的案件不一样,因为单位处于优势地位,管理着员工,所以,大部分情况由用人单位负责举证,为了避免举证不能承担不利的法律后果,考勤记录建议按月统计,由员工签名确认并妥善保存,即使采取银行转账的方式支付工资,用人单位仍然应当至少留存员工已经领取工资的证明,如签名的工资表并注明工资计发时段、发放时间、员工姓名、正常工作时间、加班时间、正常工作时间工资、加班工资等应发项目以及扣除项目、金额及其工资账号等记录,并留存至少2年。

在这里给大家讲一下,如果员工失误给单位造成损失怎么赔偿,实践中,很多单位会以扣发员工工资来抵顶损失。但实际上,按照规定,单位每月从工资中扣除损失赔偿金不得超过当月工资的20%。如果扣除后的剩余工资部分低于当地月最低工资标准,则按最低工资标准支付。

本节主要讲了员工和单位都最关心的薪酬待遇问题,并且讲了薪酬构成、设计和实用防范风险技巧。只有从一切细节入手,才能在实务操作中控制劳动用工法律风险。

法条链接

《工资支付暂行规定》

第十六条 因劳动者本人原因给用人单位造成经济损失的,用人单位可按照劳动合同的约定要求其赔偿经济损失。经济损失的赔偿,可从劳动者本人的工资中扣除。但每月扣除的部分不得超过劳动者当月工资的20%。若扣除后的剩余工资部分低于当地月最低工资标准,则按最低工资标准支付。

《中华人民共和国劳动合同法》

第八十五条 用人单位有下列情形之一的,由劳动行政部门责令限期支付劳动报酬、加班费或者经济补偿;劳动报酬低于当地最低工资标准的,应当支付其差额部分;逾期不支付的,责令用人单位按应付金额百分之五十以上百分之一百以下的标准向劳动者加付赔偿金:

(一)未按照劳动合同的约定或者国家规定及时足额支付劳动者劳动报酬的;

(二)低于当地最低工资标准支付劳动者工资的;

(三)安排加班不支付加班费的;

(四)解除或者终止劳动合同,未依照本法规定向劳动者支付经济补偿的。

4. 企业规章制度的法律风险防范

企业的规章制度到底有什么作用？大部分人认为企业的规章制度是为了“管人”，答案没错，不过规章制度不仅可以“管人”，还可以“开人”。

4.1　企业的规章制度

企业的规章制度到底指的是什么？简单地说，规章制度包括了用人单位经营管理的各个方面，主要包括之前讲到的劳动合同管理、薪酬待遇、社保、公积金，当然还包括以后将要讲到的员工休息休假，以及职工奖惩等。

一提到规章制度，大家首先想到的是用规章制度管理企业和员工，也就是我们常说的“管人”，其实，规章制度除了可以管人，也可以用来开除不合格的员工。在讲开除员工的问题之前，先给大家讲一个案例。

李某是一家信息传媒公司的销售经理，管理一个团队，每年效益都还不错。公司总经理新推荐了一个自己的亲属小王安排在李某的团队里，李某就觉得总经理是故意派人监视他，所以经常私底下跟同事对总经理的人品进行评论，甚至影响到了总经理在公司的声誉，于是老板在咨询完律师后，搜集证据，个别证据还以公证形式固定，之后让人事部门向李某下达了解除劳动合同通知书。李某不服提起劳动仲裁，但仲裁开庭时单位提供的证据和相关证人证言证明李某严重违反了公司的规章制度，而李某否认证据的理由根本站不住脚，更拿不出任何证据证明自己的言论是真实的，最终李某认识到自己无胜诉的可能，于庭后立即申请撤回了仲裁请求。

通过这个案例可以知道，单位可以用规章制度开除员工。

4.2 规章制度的作用

4.2.1 规章制度可以规范员工的行为,让员工知道哪些行为不能做以及做了会有什么后果。

4.2.2 规章制度可以激励员工,给员工提供一个公平公正公开的平台,让员工意识到努力可能取得的成果,调动员工工作的积极性。

4.2.3 规章制度可以限制企业管理的任意性,保证企业有一个规范有序的工作环境,进而保护企业员工的合法权益。

4.2.4 优秀的规章制度还能够最大限度地减少劳资纠纷,降低企业的运作成本,保障企业规范、有序地运作。

由此可以看出,一个企业要正常运转,就必须要有一套行之有效的规章制度作为保障。

4.3 企业规章的制定

先给大家讲一个案例:笔者一个朋友曾打电话过来,说他们单位有员工提起了劳动仲裁,委托我们团队提供仲裁代理法律服务。我们团队接受委托在劳动仲裁委取回法律文书后,又到单位核实了情况,原来这名员工因为家庭琐事心情郁闷,下夜班后自己在单位喝酒,结果醉醺醺的样子被单位经理看到了,经理以他违规为由扣发了半年奖金,并让他回家。该员工不服诉到劳动仲裁委,要求单位支付奖金。在调查的过程中,笔者团队发现了企业规章制度存在以下几个问题:企业规章制度对在单位饮酒的约定不具体;单位的规章制度未公示,只是放到公司网站上,根本拿不出员工知晓单位规章制度的证明。鉴于此,我们建议企业跟员工协商解决纠纷,企业接受了我们的意见,最终和解。处理完这个案子后,我们团队专门给这个单位重新制定了规章制度,组织了一次专门培训,要求所有参加人员签订,并注明培训内容,员工领取材料等,把这个单位的规章制度落实下来,再也不可能出现员工不知晓规章制度的事了。

结合多年的实战经验，对于怎么制定有效的规章制度，笔者总结归纳为三点：

1. 制定规章制度的主体必须是用人单位，也必须以用人单位的名义颁布实施。比如，有的单位以单位办公室的名义颁布，那肯定不行，是无效的。

2. 从内容上说，规章制度的内容必须是合法的，而且必须具有合理性。合法性就是要合乎法律、法规以及部门规章和地方性法规。合理性是指要符合常理，不能偏颇。比如，员工下班后选择坐“黑车”一事，即使单位规章制度约定得再好，员工对此也明知，但单位因员工下班后坐“黑车”违反了规章制度，要开除员工，那就是违法的，因为这是不合理的。

此外，在内容上，单位的规章制度一定要具体明确，具有可操作性。例如，什么是“严重违章”“严重失职”“重大损害”，要有一个明确的标准，是给单位造成经济损失 1 万元算严重过错呢，还是 10 万元算严重过错，要明确下来。

3. 在程序上，规章制度制定、修改应履行“职工讨论、民主协商、公示告知”三个程序。程序上不合法，后果当然严重，等于竹篮打水一场空，白费力。程序上的要求可以分为两步走：首先制定时要与职工讨论、协商，其次是公示公告。这里的讨论、协商还可以分为两个步骤，第一是征求意见，可以是职工代表大会或者全体职工讨论，提出方案和意见，然后在收集各方的意见和建议后，记录形成意见稿，与工会或者职工代表协商，确定最终的规章制度文本。第二是在制定完毕后，还要以一定的形式予以公布，才对职工有约束力。所谓“不知者无罪”，就是这个意思。公示方式有很多种，如员工签收，对规章制度进行培训，或者进行考试，还有置于单位的公告栏、电子邮件群发等。对于公告栏要记得拍照或者录像固定证据，电子邮件群发要保留发信记录并要求员工回复确认等。总之，一定要确保员工知晓，还要在证据上“站住脚”。

重点补充一下，如果单位要修改已有的规章制度，也一定要符合规章制度的修改程序，即“职工讨论、民主协商、公示告知”三个程序。否则，修改后的规章制度不发生法律效力。

实践中，有的单位的规章制度经不起推敲，发生争议时，很有可能会被司法部门否认。另外，在目前的司法实践中，企业的规章制度遵循的是“不告不理”原则，也就是我们常说的“民不举，官不纠”。但还是建议企业制定有效的规章制度，为风险防范做好准备。

4.4 企业适用规章制度的注意事项

4.4.1 在制定以及执行规章制度时,要保留相关证据。比如,会议通知、签到表、会议照片、记录等,都要留作证据材料备查。

4.4.2 上级公司的规章制度不能直接适用于下级公司,如母公司的规章制度不能直接适用于子公司,实践中,如果想适用,则要履行一定的民主和公示程序。

4.4.3 规章制度内容和劳动合同发生冲突时,法律规定优先执行劳动合同的约定。

本节主要分四个部分讲述了规章制度的重要内容。希望大家学习后回去审查一下自己单位的规章制度是不是合法有效的,是不是明确具体且具有可执行性的。只有这样,规章制度在管理员工方面才有法律效力。

法条链接

《中华人民共和国劳动合同法》

第四条 用人单位应当依法建立和完善劳动规章制度,保障劳动者享有劳动权利、履行劳动义务。

用人单位在制定、修改或者决定有关劳动报酬、工作时间、休息休假、劳动安全卫生、保险福利、职工培训、劳动纪律以及劳动定额管理等直接涉及劳动者切身利益的规章制度或者重大事项时,应当经职工代表大会或者全体职工讨论,提出方案和意见,与工会或者职工代表平等协商确定。

在规章制度和重大事项决定实施过程中,工会或者职工认为不适当的,有权向用人单位提出,通过协商予以修改完善。

用人单位应当将直接涉及劳动者切身利益的规章制度和重大事项决定公示,或者告知劳动者。

第三十八条 用人单位有下列情形之一的,劳动者可以解除劳动合同:

……

(四)用人单位的规章制度违反法律、法规的规定,损害劳动者权益的;

……

第三十九条 劳动者有下列情形之一的，用人单位可以解除劳动合同：

……

（二）严重违反用人单位的规章制度的；

……

《关于贯彻执行〈中华人民共和国劳动法〉若干问题的意见》

87. 劳动法第二十五条第（三）项中的“重大损害”，应由企业内部规章来规定，不便于在全国对其作统一解释。若用人单位以此为由解除劳动合同，与劳动者发生劳动争议，当事人向劳动争议仲裁委员会申请仲裁的，由劳动争议仲裁委员会根据企业类型、规模和损害程度等情况，对企业规章中规定的“重大损害”进行认定。

5. 调岗调薪技巧

上节讲了关于规章制度的相关知识,那么,在员工不同意的情况下,单位该怎样调岗调薪呢？本节将员工的调岗调薪问题分为三个部分进行讲解:第一部分,调岗调薪的情形;第二部分,单位如何在员工不同意的情况下调岗调薪;第三部分,单位对员工调岗调薪的实务操作技巧。

5.1 调岗调薪的情形

工作内容、工作地点和劳动报酬都是劳动合同的必备条款,而必备条款的变更都属于劳动合同变更的范畴。

5.1.1 案例说法。张某担任辽宁某品牌酒生产公司的销售总监,负责北京地区的销售业务,劳动合同约定底薪 8000 元,按照销售量提成 1%。第一年因为要培育市场,张某每月提成约 5000 元,第二年由于市场已经打开,酒品销量大增,张某的提成达 3 万元左右,结果单位觉得张某的工作量并没有大很多,但拿走的提成款太高就想降低提成,并且押了张某 3 个月的提成款,张某一气之下离职并诉至仲裁机构,索要提成工资和经济补偿金。该公司委托我们团队代理后,我们审查了单位现行的全部证据,发现单位劳动合同约定不够详细,岗位职责以及考核也没有约定,公司员工工作全靠老板指令。在分析各种应诉的利弊后,领导同意和解提议,这个案子最终和解。这个案件之后,这家公司将劳动合同及岗位管理方面的规章制度,根据酒类行业特点进行了完善,并且引进酒类销售公司通过税收筹划节省了税费。

5.1.2 协商一致变更岗位薪酬。这种情形下,单位要注意保留好协商一致的证据,以及书面变更的法律文书,这样操作起来相对容易一些。

5.1.3 单位单方变更。这种情形有劳动者不胜任工作调岗、客观情况重大变化调岗、医疗期满调岗、女职工孕期调岗、工伤及职业病员工调岗等类型。实践中,因为岗位薪酬直接关系到员工的切身利益,员工自然不会轻易接受单方变更。

5.1.4 事前协商、依照约定变更。这是指在入职前期以书面形式约定,当约定的情形出现时,便依照约定调岗调薪。

5.2 员工不同意的调岗调薪

作为用人单位,在员工不同意的情况下实现调岗调薪,还要追根溯源回到合法合理上来。比如,小王 2015 年本科毕业后,在一家杂志社工作,签订了为期 3 年的劳动合同,担任媒介管理部的品牌高级经理,劳动合同上约定,杂志社可以根据工作需要及员工的能力安排调整其工作岗位。之后,杂志社因为受互联网及自媒体营销冲击,对业务及组织机构进行调整,将小王的工作岗位调整为广告管理部项目经理,小王觉得自己的职权缩小了,拒绝变更岗位,并诉至劳动仲裁。单位提供了一系列的证据,证明杂志社的自主用工行为,而且证明杂志社确实是为了适应市场大形势,根据经营情况对相关部门和职位进行的调整,最终单位获得胜诉。

通过这个案例可以看出,就算员工不同意,单位也是可以对员工进行调岗调薪的。单位可从以下方面入手对员工进行调岗调薪:

5.2.1 从书面的劳动合同入手,单位可以就岗位变更的具体类别,以及变更后岗位的薪资待遇调整,进行合法明确的约定,同时对合理性进行把握。举个例子,劳动合同中除约定法律规定的重大客观情况发生变化单位可以进行调岗调薪外,还可以明确约定为单位所用的其他情形,如明确约定单位的部门合并、撤销、相关项目停止等,一旦出现这些情形,单位调岗调薪就是既有事实依据,又是合理合法的了。

5.2.2 从单位规章制度入手。比如,首先,单位要有明确的岗位绩效考核制度,将岗位考核与调岗调薪挂钩,考核成绩符合某个合理标准时,用人单位有权对劳动者工作岗位和薪酬待遇进行相应的调整。在具体操作中,单位可从上级主管、人力资源部门、同一部门同事、自我、下级以及客户处,多方面、多层面收集考核评价,并进行汇总,这样得出的考核结论更趋于客观。其次,在程序上,劳动者符合调岗调薪情形的,用人单位须再通过一定的程序来完成调岗调薪。比如,给员工一对一解释,以书面文件形式依法向员工送达调岗通知和岗位职责,确保员工知悉并签收。在这里,单位须将调岗调薪约定与绩效考核制度、岗位绩效考核制度配套设计,建议委托专业律师或者人力资源公司进行设计。

5.2.3 从劳动者的薪资管理入手。例如,要调换某个员工的岗位时,可以适当给该员工增加相应补贴如岗位补贴,然后在提高员工薪水的情况下再与员工协商,如此做法,更容易取得员工的同意,实现向协商一致的转变,从而顺利对员工调岗,也便于单位留下适合的员工。

5.3 调岗调薪的实务操作技巧

5.3.1 对员工调岗调薪,最好的方式是协商一致。要做到这一点,用人单位要尽可能站在员工的立场,首先与员工进行晓之以理、动之以情的沟通,很多时候,真诚的语言和理解比生硬的程序更有力量。

5.3.2 对于调岗不服的员工,如果不来上班或者上班时消极怠工,就可以考虑利用单位的考勤等规章制度,做进一步的考量,可以考虑按照旷工处理,或者以“不胜任”等理由解除劳动合同。关于如何用规章制度淘汰“不合格”的员工,在后续的内容中有详细讲解。

5.3.3 在对员工进行调岗调薪时,一定要有证据意识。在实际操作中,单位必须注意从劳动合同、规章制度、劳动者的身体状况、工作表现、工作业绩等方面细致地收集证据,以便证明用人单位单方调岗调薪行为合法、合理。否则,一旦被诉就很难还原事实真相了。

以上便是关于调岗调薪的讲解,处理好单位的调岗调薪问题,每一步都把控好劳动用工的法律风险,确保企业安全有序运行。

法条链接

《中华人民共和国劳动合同法》

第三十五条 用人单位与劳动者协商一致，可以变更劳动合同约定的内容。变更劳动合同，应当采用书面形式。

变更后的劳动合同文本由用人单位和劳动者各执一份。

第四十条 有下列情形之一的，用人单位提前三十日以书面形式通知劳动者本人或者额外支付劳动者一个月工资后，可以解除劳动合同：

（一）劳动者患病或者非因工负伤，在规定的医疗期满后不能从事原工作，也不能从事由用人单位另行安排的工作的；

（二）劳动者不能胜任工作，经过培训或者调整工作岗位，仍不能胜任工作的；

（三）劳动合同订立时所依据的客观情况发生重大变化，致使劳动合同无法履行，经用人单位与劳动者协商，未能就变更劳动合同内容达成协议的。

6. 加班的法律风险防范

现实是纷繁复杂的，遭遇“恶意”加班时，单位该怎么办呢？若认为应该开除，那怎么界定“恶意”呢？具体该如何操作呢？这节来论述单位很关心，员工更关心的加班问题。将分三个部分来讲：第一部分，哪些时间的工作属于加班？也就是单位的工时制度。第二部分，员工的加班工资要不要发？第三部分，单位如何应对员工为获得加班费的“恶意”加班？

加班如何界定？《劳动法》第四十一条规定“用人单位由于生产经营需要，经与工会和劳动者协商后可以延长工作时间……”。因此，加班是在工作时间之外进行工作。而界定哪些时间的工作属于加班，就需要介绍工时制度。

6.1　工时制度

所谓工时制度，是指法律规定的员工的工作时间制度，工时制度可以分为三种，也就是标准工时制、不定时工时制和综合计算工时制。

6.1.1　标准工时制。标准工时制是目前运用最广的，也是大家比较熟悉的工作制度。标准工时制是指员工每天工作时间最长 8 小时，每周工作时间 40 小时，且单位应该保证劳动者每周至少休息 1 天。在标准工时制下，如果单位要求员工延长工作时间，（延长）每天不得超过 3 小时。我们平常说到的加班主要是指标准工时制度也就是每天 8 小时之外的工作时间。加班工资，就是加班时间里单位要支付员工的工资，关于加班工资，法律也有明文规定。比如，延长工作时间的工资，支付不低于工资 150% 的工资报酬；休息日安排劳动者工作又不能安排补休的，支付不低于工资 200% 的工资报酬；法定休假日安排劳动者工作的，支付不低于工资 300% 的工资报酬。

6.1.2 不定时工时制。不定时工时制是指依照标准工作时间来核定员工的工作量，但具体工作时间由员工自己安排的制度，这种工时制度比较适合高级管理人员、销售、外勤人员等。采用不定时工时制对企业的好处是，无须支付加班费。对不定时工时制的员工，无论是休息日工作，还是延时工作，甚至是法定休假日工作，企业都不需要支付加班费。不过，单位还要注意个别地方的文件，个别地方性文件规定此类工作“需要支付加班费”。

6.1.3 综合计算工时制。综合计算工时制是指以一定的周期，如年、季度、月、周等来计算工作时间的制度，多用于铁路、建筑、航空等行业。与不定时工时制不同的是，经批准实行综合计算工时制的，其综合计算工作时间超过法定标准工作时间的部分，应视为延长工作时间，并应按规定支付劳动者延长工作时间的工资。

关于不定时工时制和综合计算工时制，有一点单位必须注意：这两种工时制度需要到当地劳动部门申请并获得批准。如果这个约定没有获得劳动部门的行政许可，只是双方在劳动合同中的约定，那么，该约定属于无效约定，一旦发生劳动争议，劳动仲裁部门还是会按标准工时制来处理。

6.2 员工加班无须支付加班费的情况

在实践中，员工与单位的劳动关系比较正常时，正常情况下，偶尔加班或者经常加班但没有加班费，员工一般不会跟企业计较，更不会为此仲裁或诉讼。但是当员工离职，尤其是被动离职的时候，其就有可能会抛下所有顾虑，要跟单位把“老账”算了。

有这样一则案例：在农村生活了一辈子的王老汉，为了距离子女家近点儿，就在一家物流公司工作，看守停车场，吃住都在停车场，每周末休息一天。两年后被公司解聘，后来王老汉委托我们团队帮他争取加班费和经济补偿金。笔者接受委托后，综合审查了王老汉手里的材料，觉得无法证明加班的事实，于是我们作为王老汉的“亲属”到停车场，跟一些员工和客户聊天，同时进行录像，很多人提到了王老汉白天、晚上都在停车场。于是，证据在手就一纸诉到劳动仲裁委。单位拿不出具体的加班凭证，又没有实际支付过加班费，最后在仲裁员的协调下和解结案,王老汉拿到了 4 万元的现金作为一次性和解的补偿金。

综上,那是不是员工只要加班,就必须给加班费呢? 其实,也不是这样。

用人单位安排加班的,才应支付加班工资。如果不是用人单位要求员工加班,而是员工自愿加班,这种情况下用人单位就无须支付员工加班费。例如,单位要求员工当天把某项工作做完,到下班时间时,员工没有完成工作,于是下班后员工主动留在单位把工作做完,这种员工自愿加班的情形,单位是不需要支付员工加班费的。还有就是,有的单位没有加班流程,口头让员工加班把当天的工作做完,这种情况下,就算员工发起劳动争议,要求单位支付员工加班费,但由于没有任何证据证明自己加班,单位一般情况下也不需要支付加班费。另外,单位雇用退休返聘人员来上班也不需要支付加班费。本节讲到的王老汉,如果他是到达退休年龄的退休人员,并且已经领取退休金,那么王老汉跟单位之间就不再是劳动关系,而是劳务关系,就不适用劳动法中的加班费规定了,具体由双方协商确定工作时间和劳务报酬。此外,员工值班,单位不需要给员工支付加班费。“值班”与“加班”虽一字之差,但含义并不相同。所谓加班,是指员工在原岗位上具有生产或经营任务的工作;而值班,是指员工并没有从事本职工作,如单位因安全、消防、假日等需要,安排员工担负临时性的、与本职工作无关的任务。准确地说,值班不是法律概念,也就是说,劳动法对此没有规定,值班费有无、多少需要事前协商,参照单位规章制度执行。

6.3 应对“恶意”加班的注意事项

由于员工加班涉及费用,对员工来说,自然希望劳有所得;对单位来说,员工加班就需要给单位创造价值,不创造价值的加班无疑增加了企业的负担。其实,在正常的加班之外,还存在一种加班,那就是为了获得加班费或者“蹭”单位免费餐、免费空调等福利的“恶意”加班。

有这样一则案例:赵某刚到深圳时,为了省钱租住城中村的房子,住处没有空调设施,居住条件比较简陋。下班后,其不愿意回住处就经常在公司逗留。后来,赵某离职时向公司索要加班费,并且提起劳动仲裁,以自己上班打卡记录的时间作为证据。单位向仲裁庭提交了单位的加班审批制度,以及赵某在单位的工作岗位、职责以及工作内容。最终仲裁庭驳回了赵某主张加班费的请求。所以，防范员工"恶意"加班，需从单位自身管理入手。

6.3.1　单位要制定并执行严格的加班审批制度。加班审批制度可以降低法律风险，但加班审批制度的设计应当科学合理，更要严格执行。在处理加班制度时，有几点需要注意：第一，加班制度作为单位规章制度的内容之一，必须公示，也就是说，单位的加班审批制度必须事先告知员工。第二，在加班制度里，必须明确说明，必须是审批通过后的加班才有效。第三，在加班制度里，要对加班工资约定具体计算基数。我国部分地区的地方性规定允许劳资双方约定加班工资的计算基数，将加班工资的计算基数限定后，即使劳动者确实有加班情形，由于计算基数降低，总的加班费金额也会随之降低。在上海等地，劳资双方约定的加班工资计算基数只要不低于最低工资标准就可以获得法律的支持。

6.3.2　明确员工加班必须同时有考勤记录和审批记录。关于考勤，需要注意几点：第一，单位要在考勤制度里明确采取哪种方式，并强调这种方式是单位记录员工出勤的唯一方式。如果单位采取的是签到表方式，一定要求员工签名，并写明具体时间，而不仅是"打对号"或者"画圈"等。对于电子考勤，建议单位在一定期限内，如每周或者每月把电子考勤记录打印出来找员工签字确认，并对其中单位认可的加班时间加以确认。第二，建议单位对考勤记录进行完善的保管，如明确规定员工申请加班费应该在加班事实发生后7日内申请，单位在确认员工加班后即可删除之前的考勤记录。第三，明确考勤记录不作为员工加班的证据，比如这样描述：员工打卡记录仅作为员工出入公司的证明，不作为员工工作时间的证明。

本节主要分三个部分讲述了工时制度、加班工资、"恶意"加班三个问题，助力企业用工管理，让企业安全有序地运营。

法条链接

《中华人民共和国劳动法》

第四十四条　有下列情形之一的，用人单位应当按照下列标准支付高于劳动者正常工作时间工资的工资报酬：

（一）安排劳动者延长工作时间的，支付不低于工资的百分之一百五十的工资报酬；

（二）休息日安排劳动者工作又不能安排补休的，支付不低于工资的百分之二百的工资报酬；

（三）法定休假日安排劳动者工作的，支付不低于工资的百分之三百的工资报酬。

7. 假期及管理技巧

绝大部分 HR 认为正常病假应该给,但“恶意”病假不能给。答案是正确的,但操作的难题是该如何具体应对“恶意”病假。提到休假,无论是劳动者,还是企业,估计都有很多话要说。这也不奇怪,从员工的角度,可能想休假,多休假;从企业的角度,则担心员工休假影响企业正常运行,尤其是初创企业,绝对是“一个萝卜一个坑”,有员工休假,确实会影响企业的正常运营。那么,有没有什么办法,让员工和企业在员工休假的问题上,能够心平气和地面对,而不是剑拔弩张呢?接下来,将分三个部分破解休假难题,分别是:员工依法享有哪些假期?单位如何对假期进行规范管理,保证企业正常运转?单位如何应对“恶意”病假、产假等各种假?

7.1　员工依法享有的假期

《世界人权宣言》写道,“人人有享有休息和闲暇的权利”,如今,休息权已经通过法律确定下来。之所以这么做,既是为了确保劳动者的身体健康,也是为了提高企业的工作效率,就像我们常说的“休息是为了更好地工作”。那么,作为劳动者,我们享有的假期包括如下:法定休假日、带薪年休假、病假、事假、产假、婚假、丧假。法定休假日包括端午节、国庆节等,一年 11 天。带薪年休假是按照工作年限计算的,累计工作已满 1 年不满 10 年的,年休假 5 天;已满 10 年不满 20 年的,年休假 10 天;已满 20 年的,年休假 15 天。关于婚假,员工办理结婚登记的,一年内可享受 3 天带薪婚假,有的地方还有晚婚假。对于丧假,员工的直系亲属一般 3 天,旁系亲属 2 天。工作期间,员工还可以请病假、事假,对于女性职工来说,还可以享有 98 天产假,难产的,增加产假 15 天;生育多胞胎的,每多生育 1 个婴儿,增加产假 15 天。在此基础上,各个地方还有地方性规定。

企业可能担心休假制度影响企业正常运行,但规范的假期管理,是完全可以把员工休假的影响降到最低的。而且,单位对假期管理越规范,由此发生的争议就越少,处理起来也越容易。

7.2 假期的规范管理

用人单位对假期规范管理需要从完善的假期规章制度入手,即规范的休假管理制度。劳动者的休息权受到法律保护,用人单位可以通过对员工休假申请设置相应的程序,把员工休假对单位的影响降到最低,单位可以采取以下措施:

1. 在内部规章制度中详细列明请假手续,可以制作统一的请假申请单,列明请假事由,同时请假与工资扣减制度相结合,并完善扣发工资的相关手续凭证。根据《关于贯彻执行〈中华人民共和国劳动法〉若干问题的意见》第五十九条的规定,员工患病期间的工资应不低于当地最低工资的 80%。也就是说,公司可以按照当地最低工资 80% 的标准支付患病员工的工资。对于请事假的,法律规定事假期间用人单位可以不支付工资。但对于单位规范管理来说,为了避免员工“泡事假”,单位减少员工事假期间的工资待遇也属正常。

2. 单位可以对请假事项进行审批,同时明确审批的权限和流程。比如,事假需提请并由主管领导批准后才可以休,而且事假可以规定以天或者小时为计算单位。病假审批主要是形式上的审查,如员工提交的病假条、挂号单、诊断证明、病例是一个完整的证据链,单位一般都会批准假期。

3. 明确员工请假手续存在瑕疵的处理办法,此外,还要明确员工擅自休假或者未经审批休假的后果等。比如,单位应在规章制度中明确查实虚假病假后的处罚措施。一种方式是将虚假病假期间作为旷工处理,按照规章制度中规定的旷工天数分别确定不同的处罚种类;另一种方式是将虚假病假直接列为可以单方解除劳动合同的欺诈行为。因为员工提供虚假病假条是不诚信行为,而且没有履行提供劳动的义务,会给单位运营带来负面影响,单位完全可以按照严重违纪解除劳动关系。

有这样一则案例：李某自2010年起在一家电子产品公司上班，业务能力比较强，之后担任质量管理部经理。其于2016年后与公司签订无固定期限劳动合同，合同中约定公司的《管理规章制度》作为合同附件。2017年5月16日、2017年6月13日，李某两次向公司请休病假4周，并提交了加盖某大医院门诊办公室印章的两份诊断证明，均载有建议李某全休2周的内容。公司人事经理觉得李某请假有异，于是询问应对措施，笔者了解情况后，建议单位先调查核实。第二天，单位安排助理拿着委托书以及律师调查函、律师证等文件，到某医院进行了调查取证，经医院系统查询，根本没有李某就诊的任何记录。当然，这期间，助理还对调查过程进行了录像。之后，该公司作出解除劳动合同通知书，以李某严重违反劳动纪律和单位规章制度为由，解除了与李某的劳动关系。李某本想抵赖，但看到录像记录之后就立刻收拾东西办理离职手续了。

7.3 应对“恶意”请假的措施

接下来，具体讲讲如何应对“恶意”病假、事假等各种假。既然说到是“恶意”的，那就是说员工是借休假之名办私事。对用人单位来说，怀疑或者发现“恶意”病假的时候，可从以下角度具体操作：

1. 请假手续不全则不批准。实践中，对于公司内部规章制度中明确约定的病假、事假等休假要求，如果员工未按规定履行病假手续或拒不提供相关材料，则公司可不予批准。如果员工未经批准就不来上班，对此可以按旷工处理，然后根据情节轻重，依据单位内部规章制度的相关规定给予纪律处分，甚至合法解除劳动关系。

2. 对员工病情的“真伪”进行判定。首先，向员工就诊的医院或者医生核实，通过此，可以确定病假单是否为医院开具。现实中，有些员工认识医院的某些人员，可以接触到病假单，但此类人员往往并非执业医师，填写的病假单当然不具有法律效力，通过到医院核实，也可以确认病假单是否为该医院的正式执业医师所开具。即使核实的结果是该病假单形式上完全合法，企业也可以对医师一次性建议的休息天数进行合理的质疑。例如，普通感冒如建议休息10天则显然属于不当建议，可以向医院的医务科甚至卫生部门的医政处进行投诉。另外，也可以通过向开具病假单的医师进行询问,侧面了解员工病情的严重程度,对相关病情进行了解,以判断员工的病假申请是否合理。对于员工假孕或者怀孕后以各种理由向公司请假的,公司也要向医院核实后再行决定,确实是孕期请假的,超过孕假规定的休假期间的,单位还可以与员工协商,按照事假或者病假处理。

其次,要求员工前往指定医院进行复查。如果在员工提供了公司要求的相关证明后,公司仍对员工的疾病事项存有合理怀疑,如该员工存在虚假病假或者"泡病假"先例的,此时,如果公司的内部规章制度中明确规定了公司可以在员工申请病假时要求员工配合复查,则可以要求员工前往指定医院(通常可以指定三级甲等医院)进行复查。当然如果制度中没有相关规定,公司要求复查的,员工可以直接拒绝。

最后,调查员工在"泡病假"期间的动向。如果公司判断员工属于"泡病假"的情形,则可以通过各种灵活的途径,自行调查员工在长病假期间的动向,如看员工是否有自营的生意、是否外出度假旅游等。一旦掌握相关证据,就可以根据内部规章制度对员工进行处分,直至解除劳动关系或将员工劝退。曾经有员工请了一个月病假,结果去旅游了,虽然朋友圈屏蔽了同事和领导,但微博晒出的旅游照却被单位同事发现,最终单位以旷工为由提出解除劳动合同。

3. 对于查实的"恶意"休病假、事假,用人单位首先应确认员工是主观上不想上班还是与主管等人员之间有矛盾。如果确系矛盾,则应该尽量化解矛盾。如果是员工主观上不想上班或者怠于上班,用人单位可以根据规章制度解除劳动合同。不过,这个解聘的前提还是要看规章制度的合法合理性程度,如申请虚假病假属于严重违反单位规章制度的行为,并以情节严重、假期天数较长等情况为依据。

处理好员工的休假问题,既能规范管理企业和员工又能防范法律风险。

法条链接

《中华人民共和国劳动法》

第三条 劳动者享有平等就业和选择职业的权利、取得劳动报酬的权利、休息休假的权利、获得劳动安全卫生保护的权利、接受职业技能培训的权利、享受社会保险和福利的权利、提请劳动争议处理的权利以及法律规定的其他劳动权利。

劳动者应当完成劳动任务，提高职业技能，执行劳动安全卫生规程，遵守劳动纪律和职业道德。

第三十六条 国家实行劳动者每日工作时间不超过八小时、平均每周工作时间不超过四十四小时的工时制度。

8. 知识产权保护

在这个大众创业、万众创新的时代，知识产权是创新创业的最大驱动力。如今涉及知识产权的各类诉讼案件每年都在增加，一些大城市还成立了专门的知识产权法院，这不得不引起单位的重视。那么，在职员工创造的知识产权到底归谁所有呢？大部分人认为归单位所有，少部分人认为归员工所有。回答都有道理，关于这个问题，正确的答案只能是具体问题具体分析。也就是说，员工是公司的员工，但员工创造的知识产权未必就是公司的。接下来，就来讲讲劳动用工中的知识产权归属问题。本节将分为三个部分：第一部分，单位的知识产权包括哪些？第二部分，单位和员工最常出现的知识产权纠纷有哪些？第三部分，单位如何规避和员工的知识产权纠纷？

8.1 案例说法

对于高新技术企业来说，单位和员工之间经常会因为知识产权问题发生纠纷。比如，徐某自 2001 年至 2006 年在某精钻公司工作，担任研发部工程师。2005 年该公司启动试验开发制作飞艇项目，具体工作由徐某负责。这期间，徐某设计了可用于飞艇和空飘气球的泄气阀，在 2005 年 11 月以个人名义申请了专利。单位认为该项专利技术属于徐某在工作期间的职务行为，应当属于单位，于是诉至法院。最后，这起案子从一审打到二审，最终法院判决驳回了单位的诉讼请求，因为该精钻公司无法举证证明飞艇与泄气阀之间存在缺一不可的关系，而且无法证明徐某利用了该精钻公司的物质技术条件。最终，法院判定这项发明归徐某个人所有。

在这起案子里，单位和徐某争的是知识产权的所有权，那么，在司法实践中，如何界定什么是单位的知识产权，什么是个人的知识产权呢？在讲这个问题之前，先给大家介绍一下什么是知识产权。总体来说，知识产权的范围比较广，包括专利、著作权、商标、技术秘密等，其中专利包括发明、实用新型和外观设计，而著作权还包括计算机软件的著作权。至于如何界定某一个知识产权属于谁，要视具体情况而定。就拿专利权中的发明来说，很多时候员工的发明属于职务发明，有的时候又属于个人的发明专利，如刚才讲到的案例。职务发明主要指的是执行本单位任务所完成的发明创造，或者主要利用本单位的物质条件完成的发明创造，如果属于这两种情况，那么就属于单位的职务发明，否则就可能属于员工个人。不过，在这里需要说的是，当事人可以对申请专利的权利和专利权的归属作出约定，在有约定的情况下，遵从约定。比如，如果劳动合同或者专门合同中明确约定"劳动期内所创造的专利都归属单位，单位给予相应的报酬和奖励"，这样的约定如果劳动者能够接受，用人单位就可以获得专利权。

最高人民法院发布的知识产权侵权大数据报告指出知识产权案件数量直线飙升，案件多集中在广东、北京、江苏、浙江、上海等经济发达地区，之所以会出现这种情况，是因为知识产权多来自高新技术企业，这几个城市是高新技术企业比较集中的地方。

8.2 企业和员工最常出现的知识产权纠纷

企业和员工最常出现的知识产权纠纷有以下类型：

8.2.1 技术秘密纠纷，一般是技术秘密侵权。对很多单位来说，尤其是高科技企业，在提交相关专利申请之前，一般会先选择通过技术秘密的方式对其进行保护。实践中，经常出现的一种技术秘密纠纷，就是单位招聘的员工使用了原单位的技术秘密，如有的员工在离职时拷贝大量的文件资料或泄露核心技术机密，这对原用人单位来说，损失是巨大的。

8.2.2 知识产权权属纠纷。这种纠纷主要是对员工在职期间的技术成果、作品等以及离职之后技术成果的权属之争。处理这样的纠纷，执行时主要参照技术合同的司法解释。目前的司法实践是，员工如果没有使用属于单位的知识产权，而仅依靠他在工作中掌握和积累的知识、经验和技能，在既没有违反竞业限制义务,也没有侵犯商业秘密的情况下,员工离职后有自主利用的自由。

8.2.3 奖励报酬纠纷。我国专利法中有明确的关于员工完成职务发明创造后应获得奖励和报酬的规定,在司法实践中,有很多纠纷是由关于奖励和报酬约定不明确引发的。很多高新技术企业,为了鼓励创新,会在单位的规章制度中规定给予发明人、设计人奖励,但在实际操作中,往往由于知识产权权属或者奖励和报酬操作不够具体,导致单位和员工发生争议。

8.3 规避知识产权纠纷风险

8.3.1 规避知识产权纠纷风险需要规范好知识产权的管理,也就是从制度上进行规范。企业规范知识产权管理,应该从以下几个方面入手:

第一,双方书面约定知识产权的归属问题。单位应当根据自己单位的性质和特点,专门针对可能发生的知识产权问题进行约定,而且法律允许当事人之间就知识产权归属进行约定。那么,如何约定呢?比如,可以在规章制度或者书面合同中明确约定,凡是涉及企业知识产权的东西,如专利,就要约定归属的权利人为用人单位,而且明确约定必须以企业的名义来申报、申请。

第二,明确员工的工作岗位和工作内容。有这样一则案例:陈某曾是A计算机软件公司的员工,后来离职,但离职后陈某发现A公司销售和使用了他开发的M软件,陈某认为A公司侵犯了他的著作权,在协商无果的情况下,陈某提起诉讼要求A公司赔偿。经过法院审理,法院认为M软件确实是陈某在A公司任职期间创作完成,但目的也是完成A公司的工作任务,最后认定M软件系职务作品,其著作权归属A公司,并判决驳回了陈某的诉讼请求。这个案例A公司胜诉的原因,主要在于单位能够证明陈某开发的软件是为了完成在公司工作时所负责的主要工作内容,如果单位不能对此举证,就会面临败诉的风险。

第三,建立知识产权管理制度。比如,大型公司设立知识产权部门或者法务部门专业主管,小型公司可以指定人力资源或者综合办公室负责主管,而且必须落实专人管理好相关档案、资料,并将部门的考核作为重要内容来管理,以避免发生不必要的纠纷。此外,企业还可以通过不同的知识产权激励制度,给予知识产权员工一些奖励或者福利待遇,员工为了获得单位这方面的奖励,首先会积极创新,其次会同意让渡知识产权,这样用人单位即可获得一定知识产权的权属。

8.3.2　企业要规避同员工产生知识产权纠纷,除了在制度上把关,还要注意实践操作。在实践中,单位可以从以下几个方面来保护知识产权:

第一,与单位的核心知识产权人物和谐发展共处。任何时候,未雨绸缪总是对的,“防火好过救火”。对于单位的核心员工,根据其能力做好职业规划,例如,如果是管理人员,可以规划其进入公司领导层,甚至成为老板的“左膀右臂”;如果是技术人员,可以规划其成为公司的技术骨干,甚至技术顾问。同时,单位还要为核心技术人员提供有竞争力的薪酬和人性关怀。

第二,规范核心人员离职,防范知识产权风险。一旦涉及核心人物离职,单位部门领导应该立即与其协商沟通,了解人员的离职理由,明确其是对薪酬、工作环境不满还是未来目标不明确等原因;仍旧不能挽留的,单位应做好事中防范,立即安排接替人员,并交接好关于知识产权方面的内容。比如,实践中关键的保密协议书或竞业限制协议书、工作交接表、竞业限制补偿金支付等一系列文件,而且单位一定要注意规范这些文件,并进行保存归档。

对一个企业来说,知识产权无疑是企业的核心竞争力,对知识产权,任何时候,保护都优先于事后追究。

法条链接

《中华人民共和国专利法》

第六条　执行本单位的任务或者主要是利用本单位的物质技术条件所完成的发明创造为职务发明创造。职务发明创造申请专利的权利属于该单位,申请被批准后,该单位为专利权人。该单位可以依法处置其职务发明创造申请专利的权利和专利权,促进相关发明创造的实施和运用。

非职务发明创造,申请专利的权利属于发明人或者设计人;申请被批准后,该发明人或者设计人为专利权人。

利用本单位的物质技术条件所完成的发明创造,单位与发明人或者设计人订有合同,对申请专利的权利和专利权的归属作出约定的,从其约定。

第三篇

离职篇

1. 离职规范管理法律风险防范

员工变动在任何一家公司都是很平常的事情,但平常之中也潜伏着风险。身为企业管理者,不管员工是主动离职,还是被动离职,都要坚决不留隐患。关于"如何让员工离职不留隐患",本节将分两部分讲解:第一部分,员工离职的规范管理问题;第二部分,如何办理离职手续才能不留隐患。

说到员工离职与用人单位的争议,比较有影响的就是国美公司与国美原董事会主席陈某之争。2011 年 3 月,陈某辞去董事会主席一职。作为国美电器集团曾经董事会主席的陈某,在离职时签订了一份协议,承诺不会以任何方式发表不利于其他董事、公司高级管理人员及公司的言论和评论等。为此,国美公司向陈某支付了 1000 万元税后对价款。结果,陈某离职两个月后发表了不当言论,随后,国美公司以陈某违反双方保密协议为由,对陈某提起诉讼,要求赔礼道歉,并索赔 4900 万元,最终经过一审、二审,历时数年,法院判决陈某退还离职时拿到的 1000 万元对价款,并承担诉讼费。这起案件,虽然给双方当事人都带来了不小的困扰,但有一点国美公司做得特别好,那就是在处理离职时管理比较规范。

面对员工的离职,用人单位首先要做好员工离职的规范管理,离职的规章制度越细致、越严格,离职手续办理就会越规范,就越能防止劳动争议的发生,所以一定要重视离职管理工作。

1.1　离职规范管理具体措施

离职规范管理有以下措施:

1.1.1　建立离职管理规章制度。离职管理规章制度能够规范员工离职程序，保证员工在合理、合法的情况下离职，对员工来说，可以保证交接好工作；对单位来说，有利于工作的延续。一种优秀的离职管理规章制度，不论对用人单位还是对员工都是一种保障。

由于员工离职规章制度也是单位规章制度的一部分，所以，合法有效的离职规章制度也必须遵循内容合法和程序合法规则，不得违反劳动合同或集体合同的约定，还要向员工公示。

1.1.2　实际操作中，单位要注意离职规章制度具体的实施内容。第一，单位的部门负责人第一步应审查离职员工的工作内容与工作进度，以便于下一步的交接工作。第二，规范离职面谈。不管是员工主动离职，还是用人单位辞退员工，都要尽量减少员工离职可能带来的负面影响。通过面谈，可以了解他们对企业的看法，在离职的特殊时期，他们更有可能说出真实想法，而这些信息可能有改善企业管理的参考价值。第三，做好离职员工的交接工作。单位要制定规范的离职员工交接工作表单，明确交接工作事项的进度、具体联系人及后续工作的开展情况，并附上相关文件。在实际过程中，单位的各个部门还应该配合，如财务部确认有无借款，合同管理部门确认是否已经归还借过的相关合同，业务相关部门要确认是否已经完成该部门的工作对接，综合管理部要确认工装、公用手机、电脑、公用邮箱等是否已经封存或转交。第四，转出员工的各种关系，包括社保手续，集体户口，还包括人事档案等的关系手续。第五，交接完相关工作后还应该及时进行工资结算：很多人以为工资结算很简单，但为了规避用工风险，最好和员工签订工资结算协议，协议中要明确已经结算工资的明细，并加以说明，同时要明确说明"协议签订后，工资已经结算完毕，员工和公司之间不存在薪酬异议"，防止员工后续因为工资问题提出异议，因为很多企业的社保和公积金并非全额缴纳。实践中，有的单位习惯于要求离职员工在次月正常发薪日领取工资而不是离职时予以结清，一旦这样做，单位就有拖欠员工工资的嫌疑，或者员工对之前谈好的条件反悔，又或者员工要提出新的条件等。第六，妥善保管这些离职文件。因为这些文件最能帮助用人单位在内容及形式上完整准确地记录离职环节。若员工离职后将来针对某项行为提起劳动争议仲裁，那么单位保管的文件材料就是在做准备工作，为劳动争议仲裁及可能发生的法院诉讼打下坚实的基础。

1.2 办理员工离职手续注意事项

办理员工离职手续时有以下注意事项：

1.2.1 要签辞职申请书。如果员工主动提出离职，用人单位可以要求员工提供辞职申请书。一封看似简单的辞职申请，其中包含了很多将来为单位所用的证据。比如，辞职申请中要包含员工个人辞职意愿、本人签字、辞职日期等。就拿辞职意愿来说，是员工个人家庭或者身体等原因离职等，这能够避免将来单位不合规而被劳动者主张经济补偿金。除以上是劳动者个人原因申请主动辞职，单位来决定是否批准外，劳动者辞职申请的内容还可能涉及劳动者把自己决定辞职的信息告诉或者通知用人单位，也就是通常说的辞职信或者辞职通知。对于劳动者的辞职通知，企业应该在30天内办理离职手续。不管是哪种性质，都一定要现场确认劳动者本人签字，日期也应该是用人单位收到该通知的当日。

在实践过程中，还有一种情况，那就是员工打声招呼就不来了。那单位怎么应对呢？对于这种员工拒绝提供离职申请或者不办理相关离职手续的情况，用人单位可以按照单位的规章制度以“旷工”进行处理，当旷工达到严重违反规章制度的程度，即可下达解除合同通知解除劳动关系，同时，还要结清工资并办理社保和档案的转移手续，对于实在不配合的员工，还可以咨询律师，通过法律途径办理。员工可以“说走就走”，但作为用人单位，一定要把离职手续走完，切记切记。

1.2.2 根据员工离职的具体情况，签署相应的法律文书。如果是员工主动离职，可以要求劳动者签署承诺书，承诺劳动者与单位之间不存在任何纠纷，不存在未结清的补偿金等，或者约定其他对于单位来说比较重要的内容。

对于单位辞退员工，在员工结算工资或者办理相关离职手续的时候，尽量让离职员工签署确认双方无其他争议的承诺书、声明或者确认无争议的签字。对于实在不配合的员工，单位可以在工资结算单上备注“双方无其他争议”，然后当员工领取结算工资时让其签名。而对于单位与员工通过协商解除劳动关系的，因为可能涉及经济补偿金，所以更应该签署书面协议，除注明协商后的补偿金数额外，还要注明劳动者要履行的义务。比如，在某案件中，单位要求项目经理离职时签署《一次性解除劳动关系协议书》，这份协议书中表明了项目经理是个人原因离职，并且对工资、奖金和提成一次性结清共计9000元整。之后项目经理认为单位计算错误，认为单位没有支付加班工资和奖金而提起劳动仲裁，但仲裁经审理后驳回了项目经理的请求。

1.2.3　开具解除劳动合同证明。员工离职时，很多单位以为解除劳动合同证明是无所谓的，也有的单位以员工离职时双方未能交接完善而不出具离职手续。实际上，不开具解除劳动合同证明，对单位来说，也是有法律风险的，因为用人单位未向劳动者出具解除劳动合同书面证明，给劳动者造成损害的，应当承担赔偿责任。曾经就有案例，因为原单位拒绝开具解除证明，导致员工入职新单位时被新单位以此为由拒绝入职，被判承担数万元赔偿款。在此，建议设计模板，明确双方的劳动关系已经终止，不存在任何异议或者争议，避免员工后期再提异议。

法条链接

《中华人民共和国劳动法》

第三十一条　劳动者解除劳动合同，应当提前三十日以书面形式通知用人单位。

案例链接

员工离职后，以员工名义开设的网络社交账号归谁？

【裁判要旨】

网络社交账号是网络虚拟财产。以劳动者个人信息注册的社交账号，其权利归属劳动者。用人单位可与劳动者约定劳动关系解除后该账号的使用方式。在双方无约定时，用人单位要求劳动者移交该账号管理权限的，不应支持，但劳动者继续使用该账号时负有不作为义务和附随义务。

【案情】

2017年2月9日，汤某某入职杭州某网络科技有限公司（以下简称某网络公司)从事住宿部内容运营工作。2018 年 3 月,汤某某以其个人信息以及手机号码注册某软件账号,并曾用该账号对某网络公司的工作内容进行宣传。2019 年 4 月 19 日,某网络公司为汤某某出具离职证明,载明汤某某于该日办理完全部离职手续,与公司的劳动关系就此解除。后双方因某软件账号管理权限移交问题产生纠纷,某网络公司起诉要求汤某某办理工作交接,向其移交原工作使用的某软件账号的运营管理权限。

【裁判】

浙江省杭州市余杭区人民法院经审理认为,某网络公司出具的离职证明显示汤某某已经办理完全部离职手续,案涉软件账号系汤某某在职期间用其个人信息注册,双方对汤某某离职后该账号运营管理权限的归属及是否需向公司移交无约定,且该账号上除工作内容外,还有较多的汤某某个人信息,遂判决驳回某网络公司的诉讼请求。宣判后,某网络公司不服,提起上诉。浙江省杭州市中级人民法院经审理后,判决驳回上诉,维持原判。

【评析】

本案争议焦点在于以劳动者个人信息注册的网络社交账号在该劳动者离职后的管理权限归属问题。

1. 网络社交账号的权利属性。网络账号权属为网络虚拟财产权利归属。所谓网络虚拟财产权利,又称网络虚拟产权,指以网络媒介作为载体而创设使用的,以电子数字形式展现出来的,具有财产内容的各类民事权利。《民法总则》(已失效)第一百二十七条(《民法典》第一百二十七条)规定,法律对数据、网络虚拟财产的保护有规定的,依照其规定。但目前对网络虚拟财产的权利属性缺乏明确的法律规定,理论界对其定性亦有争论。有观点认为,网络虚拟财产权利位于《民法典》第一百一十四条至第一百二十五条列举的物权、债权、知识产权、股权和其他投资性权利之后,意味着网络虚拟财产权利是区别于上述权利的一种独立的财产权利。另有观点认为,网络虚拟财产权利具有多元性、开放性、动态性和技术性,其外延会随着科学技术和人们生活方式的改变而变化,因而不能简单地将其确定为一种权利类型,而应根据性质的不同将其分门别类地归入物权、债权、知识产权或股权和其他投资性权利。

笔者认为,第二种观点更符合网络虚拟财产的特征,并为其发展预留了足够的空间。民法理论认为,只要可为人力所控制,无体物亦可成为物权客体,《民法总则》（已失效）第一百一十五条（《民法典》第一百一十五条）规定，物包括不动产和动产。法律规定权利作为物权客体的，依照其规定。网络社交账号具有绝对性、排他性、公示性和独立处分性，符合物权的特征。故网络社交账号的权利性质可界定为物权，权利人通过在网络社交平台上注册设立并享有对网络社交账号的所有权。

2. 用人单位有无权利要求劳动者移交社交账号的管理权限。在双方无约定的情形下，应考察网络社交账号的注册情况。通常情况下，网络社交账号的注册需要提供用户信息，若社交账号是由单位以其名义注册，交由劳动者管理，则其权利人为用人单位，在劳动关系解除时，劳动者当然负有将该账号的管理权限交还单位的义务；若账号系以劳动者的个人信息注册，即使其用于用人单位的宣传，其权利也归属劳动者，在劳动关系解除时，用人单位亦无权要求劳动者移交管理权限。

在双方有约定的情形下，《网络安全法》第四十二条第一款规定，网络运营者"未经被收集者同意，不得向他人提供个人信息"。换言之，经过权利人同意，个人信息可以提供给他人使用。网络社交账号中含有个人信息，若权利人对此予以同意，当然也可以供他人使用，但也应考虑网络社交平台的权利。实践中，网络社交平台通常会与注册者约定，所注册的网络账号仅限本人使用，否则有可能承担账号被暂停或注销的后果。故用人单位可与劳动者约定共同向网络社交平台申请主体变更，亦可根据法院的生效判决，单独向网络社交平台申请主体变更，这样既保护了劳动者的个人信息，也约束了用人单位对网络社交账号的使用，且并不损害网络社交平台的利益。

3. 劳动者在劳动关系解除后的义务。如前所述，在无约定的情形下，该账号的权利归属劳动者，但这并不意味着，在劳动关系解除后劳动者可任意使用该账号。网络社交账号的妥善运营会形成一定的良性影响，进而带来商誉的提高和商业机会的增加。故劳动者应合理使用，且负有两项义务：一是不作为义务，即不得利用该账号所形成的影响力从事损害用人单位利益的行为，如利用该账号对用人单位的客户进行误导性宣传等。二是根据诚实信用原则，劳动者应承担通知、协助等附随义务。如在该社交账号中表明不再用于单位的宣传，向"粉丝"说明用人单位新账号的情况，向用人单位提供客户信息等。劳动者违反上述义务，对用人单位造成损害的，应当承担赔偿责任。

2. 经济补偿金

无论离职管理多么规范,有时还是避免不了给离职员工支付经济补偿金的问题。就用人单位而言,经济补偿金也是一笔不小的支出。本节就讲讲关于经济补偿金的问题。本节分三部分:第一部分,什么是经济补偿金,经济补偿金怎么计算;第二部分,哪些情况下,单位可以不支付经济补偿金;第三部分,哪些情况下,需要支付经济补偿金。

2.1　经济补偿金的界定及其计算

对员工来说,离职很容易;但对用人单位来说,员工离职过程中涉及的补偿金却是个压力来源。所谓经济补偿金,是用人单位解除劳动合同时,给予劳动者的经济补偿,这是我国法律规定的用人单位给予劳动者的一种经济补助。

本质上说,经济补偿金保护的是劳动者。那么,企业又是按照什么标准计算给劳动者的经济补偿金呢?简单地说,经济补偿金支付的标准就是劳动者在本单位工作的年限,通常有三种情况:第一种情况:每满一年支付一个月工资;第二种情况,6 个月以上不满一年的,按一年计算;第三种情况,不满 6 个月的,向劳动者支付半个月的工资作为经济补偿。

除了这个简单的计算方法,用人单位在计算经济补偿金时还要注意以下三个方面:第一,要注意经济补偿金的月工资,这个月工资指的是劳动者在劳动合同解除或者终止前 12 个月的平均工资,如果这个平均工资低于当地最低工资标准,则按照当地最低工资计算。第二,经济补偿金的基数不高于平均工资的 3 倍。也就是说,对于单位的高级管理者来说,工资高于本地区上年度职工月平均工资 3 倍的,则以 3 倍为基数计算补偿金,另外,用人单位必须知道,经济补偿金的支付年限最高不超过十二年。第三，经济补偿金分段计算。2008 年 1 月 1 日之前的补偿金基数不受月平均工资 3 倍的限制。因为《劳动合同法》是 2008 年 1 月 1 日生效的，之前的劳动合同年限及经济补偿金仍按照原来的规定执行。

2.2 单位无须支付经济补偿金的情况

2.2.1 劳动者提出解除劳动合同的。一般来说，如果单位不存在违法用工情形，那么员工主动离职的话，单位不需要支付补偿金。此外，劳动合同到期后，劳动者不同意续签的，单位也不需要支付补偿金。

2.2.2 用人单位提出解除劳动合同的。如果是用人单位提出解除劳动合同，以下几种情形，单位可以不支付经济补偿金：

2.2.2.1 试用期劳动者被证明不符合录用条件，或者试用期满后，劳动者不与用人单位签订书面劳动合同，这时用人单位在解除劳动合同时，不需要支付经济补偿金。这一点在关于试用期一节里已经讲过，这里就不再重复。关于劳动者不签订书面劳动合同，有一点用人单位要注意，那就是用人单位需要下达两次书面通知，第一次通知签合同，如果劳动者不签，就需要发第二次通知，第二次通知就可以告知劳动者解除劳动关系。

2.2.2.2 劳动者严重违反用人单位的规章制度，用人单位在解除劳动合同时，不需要支付经济补偿金。这也是很多单位最常用的解除劳动关系而不支付经济补偿金的方式，关于这一点，可以参照本书规章制度一节。需要强调的是，单位一定要注意“严重违反”的标准，仅仅是一般违反是不足以开除员工还不支付经济补偿金的。这需要单位注意收集证据来证明。

2.2.2.3 劳动者严重失职，营私舞弊，给用人单位造成重大损害的，用人单位在解除劳动合同时，不需要支付经济补偿金。用人单位在适用这一条解除劳动合同时，也要看单位规章制度的规定。有这样一则案例：某灯饰公司的一名销售经理金某，在公司工作了五年，业务能力很强，仅每年的提成款能拿到 20 万元左右。但之前推到他省的高端灯饰品款项一直未催收成功，后来该公司委托发律师函催款，结果对方找到总经理要求扣除 3 万元款项，原来金某私自收取了 3 万元款项未入公司账目。案发后，金某将 3 万元款项交付公司财务。为此，该公司即委托律师处理金某的离职事务,最终在金某当月奖金扣发后,以严重违规为由将其开除。这方面案件,需要单位进行调查并保留好相关证据。

2.2.2.4　劳动者同时与其他用人单位建立劳动关系,并对完成本单位的工作任务造成严重影响,或者经用人单位提出,拒不改正,这时用人单位可以据此解除劳动合同,且不用支付经济补偿金。在实践过程中,我们认为最佳的操作方案是在设计规章制度时对该条进行转化处理,转换成严重违规行为,这样就可以合理合法地依据严重违规条款解聘,并且不用支付经济补偿金。比如,有的单位作这样的约定:本单位明确禁止员工在外兼职,一旦发现即通知员工立即改正,员工继续兼职或者变更兼职单位的属于拒不改正,即属于严重违反规章制度。

2.2.2.5　劳动者存在欺诈、胁迫、乘人之危行为导致劳动合同无效。比如,劳动者用欺诈手段提供虚假资料,如假文凭、假证件、假经历等,用人单位就可以主张劳动合同无效。

2.2.2.6　劳动者被依法追究刑事责任,用人单位可以解除劳动合同并且不用支付经济补偿金。关于这一点,用人单位需要注意的是,这里所说的被追究刑事责任,是指被人民法院判处管制、拘役、有期徒刑等,如果劳动者仅是被治安拘留就不能用这个条款,因为治安拘留是行政责任而不是刑事责任。鉴于追究刑事责任的过程比较漫长,用人单位可以在劳动者被限制人身自由期间,暂时停止劳动合同的履行,或者根据具体情况如长时间不能上班参照旷工等严重违反规章制度的情形解除劳动合同。关于这一条如果用人单位觉得自己把握不好,可以咨询专业律师进行处理。

2.3　单位需支付经济补偿金的情形

2.3.1　劳动者以单位存在违法违规情况为由提出解除劳动合同的,单位需要支付补偿金。

例如,在之前讲到的员工以单位未缴纳社保或者拖欠工资等理由离职的,就有权要求单位支付经济补偿金。又如,在员工认为单位的规章制度违反法律、法规的规定,或者违章指挥、强令冒险作业危及劳动者人身安全、损害劳动者权益,或者以欺诈、胁迫手段或者乘人之危,使劳动者在违背真实意思的情况下订立或者变更劳动合同等情形下，劳动者解除劳动合同的，都可以主张经济补偿金。

2.3.2 用人单位解除劳动合同，属于以下这些情形的，单位需要支付经济补偿金：用人单位提出协商解除劳动合同；劳动合同到期用人单位不同意续签；劳动者患病或者非因工负伤，在规定的医疗期满后不能从事原工作，也不能从事由用人单位另行安排的工作，用人单位解除劳动合同的；劳动者不能胜任工作，经过培训或者调整工作岗位，仍不能胜任工作，用人单位解除劳动合同的；劳动合同订立时所依据的客观情况发生重大变化，致使劳动合同无法履行，经协商，未能就变更劳动合同达成协议，用人单位解除劳动合同的；等等。这些情况都需要用人单位支付经济补偿金。

法条链接

《中华人民共和国劳动合同法》

第四十六条 有下列情形之一的，用人单位应当向劳动者支付经济补偿：

（一）劳动者依照本法第三十八条规定解除劳动合同的；

（二）用人单位依照本法第三十六条规定向劳动者提出解除劳动合同并与劳动者协商一致解除劳动合同的；

（三）用人单位依照本法第四十条规定解除劳动合同的；

（四）用人单位依照本法第四十一条第一款规定解除劳动合同的；

（五）除用人单位维持或者提高劳动合同约定条件续订劳动合同，劳动者不同意续订的情形外，依照本法第四十四条第一项规定终止固定期限劳动合同的；

（六）依照本法第四十四条第四项、第五项规定终止劳动合同的；

（七）法律、行政法规规定的其他情形。

第四十七条 经济补偿按劳动者在本单位工作的年限，每满一年支付一个月工资的标准向劳动者支付。六个月以上不满一年的，按一年计算；不满六个月的，向劳动者支付半个月工资的经济补偿。

劳动者月工资高于用人单位所在直辖市、设区的市级人民政府公布的本地区上年度职工月平均工资三倍的，向其支付经济补偿的标准按职工月平均工资三倍的数额支付，向其支付经济补偿的年限最高不超过十二年。

本条所称月工资是指劳动者在劳动合同解除或者终止前十二个月的平均工资。

第四十八条 用人单位违反本法规定解除或者终止劳动合同,劳动者要求继续履行劳动合同的,用人单位应当继续履行;劳动者不要求继续履行劳动合同或者劳动合同已经不能继续履行的,用人单位应当依照本法第八十七条规定支付赔偿金。

《中华人民共和国劳动法》

第九十一条 用人单位有下列侵害劳动者合法权益情形之一的,由劳动行政部门责令支付劳动者的工资报酬、经济补偿,并可以责令支付赔偿金:

(一)克扣或者无故拖欠劳动者工资的;

(二)拒不支付劳动者延长工作时间工资报酬的;

(三)低于当地最低工资标准支付劳动者工资的;

(四)解除劳动合同后,未依照本法规定给予劳动者经济补偿的。

第九十八条 用人单位违反本法规定的条件解除劳动合同或者故意拖延不订立劳动合同的,由劳动行政部门责令改正;对劳动者造成损害的,应当承担赔偿责任。

3. 辞退员工的法律风险防范

针对不合格的员工,用人单位该怎么办?直接解聘看起来简单粗暴,符合用人单位的理论,但是为了合法合规地解决问题,还是要讲究技术和技巧,否则一旦出现劳动纠纷,耗时耗力不说,还会影响用人单位的声誉。大数据显示,离职经济补偿金中,最为常见的就是单位解聘不合格员工过程没处理好,结果造成了违法解除劳动关系,被迫承担违法解除的赔偿金。淘汰不合格员工,我们要从以下三个方面来对待:第一,如何确定员工不胜任工作;第二,淘汰不合格员工的实用招数;第三,解聘不合格员工的程序。

2015 年 7 月,小新本科毕业后进入了一家实业公司工作,任招商专员,签署了两年的劳动合同,基础工资 3500 元,另有按照业务量的提成。2017 年 6 月,小新接到了单位的解除合同通知,因为单位认为小新比较内向,连续 3 个月在单位成交业务量倒数,属于不胜任工作。小新决定用法律武器来维权。律师团队审查完小新手里的劳动合同以及一些业务资料后,发现这家单位的规章制度存在很多问题,其中关于员工的绩效管理方面,有一条是这么约定的:"对于劳动合同期限内,连续三次成交量居末位的,本公司有权单方解除劳动合同。"通过审阅这些材料,律师团队认为小新的单位,没有对不胜任工作员工履行培训或者调整岗位的程序,而直接发通知解除劳动合同,属于违法解除。按照《劳动合同法》第八十七条的规定,违法解除劳动合同应当按照经济补偿标准的双倍向劳动者支付赔偿金。据此,劳动仲裁时,小新提出双倍赔偿金,因为证据确凿,劳动仲裁判小新胜诉,最终,小新获得了实业公司支付的违法解除劳动合同赔偿金 3.7 万元。

通过这个案例可以看出,对用人单位来说,如何认定员工"不胜任工作"至关重要。

3.1 “不能胜任工作”的界定

在司法实践中,“不能胜任工作”指的是“不能按要求完成劳动合同中约定的任务或者同工种、同岗位人员的工作量”。当然,用人单位不得故意提高定额标准,使劳动者无法完成。那么,如何认定员工无法胜任工作呢?认定员工是否胜任工作,最主要的参考标准就是劳动合同和单位的规章制度。比如,劳动合同中约定的工作内容,对工作量的考核标准,规章制度中的岗位职责、任职要求,还有单位的绩效考核制度等,都可以作为认定员工是否胜任工作的标准。在这里需要强调,无论是劳动合同,还是规章制度里的标准,都一定要详细、具体、可以量化。要提醒的是,单位的考核制度必须是明确而且公示的,否则对劳动者不发生法律效力,也就谈不上用它来认定员工是否胜任工作了。

3.2 淘汰不合格员工的实用技巧

确定员工不胜任工作后,自然就是淘汰不合格员工。由于现在劳动者的维权意识都很强,企业在淘汰员工时,一定要做好前期的准备工作,否则,就有可能引起劳动争议,到最后还有可能需要支付经济赔偿金。以下便是淘汰不合格员工的实用技巧:

3.2.1 制定合格员工的标准,并建立合法有效的考核制度。这个合格标准主要是劳动合同和单位的规章制度,包括先前提到的工作内容、工作量、岗位要求等。这些标准制定后,一定要确保程序合法、内容合法,还要经过公示,并且有证据证明员工知道这个制度。

3.2.2 证明员工不胜任工作,并保留好所有与不胜任相关的证据。首先依据合同和单位的规章制度,确定员工不胜任工作;其次是在此期间,收集并保留证据。一般而言,用人单位可以用来证明劳动者不胜任工作的证据形式包括绩效考核表、工作报告、工作邮件、谈话录音、客户评价表、同事评价表等。这方面最容易发生争议的就是劳动者对此不予认可,结合我们的实践经验来说,以上材料最好由劳动者签字确认。比如，考核表由员工签字确认，即使员工不签字确认，也可以通过公告公布，同时拍照确认，还可以注明“员工如果有异议，可以在三个工作日内提交书面的申辩意见，逾期不提交申辩意见的，则视为员工对考核结果的确认”。

3.2.3　把握好培训或者岗位调整这一重要程序。就是说只证明劳动者不胜任工作还不够，还必须是在经过培训或者调整工作岗位后，仍不能胜任工作。也就是说，“两次”不胜任的，才能“合法淘汰”。这期间的相关培训材料、培训通知书、签到表、培训结果反馈等材料都应该保存好。因为一旦发生劳动争议纠纷，用人单位在这方面进行举证时，仅证明存在“培训”或“调岗”的事实尚不足够，还需要证明此等“培训”或“调岗”的具体内容与“不胜任”之间具有关联性。比如，一家汽车公司，小李是销售员，但在每季的销售排名中其都是倒数第一，连续1年后，该公司对小李下达一份调岗通知，内容提到小李各种考核显示已不胜任销售岗位，要求小李到售后服务部工作。小李对单位的调岗很不满意，认为售后服务部的奖金和提成少，且小李认为双方签订的劳动合同约定的是销售员，最终小李申请劳动仲裁，同时主张违法解除的赔偿金，但劳动仲裁委经过审理后，认为汽车公司的调岗合理合法，而且售后岗位在技术方面与销售岗位有一定的相关性，最终驳回了小李的请求。

所以，不管是对不合格员工进行培训，还是调整工作岗位，都要有充分的合理性，在证明员工不合格的情况下，再进行培训或者调岗，而且调整后的岗位应与调整前的岗位有一定的关联，并与劳动者的劳动能力、专业和技能相适应。在这样严密的程序下，才能“合法淘汰”员工，千万别大意。

3.3　解聘不合格员工的程序

如果按照劳动合同和单位的规章制度，认定劳动者不能胜任工作，这个时候，单位就可以直接解聘员工了吗？答案是不可以，用人单位要履行一定的程序才可以解除劳动合同。

3.3.1　提前30日以书面形式通知劳动者或者额外支付一个月工资后，才可以解除劳动合同。也就是说，即使劳动者不合格，而且经过培训或者调岗后仍旧不合格,具备了“合法淘汰”的条件,用人单位也不能立即解除劳动合同,要提前30日书面通知劳动者。如果没有提前通知,可多支付一个月工资作为代替提前30日的通知金,实践中一般称为“代通知金”。

3.3.2　按照工作年限支付经济补偿金。合法淘汰,难道也要支付补偿金吗?答案是要支付补偿金。因为在劳资关系中用人单位对劳动者有管理权,劳动者处于弱势地位,需要法律给予更多的关怀。所以《劳动合同法》规定要支付经济补偿金。即按照劳动者在用人单位的工作年限,每满一年支付一个月工资作为补偿金,不满半年的支付半个月工资作为补偿金。在补偿金数额方面,用人单位和劳动者可以在法律框架内进行协商,一般来说协商涉及的补偿金数额少于法律规定的数额,这也是化解争议的好方法。

3.3.3　用人单位在给员工办理离职手续时,要及时结算工资,办理相关手续,尽量做到“好合好散”。正常的离职手续之外,用人单位还可以适当考虑人性化地处理员工离职,如有的大型企业邀请常年合作的猎头,将本单位认为不合格的员工推荐到其他非竞争行业单位,还有的企业对于离职交接过程中表现优秀的员工,额外奖励一定数额的钱,还有的特意为员工写推荐信等。

法条链接

《中华人民共和国劳动法》

第三十条　用人单位解除劳动合同,工会认为不适当的,有权提出意见。如果用人单位违反法律、法规或者劳动合同,工会有权要求重新处理;劳动者申请仲裁或者提起诉讼的,工会应当依法给予支持和帮助。

4. 工伤处理的实务操作

对用人单位来说，听到工伤这个问题都会困扰。因为对个人而言，没有什么比健康更重要；对企业而言，工伤不仅会干扰企业的正常经营，也意味着增加了很大的人力成本和管理成本。随着全国城镇居民人均年可支配收入的提高，一个员工的工亡不仅涉及死亡赔偿金，还会有丧葬费、供养亲属抚恤金以及医疗费等。即便没有工亡，工伤的住院治疗以及鉴定工伤伤残等级和护理等级等，也是一笔不小的费用。

员工受伤，事关健康与生命，用人单位在态度上要重视，在处理上也要讲究方法和技巧，这样，既可以保障劳动者的权益，又可以维护公司的权益。接下来，就讲讲在处理员工工伤问题时的三个实操招式。

4.1 工伤认定

那么，劳动者在什么情况下受伤属于工伤呢？关于工伤的规定，主要体现在《工伤保险条例》第十四条和第十五条的规定中，简单概括为以下情形：

4.1.1　在工作时间和工作场所内，因工作原因受到事故伤害的或者因履行工作职责受到暴力等意外伤害的，属于工伤。在这里要注意的是，工作时间和工作场所两个是必须同时具备的条件，缺一都不能被认定为工伤，之后因为工作原因或者履行工作职责受伤的才构成工伤。

4.1.2　工作时间前后在工作场所内，从事与工作有关的预备性或者收尾性工作受到事故伤害的，属于工伤。所谓“工作时间前后”，是指非工作时间内，上班前或下班后的一段时间，都可以认定为“工作时间前后”；所谓“从事预备性或收尾性工作”，如为启动机器做准备工作，或者关闭机器后收拾与工作有关的机器、工具等。

4.1.3　在上下班途中,受到非本人主要责任的交通事故或者城市轨道交通、客运轮渡、火车事故伤害的,属于工伤。这里要注意的是上下班途中,而且是非本人主要责任。因为交通事故发生后,交警部门会进行事故认定,划分事故责任比例,只有本人无责任、次要责任或者同等责任的情况下,才会被认定为工伤。很多单位会认为,交通事故已经获得了交通事故赔偿金,就不能再认定工伤了,否则就是重复赔偿。其实,这两者是不同的法律关系,劳动者可以同时获得交通事故赔偿金和工伤待遇,只是关于医疗费等实际支出费用不能重复获得赔偿。

4.1.4　因工外出期间,由于工作原因受到伤害或者发生事故下落不明。"因工外出期间"包括因工出差以及因工临时外出办理业务等,此外,还必须是因工作原因受到伤害或者发生事故时下落不明的才构成工伤。

4.1.5　患职业病的,属于工伤。比如,劳动者在职业活动中,因接触粉尘、放射性物质和其他有毒、有害物质等因素而引起的疾病。

此外,用人单位要注意的是,《工伤保险条例》还规定了视同工伤的情形,即虽然不属于刚才讲到的认定工伤的情形,但是属于"视同工伤"的情形,也就是俗话说的"看作工伤"或者"当成工伤"。例如,在工作时间和工作岗位,突发疾病死亡或者在48小时之内经抢救无效死亡的;在抢险救灾等维护国家利益、公共利益活动中受到伤害的。这两种情形就是视同工伤,享受工伤保险待遇。对于职工原在军队服役,因战、因公负伤致残,已取得革命伤残军人证,到用人单位后旧伤复发的,也是视同工伤的情形,按照《工伤保险条例》享受除一次性伤残补助金以外的工伤保险待遇。

知道了哪些情况下受伤属于工伤,一旦企业员工发生受伤事件,企业应第一时间了解事发经过,确定是否属于工伤。由于工伤认定是一个比较专业的工作,用人单位如果不知道如何处理,建议向专业做工伤赔偿的律师咨询,这样既节省时间,又不给用人单位留下隐患。

有这样一则案例:某公交公司的员工张女士是公交车上的收费员,元旦前的一周,单位组织员工庆元旦节目彩排。早上九点开会时发现张女士未到岗,之后同事打电话也未打通。下午得知张女士在某交通岗与出租车发生交通事故去世,交警出具的事故认定书认定张女士负事故的次要责任,后来张女士的家属获得交通事故赔偿金。后来张女士的儿子小张到社保部门申请认定工伤,认为张女士是在上班路上发生的交通事故。律师查阅了公交公司上下班时间的考勤记录，同时，让公交公司通过公交系统查询了张女士的公交卡使用记录，查询张女士的上班路线，并调取了其乘坐公交车的视频，结果发现张女士行走的路线已经到了另一个行政区，而且上午时间内多次上下公交车，并不是正常的上班路线，时间也不是正常上班的时间，最终社保部门未对此事故认定工伤。

4.2 审查用工关系和责任承担主体

就工伤赔偿而言，我们需要明确两种用工关系，即劳动关系与劳务关系。本书系列内容中绝大部分是劳动关系，但实践中，对于单位返聘的已领取退休金的人员等而言，其与单位之间则属于劳务关系，并不适用工伤处理的相关程序，而是按照人身损害赔偿的相关规定执行。二者的伤残等级标准不一样，赔偿标准也不一样。比如，小手指骨折如果是劳动关系则构成工伤，一般是十级工伤；但如果是劳务关系，按照人身损害标准则不构成工伤，也无法获得伤残赔偿金。对于派遣劳动用工，一般是由劳务派遣单位负责认定工伤以及办理工伤赔偿手续。

4.3 按法律程序积极处理工伤

如果单位为员工缴纳了社保，则应该按照法律程序尽快认定工伤，配合工伤认定程序和工伤伤残等级认定手续，并按照伤残等级进行处理。对于工伤事故，单位应在 24 小时内口头或者电话向参保属地的劳动保障局报告，在 15 日内提交书面报告，在 30 日内申请认定工伤，同时协助相关单位。在职工发生工伤事故时，除护理费、停工留薪期工资外，医疗费、康复费、住院伙食补助费、交通费、三个“一次性”等都在工伤保险赔偿的范围内。所谓的三个“一次性”指的是一次性伤残赔偿、一次性医疗赔偿、一次性就业补助金。具体的工伤赔偿程序和数额，除按照《工伤保险条例》处理外，各地一般还有相应的赔偿标准，建议委托专业的律师代理，以免计算错误导致单位增加负担。

如果单位没有为员工缴纳社保，那么因工伤产生的所有费用均由企业承担，也正是这个原因,笔者一直建议用人单位,一定要第一时间给员工缴纳社保,否则真有可能因小失大。另外,建议单位尽早处理工伤,因为对员工个人而言,因公受伤,势必会主张自己的权利,单位拖延只会导致用人单位被动应诉,最终该赔的仍旧还是得赔。即使有的单位不一定在30日内主动认定工伤,但也应该根据劳动者的受伤情况,及时配合劳动者治疗,在一定时期内按照伤残标准评估劳动者的受伤情况,在单位能接受的范围内尽快一次性和解。只是单位一定要注意的是,和解一定要签署书面的和解协议,将受伤的实际情况,单位已负担的费用以及各项可能承担的赔偿金数额通过协议固定下来,尽量避免劳动者后续再提异议。此外,和解数额最好与劳动者应得赔偿数额差距不大,否则劳动者可以在协议签署一年之内以显失公平撤销和解协议。

健康与生命大于一切,任何时候,事前防范都胜于事后解决,希望企业负责人在企业经营中,切实把安全放在首位,如此,才既能规范管理又能防范法律风险。

法条链接

《工伤保险条例》

第十四条 职工有下列情形之一的,应当认定为工伤:

(一)在工作时间和工作场所内,因工作原因受到事故伤害的;

(二)工作时间前后在工作场所内,从事与工作有关的预备性或者收尾性工作受到事故伤害的;

(三)在工作时间和工作场所内,因履行工作职责受到暴力等意外伤害的;

(四)患职业病的;

(五)因工外出期间,由于工作原因受到伤害或者发生事故下落不明的;

(六)在上下班途中,受到非本人主要责任的交通事故或者城市轨道交通、客运轮渡、火车事故伤害的;

(七)法律、行政法规规定应当认定为工伤的其他情形。

第十五条 职工有下列情形之一的,视同工伤:

(一)在工作时间和工作岗位,突发疾病死亡或者在48小时之内经抢救无效死亡的;

(二)在抢险救灾等维护国家利益、公共利益活动中受到伤害的;

（三）职工原在军队服役，因战、因公负伤致残，已取得革命伤残军人证，到用人单位后旧伤复发的。

职工有前款第（一）项、第（二）项情形的，按照本条例的有关规定享受工伤保险待遇；职工有前款第（三）项情形的，按照本条例的有关规定享受除一次性伤残补助金以外的工伤保险待遇。

第十六条 职工符合本条例第十四条、第十五条的规定，但是有下列情形之一的，不得认定为工伤或者视同工伤：

（一）故意犯罪的；

（二）醉酒或者吸毒的；

（三）自残或者自杀的。

案例链接

下台阶时摔伤算不算工伤？

【裁判要旨】

在实践中有大量的案例，下班后中暑昏迷，吃工作餐被鱼刺卡住，应酬客户喝多了身亡等，这些算不算工伤？吃饭和上厕所是相似的，都属于生理必需，吃饭卡鱼刺和上厕所滑倒一样，当事人都有过错，但并不能因为个人过错而否定对工伤的认定。工伤的认定在实务中需要考量的因素比较多，不能仅直观地看是否属于工作任务或者是否在工作场所，而需要透过现象看本质，许多企业在工伤发生后通过各种行径“钻法律漏洞”，这些都是不可取的。最高人民法院公布的典型案例就清楚地分析了此类情况。

【案情】

原告孙某诉称：其在工作时间、工作地点、因工作原因摔倒致伤，符合《工伤保险条例》规定的情形。天津新技术产业园区劳动人事局（以下简称园区劳动局）不认定工伤的决定，认定事实错误，适用法律不当。请求撤销园区劳动局所作的工伤认定决定书，并判令园区劳动局重新作出工伤认定行为。被告园区劳动局辩称：天津市中力防雷技术有限公司（以下简称中力公司）业务员孙某因公外出期间受伤，但受伤不是由于工作原因，而是由于本人注意力不集中，脚底踩空,才在下台阶时摔伤。其受伤结果与其所接受的工作任务没有明显的因果关系,故孙某不符合《工伤保险条例》规定的应当认定为工伤的情形。园区劳动局作出的不认定工伤的决定,事实清楚,证据充分,程序合法,应予维持。第三人中力公司述称:因本公司实行末位淘汰制,孙某事发前已被淘汰。但因其原从事本公司的销售工作,还有收回剩余货款的义务,所以才偶尔回公司打电话。事发时,孙某已不属于本公司职工,也不是在本公司工作场所范围内摔伤,不符合认定工伤的条件。法院经审理查明:孙某系中力公司员工,2003 年 6 月 10 日上午受中力公司负责人指派去北京机场接人。其从中力公司所在地天津市南开区华苑产业园区国际商业中心(以下简称商业中心)八楼下楼,欲到商业中心院内停放的红旗轿车处开车,当行至一楼门口台阶处时,孙某脚下一滑,从四层台阶处摔倒在地面上,造成四肢不能活动。经医院诊断为颈髓过伸位损伤合并颈部神经根牵拉伤、上唇挫裂伤、左手臂擦伤、左腿皮肤擦伤。孙某向园区劳动局提出工伤认定申请,园区劳动局于 2004 年 3 月 5 日作出(2004)0001 号工伤认定决定书,认为根据受伤职工本人的工伤申请和医疗诊断证明书,结合有关调查材料,依据《工伤保险条例》第十四条第(五)项的工伤认定标准,没有证据表明孙某的摔伤事故系由工作原因造成,决定不认定孙某摔伤事故为工伤事故。孙某不服园区劳动局工伤认定决定书,向天津市第一中级人民法院提起行政诉讼。

【裁判】

天津市第一中级人民法院于 2005 年 3 月 23 日作出(2005)一中行初字第 39 号行政判决:(1)撤销园区劳动局所作(2004)0001 号工伤认定决定书;(2)限园区劳动局在判决生效后 60 日内重新作出具体行政行为。园区劳动局提起上诉,天津市高级人民法院于 2005 年 7 月 11 日作出(2005)津高行终字第 0034 号行政判决:驳回上诉,维持原判。

【评析】

各方当事人对园区劳动局依法具有本案行政执法主体资格和法定职权,其作出被诉工伤认定决定符合法定程序,以及孙某是在工作时间内摔伤,均无异议。

本案争议的主要焦点:一是孙某摔伤地点是否属于其“工作场所”?二是孙某是否“因工作原因”摔伤?三是孙某工作过程中不够谨慎的过失是否影响工伤认定?

1. 关于孙某摔伤地点是否属于其“工作场所”问题。

《工伤保险条例》第十四条第(一)项规定,职工在工作时间和工作场所内,因工作原因受到事故伤害的,应当认定为工伤。该规定中的“工作场所”,是指与职工工作职责相关的场所,在有多个工作场所的情形下,还应包括职工来往于多个工作场所之间的合理区域。本案中,位于商业中心八楼的中力公司办公室,是孙某的工作场所,而其完成去机场接人的工作任务需驾驶的汽车停车处,是孙某的另一处工作场所。汽车停在商业中心一楼的门外,孙某要完成开车任务,必须从商业中心八楼下到一楼门外停车处,故从商业中心八楼到停车处是孙某来往于两个工作场所之间的合理区域,也应当认定为孙某的工作场所。园区劳动局认为孙某摔伤地点不属于其工作场所,系将完成工作任务的合理路线排除在工作场所之外,既不符合立法本意,也有悖于生活常识。

2. 关于孙某是否“因工作原因”摔伤的问题。

《工伤保险条例》第十四条第(一)项规定的“因工作原因”,指职工受伤与其从事本职工作之间存在关联关系,即职工受伤与其从事本职工作存在一定关联。孙某为完成开车接人的工作任务,必须从商业中心八楼的中力公司办公室下到一楼汽车停车处,该行为与其工作任务密切相关,是孙某为完成工作任务客观上必须进行的行为,不属于超出其工作职责范围的其他不相关的个人行为。因此,孙某在一楼门口台阶处摔伤,系为完成工作任务所致。园区劳动局主张孙某在下楼过程中摔伤,与其开车任务没有直接的因果关系,不符合“因工作原因”致伤,缺乏事实根据。另外,孙某接受本单位领导指派的开车接人任务后,从中力公司所在商业中心八楼下到一楼,在前往院内汽车停放处的途中摔倒,孙某当时尚未离开公司所在院内,属于在工作时间和工作场所内。

3. 关于孙某工作中不够谨慎的过失是否影响工伤认定的问题。

《工伤保险条例》第十六条规定了排除工伤认定的三种法定情形,即因故意犯罪、醉酒或者吸毒、自残或者自杀的,不得认定为工伤或者视同工伤。职工从事工作中存在过失,不属于上述排除工伤认定的法定情形,不能阻却职工受伤与其从事本职工作之间的关联关系。工伤事故中,受伤职工有时具有疏忽大意、精力不集中等过失行为,工伤保险正是分担事故风险、提供劳动保障的重要制度。如果将职工个人主观上的过失作为认定工伤的排除条件,违反工伤保险“无过失补偿”的基本原则,不符合《工伤保险条例》保障劳动者合法权益的立法目的。

据此，即使孙某工作中在行走时确实有失谨慎，但不影响其摔伤系“因工作原因”的认定结论。园区劳动局以导致孙某摔伤的原因不是雨、雪天气使台阶地滑，而是因为孙某自己精力不集中导致为由，主张孙某不属于“因工作原因”摔伤而不予认定工伤，缺乏法律依据。

劳动者在工作中见义勇为的过程中受伤应认定为工伤

【裁判要旨】

乐于助人不仅是中华民族的传统美德，更是个人的优秀品德。在帮助他人的同时自己也维护了社会的良好秩序。但是如果社会对见义勇为之士没有任何的后盾保障，那么又有多少人会义无反顾地冲上前呢？职工见义勇为，为制止违法犯罪行为而受到伤害的，属于《工伤保险条例》第十五条第一款第（二）项规定的为维护公共利益受到伤害的情形，应当视同工伤。在非工作时间和地点，如果碰到别人被不法行为侵害，仗义出手援助之人也不在少数，最高人民法院的一则案例回答了劳动者在见义勇为的过程中受伤是否能认定工伤，答案是肯定的。

【案情】

罗某系重庆市涪陵志大物业管理有限公司（以下简称涪陵志大物业公司）保安。2011 年 12 月 24 日，罗某在涪陵志大物业公司服务的圆梦园小区上班（24 小时值班）。8 时 30 分左右，在兴华中路宏富大厦附近有人对一过往行人实施抢劫，罗某听到呼喊声后立即拦住抢劫者的去路，要求其交出抢劫的物品，在与抢劫者搏斗的过程中，不慎从 22 步台阶上摔倒在巷道拐角的平台上受伤。罗某于 2012 年 6 月 12 日向被告重庆市涪陵区人力资源和社会保障局（以下简称涪陵区人社局）提出工伤认定申请。涪陵区人社局当日受理后，于 2012 年 6 月13 日向罗某发出认定工伤中止通知书，要求罗某补充提交见义勇为的认定材料。2012 年 7 月 20 日，罗某补充了见义勇为的相关材料。涪陵区人社局核实后，根据《工伤保险条例》第十四条第（七）项之规定，于 2012 年 8 月 9 日作出涪人社伤险认决字〔2012〕676 号认定工伤决定书，认定罗某所受之伤属于因工受伤。涪陵志大物业公司不服，向法院提起行政诉讼。在诉讼过程中，涪陵区人社局作出撤销认定工伤决定书，并于 2013 年 6 月 25 日根据《工伤保险条例》第十五条第一款第（二）项之规定，作出涪人社伤险认决字〔2013〕524 号认定工伤决定书，认定罗某受伤属于视同因工受伤。涪陵志大物业公司仍然不服，于2013年7月15日向重庆市人力资源和社会保障局申请行政复议，重庆市人力资源和社会保障局于2013年8月21日作出渝人社复决字〔2013〕129号行政复议决定书，予以维持。涪陵志大物业公司认为涪陵区人社局的认定决定适用法律错误，罗某所受伤依法不应认定为工伤。遂诉至法院，请求判决撤销认定工伤决定书，并责令被告重新作出认定。另查明，重庆市涪陵区社会管理综合治理委员会对罗某的行为进行了表彰，并作出了涪综治委发〔2012〕5号关于表彰罗某同志见义勇为行为的通报。

【裁判】

重庆市涪陵区人民法院于2013年9月23日作出(2013)涪法行初字第00077号行政判决，驳回涪陵志大物业公司要求撤销被告作出的涪人社伤险认决字〔2013〕524号认定工伤决定书的诉讼请求。一审宣判后，双方当事人均未上诉，裁判现已发生法律效力。

【评析】

被告涪陵区人社局是县级劳动行政主管部门，根据国务院《工伤保险条例》第五条第二款的规定，具有受理本行政区域内的工伤认定申请，并根据事实和法律作出是否工伤认定的行政管理职权。被告根据第三人罗某提供的重庆市涪陵区社会管理综合治理委员会关于表彰罗某同志见义勇为行为的通报，认定罗某在见义勇为中受伤，事实清楚，证据充分。罗某不顾个人安危与违法犯罪行为作斗争，既保护了他人的个人财产和生命安全，也维护了社会治安秩序，弘扬了社会正气。法律对于见义勇为，应当予以大力提倡和鼓励。《工伤保险条例》第十五条第一款第(二)项规定，职工在抢险救灾等维护国家利益、公共利益活动中受到伤害的，视同工伤。据此，虽然职工不是在工作地点、因工作原因受到伤害，但其是在维护国家利益、公共利益活动中受到伤害的，也应当按照工伤处理。公民见义勇为，与违法犯罪行为作斗争，与抢险救灾一样，同样属于维护社会公共利益的行为，应当予以大力提倡和鼓励。因见义勇为、制止违法犯罪行为而受到伤害的，应当适用《工伤保险条例》第十五条第一款第(二)项的规定，即视同工伤。另外，《重庆市鼓励公民见义勇为条例》为重庆市地方性法规，其第十九条、第二十一条进一步明确规定，见义勇为受伤视同工伤，享受工伤待遇。该条例上述规定符合《工伤保险条例》的立法精神，有助于最大限度地保障劳动者的合法权益、最大限度地弘扬社会正气,在本案中应当予以适用。综上,被告涪陵区人社局认定罗某受伤视同因工受伤,适用法律正确。

制止违法犯罪行为的见义勇为本质上就是一种维护社会良好秩序的行为,有利于保障公共利益及社会安定,所以即便在工作之外见义勇为也认定为工伤的规则,是合乎社会主义法治本质的。

第四篇

商业秘密保护与竞业限制篇

1. 商业秘密保护

某公司的重要成员辞职，带着该公司的机密跳槽到竞争对手公司，将原公司合作客户公司内部的成本数据泄露给竞争对手公司。这一行为，是典型的泄露商业秘密。而这种泄露商业秘密的后果，无论是对个人泄密者，还是对被泄密单位，都非常严重。

本节将分三个部分讲解如何保护商业秘密：第一部分，什么是商业秘密？第二部分，单位保护好商业秘密的四大重要措施。第三部分，员工泄露商业秘密怎么办？

1.1 商业秘密的界定

现实中，每个单位都说要保护好商业秘密，那么首先要知道的是，单位的商业秘密到底指的是什么，单位的什么人员能接触到商业秘密？

所谓商业秘密，法律上是指不为公众所知悉、能为权利人带来经济利益，具有实用性并经权利人采取保密措施的技术信息和经营信息。从这句话里可以看出，商业秘密具有以下几个特征：一是秘密性，即不是向社会公众公开的；二是经济性，即能为商业秘密的所有者带来经济收益；三是有合理的保密措施。对于单位来说，商业秘密保护得好，可以把这项权利延长到无限期，甚至远超过专利技术受保护的期限。期限越长，单位收益也越多。

由于商业秘密属于企业的无形资产，是一个企业的核心竞争力，也是企业生存发展的命脉，所以一旦企业的商业秘密被竞争对手窃取，将会给企业造成难以估量的损失。

有这样一则案例：深圳某材料有限公司经营一直比较好，平时也比较注意保护商业秘密，公司的客户包括交易价格、方式和需求特点都整理建档，并采取了保密措施。同时，该公司还制定了保密制度。但突然间，企业业务开始下滑，原来一直交易的几个客户，都不续签合同了。经与客户私下了解，原来客户都跟另一家新成立的公司签约了。再一了解，这家新公司的负责人就是去年从自己公司辞职的员工张某。原来，张某在离职前，就让他岳母和妻子成立了一家与自己所在公司经营业务一样的材料公司，之后张某离职后到这家公司担任总经理，并且在这之后利用手里掌握的客户资料，与客户建立了业务联系。这家公司了解了这一情况后，聘请律师团队帮助公司代理这个案子。在收集一系列证据后，律师团队代理公司起诉张某，法院最终判决张某赔偿深圳某材料公司几十万元的款项。其实，这点赔偿款远弥补不了商业秘密泄露给该公司造成的损失。

这个案例也在警示企业主，在商场如战场的今天，企业一定要提高风险防范意识，切实采取措施保护商业秘密。在保护企业商业秘密上，一定要优先采取措施制止商业秘密泄露，而不是泄密后才想起补救、追究。那么，身为企业，如何保护企业的商业秘密呢？

1.2 保护商业秘密的四个举措

1.2.1 与单位能够接触到商业秘密的员工签订保密协议。在一个单位里，能接触到商业秘密的员工一般有企业的高级管理人员、科研开发人员、高级营销人员以及处于重要岗位的员工，如企业的总经理秘书、财务人员等。对于这些有机会接触商业秘密的员工，通过与员工签订保密协议，明确企业与员工双方就商业秘密的有关事宜所享有的权利及负有的义务，在发生争议时也能起到有效的证据作用。

1.2.2 明确界定商业秘密的范围，并采取保密措施。企业在与员工签订好保密协议后，员工往往不清楚哪些资料及信息属于企业的商业秘密，所以，单位首先得界定自己的商业秘密，明确企业想保护的商业秘密的范围。在定密时要以详细具体为原则，如明确约定公司内部整理的客户名单、与客户的交易合同、报价体系、销售渠道等客户信息属于商业秘密。

单位在保护商业秘密时要注意三点：一是将商业秘密以明显易于识别的方

式使义务人明知。最常见的方法就是对涉密信息进行标密,如将纸质的涉密文件封面标记“密”,对于电子版涉密文件以水印方式表明是商业秘密信息,在涉密的场所以标志牌明示“涉密场所,非员工禁止入内”,还可以在办公场所设置保密区域,对涉密信息载体采取加锁或者代码等防范措施。二是可以将商业秘密进行分级,如某单位从事的是高科技信息,所以建议这个单位把商业秘密按照重要程度分为 A、B、C 三级,同时把保密期限定为短期(三年至五年)、长期(二十年)和永久。单位可以根据单位的实际情况,根据期限或者单位投入的财力将商业秘密和涉密人员进行分级管理。三是单位要建立保密制度,如可以组织员工保密培训,对员工入职、离职背景进行跟踪了解,实施来访者登记制度等,并将保密内容写入员工手册或者保密手册等。

1.2.3 分解工资结构,增加保密津贴。企业可在涉密员工的工资中增加一项保密津贴,让员工了解到企业为保护商业秘密所付出的代价,而且在发生员工泄密事件时也更容易追究其法律责任。虽然我国法律并没有明确规定员工履行保密义务时单位一定要支付保密费,但是如果单位将工资分解支付(如包括保密费),单位并没有增加更多的成本,却能时时提醒员工保密义务的存在,而且便于单位主张权利。

1.2.4 对离职员工进行管理。调查显示,企业商业秘密泄密的主要途径比较单一,主要是员工泄密,而离职员工泄密的人数又远大于在职员工。基于此,企业要对即将离职的涉密员工做好沟通协商工作,重申其在离职后仍需对企业负有保密义务或竞业禁止义务,并要求其在办完离职手续,同时在工作、属于企业的文件、电子存储设备等都交接完成后方可离职。有必要时,单位还可与员工签订离职承诺书或《竞业禁止协议》,明确其离职后所应承担的义务。对于竞业禁止涉及的相关知识和注意事项,在后面的内容中有详细讲解。

以上四大措施都做完了,作为专业律师,笔者还建议单位注重证据的妥善保管,这也是笔者反复强调的,员工的劳动合同、保密协议、竞业禁止协议、员工保密培训记录、会议纪要、保密资料和信息的使用记录等,这些资料在日常工作中看起来琐碎没什么用处,但一旦发生泄密事件等法律纠纷,这些资料是企业能否实现维权的关键要素,因此必须给予足够的重视。

1.3　维护合法权益的具体举措

足够多的防范风险措施，确实能够帮助企业将大部分风险消灭在萌芽状态，但一旦出现商业秘密泄露该怎么办呢？这就是本节给大家讲的第三部分内容。关于商业秘密的法律规定比较散乱，不仅出现在《劳动合同法》中，还在《民法典》《反不正当竞争法》《刑法》等法律中有体现。不管怎么样，当企业遭受商业秘密侵犯时，应当拿起法律武器，维护企业利益。

1.3.1　向行政部门投诉。这个权利主要源于《反不正当竞争法》，该法第二十一条规定了相应的行政责任，即对侵犯商业秘密的行为，监督检查部门应当责令停止违法行为，没收违法所得，根据情节处以罚款等。

1.3.2　通过劳动仲裁保障单位的自身利益。签订相关的保密协议后，发现有劳动者泄密的，可申请劳动仲裁，实践过程中，一般对于劳动合同中或者保密协议中明确约定的有关保守商业秘密的内容，由于劳动者未履行，造成用人单位商业秘密被侵害发生劳动争议的，可以提起劳动仲裁，主张合同约定的法律责任。

1.3.3　通过民事诉讼主张侵犯商业秘密的赔偿责任，如可以主张停止侵害，返还体现商业秘密的有形物品或者相关权利，要求承担损害赔偿责任。有人可能会问，劳动案件不是仲裁前置吗，为什么可以不经劳动仲裁，直接走民事诉讼程序？主要是商业秘密保护在其他法律中也有规定。劳动仲裁主要针对单位和员工，而实践中对于没有在合同中约定商业秘密的，就可以通过普通民事诉讼主张权利。

1.3.4　向公安机关提出控告，尽早启动侵犯商业秘密刑事程序。曾经中兴公司的员工常某就因为泄露竞标文档而被判处有期徒刑三年，并被判罚金 12 万元。一旦公安机关介入，就能有效地挖掘和固定侵犯商业秘密事实、证据、侵犯方法、直接获利等多种维度的证据。当商业秘密受到侵犯，权利人采用刑事程序维护自己的权益，能大大地节约调查成本，实践中可能还会出现为获得被害人出具的谅解书而主动积极赔偿权利人损失的情况。

具体采取哪种措施，要看商业秘密被侵犯的具体情形，如严重程度、合同约定、证据情况，是否存在共同侵权的单位或者人员等，建议委托专业律师咨询后再决定，争取做到既速度快，又不轻易“打草惊蛇”。

法条链接

《最高人民法院关于审理侵犯商业秘密民事案件适用法律若干问题的规定》

第二条 当事人仅以与特定客户保持长期稳定交易关系为由，主张该特定客户属于商业秘密的，人民法院不予支持。

客户基于对员工个人的信赖而与该员工所在单位进行交易，该员工离职后，能够证明客户自愿选择与该员工或者该员工所在的新单位进行交易的，人民法院应当认定该员工没有采用不正当手段获取权利人的商业秘密。

第六条 具有下列情形之一，在正常情况下足以防止商业秘密泄露的，人民法院应当认定权利人采取了相应保密措施：

(一)签订保密协议或者在合同中约定保密义务的；

(二)通过章程、培训、规章制度、书面告知等方式，对能够接触、获取商业秘密的员工、前员工、供应商、客户、来访者等提出保密要求的；

(三)对涉密的厂房、车间等生产经营场所限制来访者或者进行区分管理的；

(四)以标记、分类、隔离、加密、封存、限制能够接触或者获取的人员范围等方式，对商业秘密及其载体进行区分和管理的；

(五)对能够接触、获取商业秘密的计算机设备、电子设备、网络设备、存储设备、软件等，采取禁止或者限制使用、访问、存储、复制等措施的；

(六)要求离职员工登记、返还、清除、销毁其接触或者获取的商业秘密及其载体，继续承担保密义务的；

(七)采取其他合理保密措施的。

2. 竞业限制协议

曾经某互联网公司一名前员工方某因涉嫌违反竞业协议，入职另一互联网平台公司，被前用人单位诉至劳动仲裁部门，面临上百万元的补偿金退还及违约赔偿。而在这之前，北京市昌平区人民法院判决一位离职讲师违反竞业限制授课，被判赔56万余元。可见，竞业限制无论是对于用人单位来说，还是对于员工来说，都是直接关系其根本利益的。

本节主要分为三个部分讲解竞业限制：第一部分，什么是竞业限制协议；第二部分，单位为什么要签订竞业限制协议；第三部分，单位如何签订竞业限制协议，才能牢牢锁定员工。

2.1 竞业限制协议的定义及其注意事项

竞业限制，指的是用人单位与其单位的高级管理人员、高级技术人员和其他知悉用人单位商业秘密的人员，通过协议约定，在解除或者终止劳动合同后，相关人员负有保密义务，不得到与本单位生产或者经营同类产品、从事同类业务的有竞争关系的用人单位工作，或者自己开公司，生产或者经营同类产品、从事同类业务。

企业与员工签订竞业限制协议，有以下几个问题要注意：

2.1.1 竞业限制人员限于用人单位的高级管理人员、高级技术人员和其他负有保密义务的人员。也就是说，没有必要与普通员工或者全部员工签署竞业限制协议。

2.1.2 竞业限制要通过书面协议的方式进行约定，口头约定是无效的。而且注意期限不得超过两年。如果约定的期限超过了两年怎么办？比如，有的单位约定三年，那么超过两年的部分即第三年约定就是无效的。

2.1.3 竞业限制协议签订后还应当实际支付补偿金。如果单位不支付补偿金,员工可以主张单位支付,当然,离职员工未收到补偿金还可以选择不履行竞业限制义务。

2.2 签订竞业限制协议的优势

很多单位会不理解为什么员工离职后,要签订竞业限制协议,还要支付补偿金,以下便是签订竞业限制协议的优势:

2.2.1 提前锁定人才。现在的猎头市场越来越发达,对于很多高级管理人员来说,猎头公司或者竞争对手间挖人的情况是比较常见的。那么,对用人单位来说,如何锁定人才不被竞争对手挖走呢?目前来看,签订竞业限制协议是一个比较有效的、锁定人才的方式。这是因为竞业限制协议就违约金进行了约定,这样,员工跳槽或者竞争对手挖人成本就会增高,可以保证单位人才的稳定性,锁定员工。

2.2.2 保护商业秘密。签订竞业限制协议可以有效防止企业商业秘密泄露。也就是说,通过限制负有保密义务的劳动者从事竞争业务,从而在一定程度上防止劳动者泄露、使用其商业秘密。同时,再结合保密协议,能够保障企业核心优势。

2.2.3 便于采取措施,主张权利。一旦发生员工违反竞业限制约定,企业可直接依据竞业限制协议要求对方承担违约责任。

单位只有正确签订竞业限制协议,才能牢牢锁定员工。有这样一则案例:小王从山东来到深圳找工作,于 2013 年 7 月在 A 房产中介公司担任销售员,因工作表现突出,在 2015 年 7 月被公司聘为销售部经理,双方签订了一份《竞业限制协议》,约定小王离职后两年内不得到有竞争关系的单位任职,否则应向公司支付违约金 10 万元。2017 年7 月,劳动合同到期,双方未对续签事项达成一致,于是小王离开 A 房产中介公司。两个月之后,小王到 B 房产中介公司任副总。A 房产中介公司得知后,就依据双方签订的《竞业限制协议》向当地劳动争议仲裁委员会提起仲裁申请,要求小王承担竞业限制义务,并支付违约金 10 万元。小王当时很担心,后请律师团队提供法律服务。律师团队审查完小王签订的《竞业限制协议》，发现不仅协议没有约定补偿金，单位也没有向小王支付补偿金。最终劳动仲裁委经过审理后，驳回了 A 房产中介公司的仲裁请求。

通过这则案例可以看出，单位光有签订竞业限制协议的法律意识还不够，还得在协议内容上进行完善，同时实际履行支付补偿金的义务才行，这样单位和员工的权利义务对等，签署竞业限制协议才有价值。

2.3 竞业限制协议内容

2.3.1 明确竞业限制协议的范围。首先，在与谁签订竞业限制协议上，刚才已经讲到，竞业限制针对的是高级管理人员、高级技术人员和其他负有保密义务的人员。其次，在范围上，一般来说，应限制在该用人单位业务影响的行业或区域，且不能超出合理范围，如有的单位约定"全世界"的地域范围就太广了，一般约定全国或省内会比较恰当一些。

2.3.2 经济补偿金是一定要支付的。补偿金是竞业限制的必要条款，在劳动关系结束后。也就是说，在员工离职后的竞业限制期限内按月支付。补偿金的数额一般由双方协商，不得低于劳动合同履行地的最低工资标准，低于最低工资标准的约定是无效的。如果没有约定具体数额，司法部门一般按照员工前 12 个月平均工资的 30% 支付员工的经济补偿金；如果低于最低工资标准，会裁决单位按照劳动合同履行地的最低工资标准支付。如果单位不支付补偿金，那么员工就没有履行竞业限制的义务。员工如果仍旧履行了竞业限制义务，则可以要求单位支付经济补偿金。

2.3.3 竞业限制协议一定要约定违约金。约定了违约金，一旦劳动者违约，即使企业没有损失，也可以依据违法责任要求劳动者支付违约金，如果劳动者给企业造成的损失超过违约金数额，企业还可以要求支付赔偿金。如果事先不约定违约金，当劳动者违约而没有给企业造成损失时，企业是无法主张赔偿的，即便造成损害，也要证明损失的存在才可以要求赔偿。而实践中，单位的具体损失数额通常比较难证明。不过，违约金数额也不是越高越好，仲裁机构和法院会根据劳动者在职期间的工资收入、违约的主观恶意和程度、补偿金的数额及单位实际经济损失等,综合很多实际因素,对违约金酌情进行调整。

法条链接

《中华人民共和国劳动合同法》

第十九条 劳动合同期限三个月以上不满一年的,试用期不得超过一个月;劳动合同期限一年以上不满三年的,试用期不得超过二个月;三年以上固定期限和无固定期限的劳动合同,试用期不得超过六个月。

同一用人单位与同一劳动者只能约定一次试用期。

以完成一定工作任务为期限的劳动合同或者劳动合同期限不满三个月的,不得约定试用期。

试用期包含在劳动合同期限内。劳动合同仅约定试用期的,试用期不成立,该期限为劳动合同期限。

第二十条 劳动者在试用期的工资不得低于本单位相同岗位最低档工资或者劳动合同约定工资的百分之八十,并不得低于用人单位所在地的最低工资标准。

第二十一条 在试用期中,除劳动者有本法第三十九条和第四十条第一项、第二项规定的情形外,用人单位不得解除劳动合同。用人单位在试用期解除劳动合同的,应当向劳动者说明理由。

第三十八条 用人单位有下列情形之一的,劳动者可以解除劳动合同:

……

(三)未依法为劳动者缴纳社会保险费的;

……

《中华人民共和国劳动法》

第七十二条 社会保险基金按照保险类型确定资金来源,逐步实行社会统筹。用人单位和劳动者必须依法参加社会保险,缴纳社会保险费。

《违反〈劳动法〉有关劳动合同规定的赔偿办法》

第五条 劳动者违反劳动合同中约定的保密事项,对用人单位造成经济损失的,按《反不正当竞争法》第二十条的规定支付用人单位赔偿费用。

第六条 用人单位招用尚未解除劳动合同的劳动者,对原用人单位造成经济损失的,除该劳动者直接赔偿责任外,该用人单位应当承担连带赔偿责任。其连带赔偿的份额应不低于对原用人单位造成经济损失总额的百分之七十。向原用人单位赔偿下列损失：

（一）对生产、经营和工作造成的直接经济损失；

（二）因获取商业秘密给原用人单位造成的经济损失。

赔偿本条第（二）项规定的损失，按《反不正当竞争法》第二十条的规定执行。

《中华人民共和国劳动合同法实施条例》

第六条第一款 用人单位自用工之日起超过一个月不满一年未与劳动者订立书面劳动合同的，应当依照劳动合同法第八十二条的规定向劳动者每月支付两倍的工资，并与劳动者补订书面劳动合同。劳动者不与用人单位订立书面劳动合同的，用人单位应当书面通知劳动者终止劳动关系，并依照劳动合同法第四十七条的规定支付经济补偿。

《最高人民法院关于审理劳动争议案件适用法律问题的解释（一）》

第三十七条 当事人在劳动合同或者保密协议中约定了竞业限制和经济补偿，当事人解除劳动合同时，除另有约定外，用人单位要求劳动者履行竞业限制义务，或者劳动者履行了竞业限制义务后要求用人单位支付经济补偿的，人民法院应予支持。

第三十八条 当事人在劳动合同或者保密协议中约定了竞业限制和经济补偿，劳动合同解除或者终止后，因用人单位的原因导致三个月未支付经济补偿，劳动者请求解除竞业限制约定的，人民法院应予支持。

第三十九条 在竞业限制期限内，用人单位请求解除竞业限制协议的，人民法院应予支持。在解除竞业限制协议时，劳动者请求用人单位额外支付劳动者三个月的竞业限制经济补偿的，人民法院应予支持。

2.4 职工手册中关于竞业限制的规定对劳动者离职后就业的约束力

根据《劳动合同法》第二十三条、第二十四条的规定，竞业限制是指负有保密义务的劳动者，在劳动合同、知识产权归属协议或技术保密协议等文件中约定,劳动者在终止或解除劳动合同后的一定期限内不得在生产同类产品、经营同类业务或有其他竞争关系的用人单位任职,也不得自己生产与原单位有竞争关系的同类产品或经营同类业务。

竞业限制按法律效力的来源可以分为法定的竞业限制和约定的竞业限制。前者直接源于法律的明确规定,后者则源于当事人的约定。关于员工手册中竞业限制内容对劳动者的约束力问题,司法实践中的裁判虽不同,但本质上蕴含的理论仍相一致。

2003 年,江苏省南京市中级人民法院曾依据《江苏省劳动合同条例》作出判决,认为竞业限制条款同时符合形式合法和内容合理两个方面的要求时,才能产生法律约束力。原《江苏省劳动合同条例》第十七条(《江苏省劳动合同条例》已修改,最新版本为 2013 年版。原 2003 年版本中的第十七条规定已被删除)的规定是关于竞业限制的形式要求,载明:用人单位想要劳动者承担竞业禁止义务,其前提是劳动合同或者保密协议中约定了竞业限制条款。并指出:(1)员工手册作为企业规章制度,是对用人单位全体劳动者适用的管理制度,如果用人单位不能证明特定的劳动者已明确愿意承担企业规章制度中规定的竞业限制义务,就不能以企业规章制度中的竞业限制规定来约束劳动者。(2)竞业限制合理性要求,主要包括对象合理、补偿合理、限制时间合理三个方面,如竞业限制约定违反合理性的任何一个方面,则该约定对劳动者就不具有约束力。

2014 年,北京市第一中级人民法院曾作出判决,认为员工手册中关于竞业限制的规定,不能等同于竞业限制约定。该法院认为,依据《劳动合同法》第二十三条的规定,用人单位与劳动者可以在劳动合同中约定保守用人单位的商业秘密和与知识产权相关的保密事项。对负有保密义务的劳动者,用人单位可以在劳动合同或者保密协议中与劳动者约定竞业限制条款,并约定在解除或者终止劳动合同后,在竞业限制期限内按月给予劳动者经济补偿。劳动者违反竞业限制约定的,应当按照约定向用人单位支付违约金。而该案中,沈某与公司所签订的保密协议中第三条第五款仅为对使用商业秘密的限制,并非竞业限制条款。且员工手册中关于竞业限制的规定,不能等同于竞业限制约定。

2019 年,四川省绵阳市涪城区人民法院作出判决,认为员工手册中关于竞业限制的规定是否约束劳动者需要基于手册内容,同时结合双方提交的证据进行分析决定。该案中,某公司的员工手册载明“在公司从事营销和其他掌握公司商业秘密的人员，以及中层及以上管理人员，离职后两年内不得到有竞争业务关系的单位工作，不得经营与公司同类的产品和业务以及员工手册与劳动合同有同等效力”，法院认为，员工手册是该公司内部管理制度的行为指导和规范要求，应当视为公司对于中层及以上管理人员就竞业限制的内容进行了要求和明确。且该案中白某自认为是该公司的中层管理人员。在该公司并未举证证明没有签订竞业限制协议的情况下，该法院结合员工手册第三部分后记“员工手册作为劳动合同的附件，并与劳动合同具有同等效力”认定，白某属于该公司规定的竞业限制主体，双方应签订竞业限制协议。

针对以上三份判决中法院的说理部分，总结如下：员工手册属于用人单位的规章制度。根据《劳动合同法》的规定，劳动关系存续期间劳动者对用人单位负有忠诚义务，不得损害用人单位的权益。因此规章制度中可以规定从事竞争业务的限制，以规范劳动关系存续期间劳动者的行为。

但规章制度的制定主体是用人单位，虽然制定的过程中有很多民主程序上的限制，但实际上用人单位仍享有比较大的自主权，规章制度属于用人单位单方规定的制度。这与劳动合同或竞业限制协议不同，合同或协议是经过双方达成一致并签字盖章后才生效的，是双方合意的结果。且针对离职后的竞业限制条款中涉及竞业限制的对象、地点、补偿等事项，因劳动者的个体差异而不同，属于需要双方进行约定的合同内容，不应该由用人单位单方制定的规章制度加以统一规定。

因此，用人单位规章制度中关于离职后的竞业限制规定，并非双方之间达成的竞业限制约定，除非用人单位能够举证证明该内容属于双方合意的结果，如劳动者以其行为表明其遵守了用人单位规章制度中关于离职后的竞业限制规定，否则仅依靠员工手册并不能调整劳动者离职后的行为，双方不受员工手册的约束。

法条链接

《中华人民共和国劳动合同法》

第二十三条 用人单位与劳动者可以在劳动合同中约定保守用人单位的商业秘密和与知识产权相关的保密事项。

对负有保密义务的劳动者，用人单位可以在劳动合同或者保密协议中与劳动者约定竞业限制条款,并约定在解除或者终止劳动合同后,在竞业限制期限内按月给予劳动者经济补偿。劳动者违反竞业限制约定的,应当按照约定向用人单位支付违约金。

第二十四条 竞业限制的人员限于用人单位的高级管理人员、高级技术人员和其他负有保密义务的人员。竞业限制的范围、地域、期限由用人单位与劳动者约定,竞业限制的约定不得违反法律、法规的规定。

在解除或者终止劳动合同后,前款规定的人员到与本单位生产或者经营同类产品、从事同类业务的有竞争关系的其他用人单位,或者自己开业生产或者经营同类产品、从事同类业务的竞业限制期限,不得超过二年。

2.5 企业未足额支付补偿金时竞业限制协议对员工的约束力

根据《劳动合同法》第二十三条的规定,对负有保密义务的劳动者,用人单位可以在劳动合同或者保密协议中与劳动者约定竞业限制条款,并约定在解除或者终止劳动合同后,在竞业限制期限内按月给予劳动者经济补偿。劳动者违反竞业限制约定的,应当按照约定向用人单位支付违约金。如果竞业限制协议或条款仅约定了劳动者的竞业限制义务,并未约定用人单位支付劳动者竞业限制经济补偿,或者约定的竞业限制经济补偿数额过低、不符合相关规定,该竞业限制协议或条款是否仍有效呢?

实践中出现过不少例子,但司法实践却存在不同判决。在王某诉AB电气(中国)投资有限公司上海分公司劳动争议纠纷案中,南京市鼓楼区人民法院认为用人单位与负有保守商业秘密义务的劳动者可以在劳动合同或者保密协议中约定竞业限制条款,同时应约定在解除或者终止劳动合同后,给予劳动者一定的竞业限制经济补偿;未约定给予劳动者竞业限制经济补偿,或者约定的竞业限制经济补偿数额过低、不符合相关规定的,该竞业限制条款对劳动者不具有约束力。

而深圳中级人民法院在(2015)深中法劳终字第4312号案中指出,在双方当事人签订竞业限制协议时意思表示真实,且没有证据证明存在欺诈、胁迫或乘人之危等影响协议效力的情形下，且协议内容没有违反法律的禁止性规定，应当认定该竞业限制协议有效，双方当事人均应依法履行协议所确定的义务。

第一个案例发生的时间是2007年，该法院所援引的裁判依据是原《江苏省劳动合同条例》第十七条，该条已被删除。笔者认为该案并不具有参考意义。深圳中级人民法院的判决更贴近《劳动合同法》的规范目的和立法意志。竞业限制协议是在劳动者与用人单位双方协商一致、诚实自愿的基础上签订的，是双方真实意思表示，除非双方另有约定，否则经济补偿的约定或者支付与否并不是竞业限制协议或条款生效的前提条件，未约定经济补偿的竞业限制条款仍有效。如双方未约定经济补偿金或用人单位未支付经济补偿金，劳动者在依法解除竞业限制协议后才可不受竞业限制条款的约束，劳动者也可请求用人单位支付经济补偿金。实践中有劳动者因未足额收到企业支付的补偿金，转而违反竞业限制义务，因此遭到用人单位追究的。

此外，实践中往往面临的一个问题是，在确定了协议或条款的有效性之后，如何确定补偿金额？对此，应当按照《最高人民法院关于审理劳动争议案件适用法律问题的解释(一)》第三十六条的规定，“当事人在劳动合同或者保密协议中约定了竞业限制，但未约定解除或者终止劳动合同后给予劳动者经济补偿，劳动者履行了竞业限制义务，要求用人单位按照劳动者在劳动合同解除或者终止前十二个月平均工资的30%按月支付经济补偿的，人民法院应予支持。前款规定的月平均工资的30%低于劳动合同履行地最低工资标准的，按照劳动合同履行地最低工资标准支付”。

某些地区有特别规定的还可遵照该地区的特别规定执行，如《深圳经济特区企业技术秘密保护条例》第二十四条规定：“竞业限制协议约定的补偿费，按月计算不得少于该员工离开企业前最后十二个月月平均工资的二分之一。约定补偿费少于上述标准或者没有约定补偿费的，补偿费按照该员工离开企业前最后十二个月月平均工资的二分之一计算。”

司法实践中，大多承认未约定经济补偿金的离职竞业限制协议或条款的效力。在此建议用人单位在与劳动者约定竞业限制协议或条款时合理设置员工竞业限制违约金。综合实践情况，用人单位可根据员工任职年限、收入状况、竞业限制经济补偿金额、竞业限制期限等因素，酌情调整。

法条链接

《深圳经济特区企业技术秘密保护条例》

第二十四条 竞业限制协议约定的补偿费，按月计算不得少于该员工离开企业前最后十二个月月平均工资的二分之一。约定补偿费少于上述标准或者没有约定补偿费的，补偿费按照该员工离开企业前最后十二个月月平均工资的二分之一计算。

《最高人民法院关于审理劳动争议案件适用法律问题的解释(一)》

第三十六条 当事人在劳动合同或者保密协议中约定了竞业限制，但未约定解除或者终止劳动合同后给予劳动者经济补偿，劳动者履行了竞业限制义务，要求用人单位按照劳动者在劳动合同解除或者终止前十二个月平均工资的30%按月支付经济补偿的，人民法院应予支持。

前款规定的月平均工资的30%低于劳动合同履行地最低工资标准的，按照劳动合同履行地最低工资标准支付。

案例链接

企业未足额支付补偿金，在竞业限制协议
未依法解除之前，劳动者仍受竞业限制协议的约束

【裁决要旨】

用人单位未在劳动者离职后按照政府规定的标准足额支付竞业限制补偿金，劳动者可以依法解除竞业限制协议并请求用人单位承担相应的法律责任。在竞业限制协议未依法解除之前，劳动者不得以此为由违反其竞业限制义务。

【案情】

今日头条深圳分公司与邓某于2020年4月27日签订劳动合同(工作地点深圳)，于2021年3月23日解除劳动合同。后今日头条深圳分公司认为邓某在竞业限制期间前往竞业限制中约定禁止的公司就职，且邓某未按竞业限制协议的约定如实汇报就职情况，因此诉至劳动仲裁委。

今日头条深圳分公司与邓某签订的《劳动合同》《保密、知识产权、商誉和不

竞争协议》,协议约定员工在劳动合同终止后两年内,员工不得以任何理由,直接或间接地以任何身份从事、参与或协助他人参与、受雇于与公司业务有竞争关系的任何业务或活动,或与该类业务或活动有任何关联。如果公司希望员工在劳动合同终止后依然遵守本竞业限制条款,公司会向员工发放《竞业限制开始通知书》,竞业限制义务根据该通知书的约定履行;公司将按照现行法律规定的最低标准,在竞业限制期间向员工按月支付经济补偿金。

随后,今日头条深圳分公司按照邓某离职前 12 个月税前工资收入的 30% 支付竞业限制经济补偿金。

邓某主张未存有《保密、知识产权、商誉和不竞争协议》《竞业限制开始通知书》,再就业未给今日头条深圳分公司造成任何损失,更没有违反竞业限制义务,不应继续履行竞业限制义务。今日头条深圳分公司未按照《深圳经济特区企业技术秘密保护条例》规定的每月经济补偿金标准不低于离职前正常工资收入 50% 的要求足额支付竞业限制经济补偿金。为此,邓某主张竞业限制协议因违反法律法规的强制性规定对其没有约束力。同时,邓某在仲裁中提起反申请,请求今日头条深圳分公司支付差额的经济补偿金和剩余竞业限制期限的经济补偿金。

【裁决】

仲裁委员会认为,竞业限制是用人单位对负有保守用人单位商业秘密义务的劳动者,在劳动合同、保密协议中约定竞业限制条款,并约定在解除或者终止劳动合同后,在竞业限制期限内按月给付劳动者经济补偿金,劳动者违反竞业限制约定的,应当按照约定向用人单位支付违约金。今日头条深圳分公司在邓某离职后未向其按月足额支付竞业限制经济补偿金的行为虽违反了《深圳经济特区企业技术秘密保护条例》关于支付竞业限制补偿金标准的规定,但并不影响竞业限制条款约定。双方关于竞业限制的约定并不因此无效,邓某仍然需要履行竞业限制义务。邓某在存在违反竞业限制主要义务的情况下请求支付剩余竞业限制补偿金依据不足。为此,裁决邓某返还今日头条深圳分公司竞业限制经济补偿金共计人民币 26,927.52 元,支付违反竞业限制义务违约金人民币 269,275.20 元,并继续履行竞业限制义务,驳回邓某的反申请请求。

【评析】

本案的争议焦点在于今日头条深圳分公司未向邓某依规按月足额支付竞业

限制经济补偿,邓某是否有权不履行竞业限制义务。

根据《最高人民法院关于审理劳动争议案件适用法律问题的解释(一)》第三十七条和第四十条的规定,当事人在劳动合同或者保密协议中约定了竞业限制和经济补偿,当事人解除劳动合同时,除另有约定外,用人单位要求劳动者履行竞业限制义务,或者劳动者履行了竞业限制义务后要求用人单位支付经济补偿的,人民法院应予支持。劳动者违反竞业限制约定,向用人单位支付违约金后,用人单位要求劳动者按照约定继续履行竞业限制义务的,人民法院应予支持。综合上述规定可知,企业未足额支付补偿金,不影响竞业限制协议对劳动者的约束力,劳动者不得以此为由拒绝履行竞业限制义务。对于此种情况,劳动者应当通过法律途径请求用人单位支付欠付的竞业限制补偿金或请求解除合同。在竞业限制协议未予解除之前,仍对劳动者有约束力。

竞业限制协议的解除一般限于两种情况,一是劳动合同解除或者终止后,因用人单位的原因导致 3 个月未支付经济补偿金,劳动者请求解除竞业限制约定;二是在竞业限制期限内,用人单位请求解除竞业限制协议,此种情况下劳动者还可请求用人单位额外支付劳动者 3 个月的竞业限制经济补偿金。但无论何种情形,均应由一方按照法律规定发起解除。

2.6 竞业限制协议中违约金数额的确定

如前论述,目前对用人单位设定竞业限制协议中经济补偿金的范围有相对明确的规定。但劳动者违反竞业限制协议时要支付何等代价,法律却规定阙如,司法案例的处理也存在诸多不同。竞业限制违约金数额是否可由司法机关予以调整,或是完全依照双方当事人的合同内容执行?

实践中,违约金数额存在被调整的可能性和空间。在(2019)京 01 民终 923 号中,法院认为,鉴于佟某于公司在职期间违反了竞业限制义务,确有违竞业限制协议的相关约定,故依据该协议第 3.2 条,佟某应当向 A 公司支付竞业限制违约金。而关于竞业限制违约金的数额,法院则综合考量了佟某违反竞业限制协议的期间及程度、佟某转让 B 公司股权及变更法定代表人、佟某在职期间工资收入等情况,酌情予以确定。

在T公司与李某的竞业限制纠纷案中，深圳市劳动人事仲裁委员会认为仲裁竞业限制的立法本意在于保护用人单位的商业秘密和知识产权，防止企业间的恶性竞争，同时也兼顾劳动者被限制自由择业权后的权益。李某未按照约定告知从业信息，致使T公司无法掌握其实际就业情况及竞业限制履行情况，其行为违反了双方的竞业限制约定，也违反了诚实信用原则。在双方约定的竞业限制期限内，T公司已按约定支付竞业限制补偿金，但李某违反约定及违背诚实信用原则，未履行从业信息报告义务，其行为已构成违约，依法应当承担违约责任。鉴于T公司未举证证明李某实际入职与其存在竞争关系的公司，也没有就其损失进行举证，同时考虑李某的过错程度及在L公司处的工作年限、收入水平、获取的竞业限制经济补偿金数额、竞业限制期限等因素，酌情调整为约定违约金的50%。

笔者认为，对于违约金过高的情形可以适用《民法典》第五百八十五条第二款，由司法机关对违约金数额进行调整。即使用人单位与劳动者并非《民法典》的平等民事主体，实际上，为了努力平衡劳动者与用人单位的地位，劳动法也有意向劳动者倾斜以保护劳动者权益。《最高人民法院关于审理劳动争议案件适用法律问题的解释(一)》明确载明"为正确审理劳动争议案件，根据《中华人民共和国民法典》《中华人民共和国劳动法》《中华人民共和国劳动合同法》《中华人民共和国劳动争议调解仲裁法》《中华人民共和国民事诉讼法》等相关法律规定，结合审判实践，制定本解释"。因此，鉴于竞业限制协议也是基于双方真实意思表示所作出的合同约定，那么《民法典》中关于双方意思自治内容的规定也应适用于竞业限制协议纠纷领域。另外，即便遵守合同自由，也应当兼顾合同正义。《关于当前形势下做好劳动争议纠纷案件审判工作的指导意见》曾指出，"妥善处理因竞业限制引发的纠纷。在审理竞业限制纠纷案件时，要充分考虑我国经济和科技发展的实际水平，坚持以社会公共利益为基点，既要维护社会主义市场经济的公平竞争秩序，又要注意平衡市场主体的利益关系；既要防止因不适当扩大竞业限制的范围而妨碍劳动者的择业自由，又要保护用人单位的商业秘密等合法权益，最大限度地实现设立竞业限制制度的立法本意和目的"。签订竞业限制协议时劳动者往往处于弱势地位，劳动者并不真正具有平等协商和改动的实际权利。此时若司法机关不对违约金数额进行调整，那么用人单位往往会基于一定的控制地位将违约金调整至远超出劳动者支付能力的数额，此时仅遵照双方合同内容执行违约金,那么劳动者的就业自由容易受到侵害,某些群体仅依靠一人支撑家庭支出,若不对虚高的违约金介入调整,一些小家庭的稳定将会受到影响。

基于此,笔者认为,对于违约金数额的认定应当综合劳动者个人情况,如违反竞业限制协议的期间及程度、工作年限、收入水平、获取的竞业限制经济补偿金数额,以及用人单位所遭受的损失等因素进行综合认定。

法条链接

《中华人民共和国劳动合同法》

第二十三条 用人单位与劳动者可以在劳动合同中约定保守用人单位的商业秘密和与知识产权相关的保密事项。

对负有保密义务的劳动者,用人单位可以在劳动合同或者保密协议中与劳动者约定竞业限制条款,并约定在解除或者终止劳动合同后,在竞业限制期限内按月给予劳动者经济补偿。劳动者违反竞业限制约定的,应当按照约定向用人单位支付违约金。

第二十四条 竞业限制的人员限于用人单位的高级管理人员、高级技术人员和其他负有保密义务的人员。竞业限制的范围、地域、期限由用人单位与劳动者约定,竞业限制的约定不得违反法律、法规的规定。

在解除或者终止劳动合同后,前款规定的人员到与本单位生产或者经营同类产品、从事同类业务的有竞争关系的其他用人单位,或者自己开业生产或者经营同类产品、从事同类业务的竞业限制期限,不得超过二年。

第九十条 劳动者违反本法规定解除劳动合同,或者违反劳动合同中约定的保密义务或者竞业限制,给用人单位造成损失的,应当承担赔偿责任。

《最高人民法院关于审理劳动争议案件适用法律问题的解释(一)》

第三十六条 当事人在劳动合同或者保密协议中约定了竞业限制,但未约定解除或者终止劳动合同后给予劳动者经济补偿,劳动者履行了竞业限制义务,要求用人单位按照劳动者在劳动合同解除或者终止前十二个月平均工资的30%按月支付经济补偿的,人民法院应予支持。

前款规定的月平均工资的30%低于劳动合同履行地最低工资标准的,按照劳动合同履行地最低工资标准支付。

第四十条 劳动者违反竞业限制约定，向用人单位支付违约金后，用人单位要求劳动者按照约定继续履行竞业限制义务的，人民法院应予支持。

案例链接

竞业限制违约金条款受民法规则约束，
仲裁机构可综合各方因素调整违约金

【裁决要旨】

相较于劳动合同，竞业限制协议更体现平等主体之间对竞业限制经济补偿、劳动者竞业限制义务的平等协商。竞业限制协议本质上属于民事合同。仲裁机构和法院可依据民事裁决原理依一方当事人的请求调整违约金。

【案情】

李某与A公司于2018年4月1日签订无固定期限劳动合同，入职工作岗位为安全平台部成员，2020年8月2日双方解除劳动合同。双方签订的劳动合同及竞业限制协议明确约定了双方的竞业限制义务。李某离职后，在6个月内不得入职与A公司存在业务竞争关系的企业，在竞业限制期间A公司按照离职前12个月月平均收入的50%逐月支付竞业限制补偿金，如李某违约，则李某应向A公司退回竞业限制补偿款，并按照离职前12个月月平均税前收入的20倍支付违约金。李某离职时，A公司出具竞业限制通知书，明确告知李某应当履行的竞业限制义务包括期限、列举的不得入职的竞争对方主体、逐月报告就业状况等。

其后，A公司以李某涉嫌入职竞争对方企业、未报告就业状况为由向深圳市劳动人事仲裁委员会提起仲裁，请求李某返还竞业限制补偿金及承担违约金，金额近200万元。在仲裁中，李某向仲裁机构提出应大幅调整违约金。

【裁决】

深圳市劳动人事仲裁委员会认为仲裁竞业限制的立法本意在于保护用人单位的商业秘密和知识产权，防止企业间的恶性竞争，同时也兼顾劳动者被限制自由择业权后的权益。李某未按照约定告知A公司其从业信息，致使A公司无法

掌握其实际就业情况及竞业限制履行情况，其行为违反了双方竞业限制约定，也违反了诚实信用原则。在双方约定的竞业限制期限内，A公司已按约定支付竞业限制补偿金，但李某违反约定及违背诚实信用原则，未履行从业信息报告义务，其行为已构成违约，依法应当承担违约责任。鉴于本案A公司未举证证明李某实际入职与其存在竞争关系的公司，也没有就其损失进行举证，同时考虑李某的过错程度及在A公司的工作年限、收入水平、获取的竞业限制经济补偿金数额、竞业限制期限等因素，裁决李某返还所收取的竞业限制补偿款，违约金酌情调整为离职前12个月月平均税前收入的10倍。

【评析】

本案争议焦点包括：一是李某未履行从业信息报告义务，A公司无法证明李某实际入职与其存在竞争关系的公司，李某是否构成违约；二是李某未履行从业信息报告义务是否需要返还已领取的竞业限制补偿金；三是违约金的确定。

1. 李某未履行从业信息报告义务，A公司无法证明李某实际入职与其存在竞争关系的公司，李某亦构成违约。

在劳动合同解除或终止后，此类劳动者与用人单位不再具有人格和组织上的从属性，用人单位客观上无法对劳动者的履约行为进行在场监管，主要依赖于劳动者的主动报告、信息披露及对约定的自觉履行，故劳动者应当秉持诚实信用及公平合理原则，保证用人单位信息知情权、排除妨碍请求权的实现，并确保双方约定得以实质履行。因此，竞业限制的法律属性决定了受竞业限制的劳动者较一般劳动者负有更高的职业道德及履行义务要求。李某未按照约定告知A公司其从业信息，致使A公司无法掌握其实际就业情况及竞业限制履行情况，其行为违反了双方竞业限制约定，也违反了诚实信用原则。

2. 李某未履行从业信息报告义务需要返还已领取的竞业限制补偿金。如上所述，A公司和李某双方在竞业限制通知书中明确约定，“乙方违反竞业限制约定的，应立即与甲方及与甲方其他存在竞争关系的公司或其他组织脱离关系，继续履行本约定，乙方还应当向甲方退还甲方已经支付的竞业限制补偿金并向甲方支付违约金”。为此，李某应予退回已获取的竞业限制经济补偿金。

3. 竞业限制协议所约定的违约金过高，可酌情予以调整。根据《劳动合同法》的规定，对负有保密义务的劳动者，用人单位可以在劳动合同或者保密协议中与劳动者约定竞业限制条款，并约定在解除或者终止劳动合同后，在竞业限制期限内按月给予劳动者经济补偿，劳动者违反竞业限制义务的，应当对用人单位的损失进行赔偿。劳动者违反竞业限制约定的，应当按照约定向用人单位支付违约金。竞业限制违约金是《劳动合同法》中为数不多的约定违约金的类型，其目的也是保护商业秘密，防止商业间谍泛滥和不正当竞争，保护经济秩序的稳定发展。

竞业限制补偿金的标准，一般遵循双方的约定。但竞业限制协议从本质上说，亦属于民事合同。仲裁机构和法院在审理此案纠纷时，亦应遵循民事法律的相关规定。根据《第八次全国法院民事商事审判工作会议（民事部分）纪要》第二十八条的规定，用人单位和劳动者在竞业限制协议中约定的违约金过分高于或者低于实际损失，当事人请求调整违约金数额的，人民法院可以参照《最高人民法院关于适用〈中华人民共和国合同法〉若干问题的解释（二）》第二十九条（已失效，现《民法典》第五百八十五条）的规定予以处理。具体在本案中，李某入职A公司只有两年多时间，所从事的岗位并非核心岗，级别也不是很高，A公司按照李某离职前12个月月平均工资收入的50%支付了5个月的竞业限制经济补偿金（2.5个月的正常工资收入）。A公司主张的违约金是其所实际支付经济补偿金的近8倍，且A公司亦未举证证明李某的违约行为给其造成的实际损失。为此，在李某向仲裁机构请求调整违约金的情况下，仲裁机构可根据案情实际情况予以调整。

2.7　直播平台以竞业限制协议约束主播跳槽

根据竞业限制协议的定义，可知签订竞业限制协议的前提是作为用人单位的直播平台与主播之间存在劳动关系。需要进一步思考的是，根据《劳动合同法》第二十四条的规定，竞业限制人员限于用人单位的高级管理人员、高级技术人员和其他负有保密义务的人员。

那么主播是否属于“其他负有保密义务的人员”？换言之，用人单位是否可以不区分劳动者对秘密的接触范围进而跟全员签署竞业限制协议或同等协议？针对用人单位与普通员工签订竞业限制协议的有效性，司法实践中有两种不同的做法：一是认可用人单位与劳动者之间签署的竞业限制协议或条款，即使该员工属于普通员工；二是对用人单位与劳动者签署的竞业限制协议作进一步的审查，如果认为劳动者并不负有保密义务或工作并不涉密，则否定该竞业限制协议的效力。竞业限制协议的目的在于平衡保护用人单位商业秘密及竞争优势和劳动者职业自由之间的关系，此时除非主播能够举证证明其无法触及秘密且其入职的竞争单位不会给其原单位竞争优势带来损害，对用人单位与劳动者之间约定的判断应当遵循合同自由原则，从而赋予其有效性。

第一，网络主播的工作因互联网的高覆盖率和高效率特征而具有较大的空间跨度，并带有即时性特点。那么此时用人单位该如何对竞业限制的地域进行有效约定？此时不应当拘泥于法律规定，而应当从竞业限制规定的立法目的出发，结合互联网特点对竞业限制协议的地域进行说明。笔者以为，竞业限制协议并不一定要对竞业限制的范围作出规定。一般而言，因直播的便捷特点，即使是劳动合同，也大量存在未对直播地点进行约定或限制的情况，此时竞业限制协议中没有对竞业限制地域进行规制的必要性，即使进行了约定也可能因违反公平原则而无效。

第二，网络主播所从事的行业即为直播行业，除可以依据工作内容划分为唱跳主播、带货主播等外，若竞业限制协议对网络主播所从事的行业进行禁止，那等于对网络主播进行了封杀，此时极可能打破保护用人单位商业秘密及竞争优势和劳动者职业自由之间的平衡，侵害网络主播在直播行业的就业自由。但如果允许主播继续在其他直播平台从事直播，又明显损害了此前用人单位的利益，尤其是在对网络直播的培养上支出巨大成本的情况下。对于该情况，其实也并非没有解决办法。可以通过约定违约金的方式震慑主播，增加网络主播的跳槽成本，从而弥补用人单位的损失。不过需要注意，通过竞业限制协议约定违约金存在一定缺陷。首先，竞业限制协议的违约金数额受限于劳动法的“上限”规定，司法实践中往往存在劳动者支付的违约金远低于劳动者因违约而获得的巨大收益的情况。其次，竞业限制协议的违约金条款的效力及其适用方面往往也受到劳动部门的严格限制。司法实践中尚且存在能否同时适用《民法典》关于违约金数额规定的争议，因此基于用人单位的利益最大化考量，并不建议直播平台以竞业限制协议或条款的方式约束网络主播。

从前述章节中关于与网络主播签订劳动合同所承担的各类义务，结合上述对网络主播竞业限制程度的合法性、合理性以及可操作性分析，笔者在此建议直播平台在确定网络主播的竞争保护机制时，应当尽量避免与主播之间签订劳动合同，也应当避免与网络主播签订带有劳动法性质的竞业限制协议，可以采取平等民事主体间的协议方式约束网络主播跳槽，尽量规避直播平台的损失。

第五篇

新型用工篇

1. 新型用工关系概述

1.1 新型用工关系产生的背景

近年来,随着国家“互联网+”战略的推进,各行各业都走上了互联网探索之路,与互联网的融合是大势所趋,互联网已渗透到社会各领域。在互联网、大数据、人工智能和实体经济深度融合的背景下,新技术、新产品、新业态和新型商业模式不断涌现,创新型用工模式随之出现,当前比较典型的是共享经济背景下的网约车、快递平台、外卖骑手、代驾等新型用工模式。“平台+个人”共享经济用工模式,逐步取代了用人单位直接用工模式,在新型用工模式下,不仅用工单位与劳动者之间权利义务的内容有别于传统用工模式,而且依托新技术手段采取的考勤、绩效考核、审批等劳动管理方式,也明显区别于传统的劳动管理方式。

1.2 新型用工关系中的“新名词”

1.2.1 新业态企业:与依托互联网就业形态的劳动者确立劳动关系的平台企业或加盟、代理、外包平台业务的合作企业、劳务派遣企业。

1.2.2 新型用工关系:依托平台完成工作和接受新业态企业劳动管理的不完全符合确立劳动关系的情形。

1.2.3 新业者:依托平台完成工作和接受新业态企业劳动管理的不完全符合确立劳动关系情形的灵活就业人员。

1.3 新型用工关系新规范

2016年11月1日，由交通运输部、工信部等七部委联合发布的《网络预约出租汽车经营服务管理暂行办法》开始实施，2019年、2022年修正。该办法第十八条第一款规定，网约车平台公司应当保证提供服务的驾驶员具有合法从业资格，按照有关法律法规规定，根据工作时长、服务频次等特点，与驾驶员签订多种形式的劳动合同或者协议，明确双方的权利和义务。网约车平台公司应当维护和保障驾驶员合法权益，开展有关法律法规、职业道德、服务规范、安全运营等方面的岗前培训和日常教育，保证线上提供服务的驾驶员与线下实际提供服务的驾驶员一致，并将驾驶员相关信息向服务所在地出租汽车行政主管部门报备。《网络预约出租汽车经营服务管理暂行办法》并未释明网约车平台与司机之间的法律关系。换言之，网约车平台与司机之间可以是劳动关系，也可以是其他协议关系。

人力资源和社会保障部等八部门发布《关于维护新就业形态劳动者劳动保障权益的指导意见》（人社部发〔2021〕56号）后，各省纷纷出台相关实施办法或实施意见，旨在支持和规范发展新就业形态，维护新就业形态劳动者劳动保障权益，促进新业态规范健康持续发展。目前很多新名词，如“新业态企业、新型用工关系、新业者”等很贴合市场实际。

作为国内经济最为活跃的、新业态从业人员数量庞大（约960万人）的广东省，其在新就业形态劳动者劳动保障权益方面有进一步创新的制度安排。《关于维护新就业形态劳动者劳动保障权益的实施意见》（粤人社规〔2022〕14号）中可以看到许多的亮点，为未来规范新就业形态劳动者劳动权益保障指明了实施路径。

1.4 新型用工关系三要素

1.4.1 劳动者从事的工作依赖于平台企业提供的信息，并以平台企业名义提供劳动或服务。

1.4.2 新业态企业对劳动者进行劳动管理,但劳动者对决定是否或何时提供劳动或服务具有较大的自由度。

1.4.3 劳动者从一个或多个新业态企业获得报酬,报酬的算法及支付周期取决于平台交易规则。

1.5 新型用工关系的特点

成为服务提供者,从平台获取第三方服务需求而为其提供服务,服务收益由平台和劳动者按协议约定分享。这样的新型用工关系与传统用工关系存在显著差别。

1.5.1 用工关系的建立存在差别。传统用工关系是在用人单位与劳动者通过对招聘条件和求职意向相互协商并形成合意的基础上建立的。而新型用工关系则是互联网平台设定特定条件,凡是满足条件的劳动者都可以在平台上自行注册而成为平台的服务提供者。可见,建立传统用工关系关键在于用人单位与劳动者的合意,而建立新型用工关系关键在于劳动者的单方意愿。

1.5.2 用工需求存在差别。传统用工关系中用工数量都是依照用工需求划定,以满足相应的岗位要求或完成相应的工作任务为限,因此用人单位设置的招聘条件往往具有针对性。而新型用工关系中平台为了能够满足更多用户的需求,有吸引尽可能多的服务提供者的需求,因此其设置的标准条件往往较低,用工基本属于"来者不拒"的状态。

1.5.3 劳动内容存在差别。传统用工关系中劳动者受雇完成单位内的岗位职责或工作任务,而新型用工关系中劳动者完全为第三方提供服务。

1.5.4 用工待遇存在差别。传统用工关系中,一方面用人单位为促使劳动者完成工作内容,要为劳动者提供一定的劳动环境、劳动工具等劳动条件,并制定一整套成体系的规章制度约束劳动者;另一方面也要为劳动者提供法律规定的保障。而新型用工关系中平台仅为服务提供者提供需求信息,实际服务由劳动者自行完成,平台对劳动者的约束力也较弱,一般仅限于法律的强制性规定,同时对于劳动者的保障也近乎为零。

1.5.5 用工关系的解除存在差别。传统用工关系的解除受法律法规的严格约束，而新型用工关系的解除，就劳动者来说十分随意，仅需要注销平台账户即可，但就平台来说，目前尚未出现大规模平台主动与劳动者解除用工关系的现象：一是因为平台拥有设定收益分成比例的决定权，当出现服务提供者过多时，平台完全可以通过降低劳动者分成比例迫使劳动者自行解除关系；二是因为目前这种全新的经营发展模式正处于爆发期，获得了巨大的社会融资，大部分平台都能持续运营。

综上所述，新型就业模式下的用工关系从建立到解除，以及其目的、需求和内容均与传统用工关系存在差别，充分说明了新型用工关系已经具有单独研究的必要性。

2. 新型用工关系中法律关系的认定

2.1 新型用工关系性质的界定

在共享经济的浪潮下，出现了互联网经济这一新事物和网约工这一新型用工主体，互联网平台与网约工的关系便成了法学界亟待厘清的问题之一。与传统的劳动关系相比，多元化的用工关系应如何进行相关的法律规制，关系到互联网平台的发展以及网约工合法权益的保障。因此，对互联网经济下的用工性质进行准确界定，不仅涉及立法层面的价值判断与选择，还涉及区分辨析其与传统用工的异同，从而形成一个完整的用工关系法律规范体系。

目前，我国对于灵活用工模式并没有法律上的定义，因此每个人的理解也会有所不同。笔者在了解灵活用工的实际情况后，自身的理解是，灵活用工模式就是指企业与已经达到就业年龄，但与企业之间不成立全日制劳动关系性质的人员建立相应的法律关系，由该人员完成相应的工作任务，并获得相应报酬的用工模式。在灵活用工模式中，人员与企业之间的关联性、从属性比全日制劳动关系更弱，人员可以根据自己的实际情况选择安排完成相应的工作，相对更为自由灵活。而双方之间建立的法律关系则要根据实际情况来定论，但可以明确的是，双方之间的法律关系不适用全日制劳动法律规范。

2.2 新型用工关系的常见类型

新型用工关系，属于劳动资源流动管理范畴，并不是既有的法律概念。一般均涉及平台、实际提供劳务者、消费者三个主体，性质认定较为困难。除此之外，各平台的商业模式较为多样化，进一步增加了其法律性质的认定难度。平台与劳务提供者之间可以是劳动关系，也可以是其他协议关系。目前主要有以下几种模式：

2.2.1 由平台招聘全职人员，为使用该平台的消费者提供服务。如神州专车、首汽约车，平台以自有车辆为主，雇用司机并与司机签订劳动合同，平台派单，司机不能选单，司机在线时长须达8小时，工资是基本工资加提成。这种模式下的用工关系显然为典型的劳动关系。

2.2.2 直接派遣型。输出企业与输入企业达成合作协议，输出企业直接将待岗职工派遣至输入企业，由输入企业支付相应的劳务报酬，如盒马鲜生与云海肴间的员工共享模式。

2.2.3 双重劳动关系型。输出企业与输入企业沟通后，或待岗职工直接与输入企业沟通，由输入企业与待岗职工签署短期劳动合同，并支付劳动报酬，如超市发布的共享模式。

2.2.4 平台加盟型。如私家车车主直接接入平台，或兼职司机和顺风车模式，依靠平台派单获得收入来源。由于只是私家车车主在业余时间跑单，基本不存在劳动关系认定的争议。

2.3 劳动关系的认定

总而言之，分析劳动者与平台企业之间是否存在劳动关系应当从劳动关系的构成要件出发，要考虑以下因素：

2.3.1 关于主体资格。我国现行劳动法体系对用人单位的主体资格及劳动者的从业年龄进行了一定的限制，主要限于双方或一方不具备建立劳动关系条件的特殊情况。当用人单位与劳动者均符合劳动法的主体资格条件时，则主体资格不应成为审查劳动关系是否存在的关键要素。

2.3.2 关于单位业务组成部分。这一点在实践中经常会被忽视，实际上在个别案件中，它可能就会成为企业抗辩不存在劳动关系的一个“制胜法宝”。在李某与昆山恒荣泰电子科技有限公司（以下简称恒荣泰公司）、昆山市普络特设备有限公司（以下简称普络特公司）确认劳动关系纠纷案［案号：(2017)苏0583

民初355号]中,法院最终认定员工与单位之间不存在劳动关系,理由如下:(1)恒荣泰公司与客户立讯公司发生商业行为,因交期较急,特委托外供方普络特公司制作三台设备,普络特公司为恒荣泰公司设备的供货方(制造商),恒荣泰公司将设备供应给立讯公司(合同关系),而安装调试设备工作非恒荣泰公司、普络特公司主营业务范围(恒荣泰公司经营范围为工业自动化设备及配件销售。普络特公司经营范围为自动化设备、模治具、金属结构件、电子产品及零件的研发、组装、加工及销售;木制品、纸制品的加工及销售;包装材料及用品等)。(2)普络特公司与张某签订了调试承揽合同,张某在承包人承包期间,招用原告从事劳动,原告由张某安排进入立讯公司安装调试设备,并约定了工资标准。原告受伤后的医疗费由张某支付,原告并无证据证明张某为普络特公司员工,故法院认定原告提供的劳务非恒荣泰公司、普络特公司的主营业务范围。(3)原告因申报工伤(工伤赔偿)而要求确认其与恒荣泰公司、普络特公司之间存在劳动关系,而原告与承包人之间为平等主体之间通过签订合同确立的一般民事法律关系,双方是平等交换关系而并无从属关系。而原告是由承包人雇用和管理的,恒荣泰公司、普络特公司并未参与,应当认定原告与恒荣泰公司、普络特公司之间不存在劳动关系。

2.3.3 关于管理与被管理的关系。司法实践中事实劳动关系认定的焦点即判定用人单位与劳动者之间是否存在管理与被管理的关系,这也被认为是劳动关系的最根本特征;如果说书面合同是认定的形式标准,那么管理与被管理关系就是认定的实质标准。

用人单位对劳动者进行管理的表现形式可参照下列凭证确定:(1)工资支付凭证或记录(职工工资发放花名册)、缴纳各项社会保险费的记录;(2)用人单位向劳动者发放的"工作证""服务证"等能够证明身份的证件;(3)劳动者填写的用人单位招工招聘"登记表""报名表"等招用记录;(4)考勤记录;(5)其他劳动者的证言等。

新型用工模式千变万化,无法一概而论,应具体问题具体分析,把握衡量尺度,深入分析不同模式的用工风险,考虑不同模式所带来的不同结果;司法实践中,法院在认定用人单位与劳动者之间是否存在管理与被管理关系时,存在较大的分歧,裁审口径各有不同。必要时应当寻求律师帮助。

案例链接

互联网平台与其从业者之间的法律关系到底怎么认定：劳动关系或合作关系？

【裁判要旨】

在灵活用工模式中，双方之间建立的法律关系要根据实际情况来定论，但可以明确的是双方之间的法律关系不适用全日制劳动法律规范。

【案情】

2017年6月，太昌（重庆）餐饮管理有限公司（甲方）与重庆锐速科技开发有限公司（乙方）签订《合作协议》，约定：甲方授权乙方在长寿区经营“饿了么”蜂鸟配送业务；乙方工作人员与甲方不存在任何劳动或劳务关系，其在送餐过程中出现的任何事故，包括但不限于造成甲方、第三人或乙方及其员工人身、财产损失的，一切责任由乙方自行承担；乙方工作人员工资由甲方每月25日通过银行直接代发。

2017年8月3日，李某与重庆锐速科技开发有限公司签订《劳务承揽协议》，约定该公司为李某提供餐饮配送工作，期限12个月，报酬为送单提成，每单提成5元，没有底薪，自带交通工具。李某称，其每天通过手机软件登录“饿了么”平台点击上下班，且接单、取单、送单的工作流程都是通过该软件来操作完成的，李某接单后可由其自行完成取单、送单，亦可交由他人代为完成。李某2017年9—11月的报酬均由太昌（重庆）餐饮管理有限公司原法定代表人龚某通过银行转账支付。2017年11月20日，李某在送餐途中摔倒致伤。

李某提起劳动仲裁请求确认其与太昌（重庆）餐饮管理有限公司自2017年8月3日起存在劳动关系。

【裁判】

法院认为，本案争议焦点在于原、被告之间是否存在劳动关系。参照《劳动和社会保障部*关于确立劳动关系有关事项的通知》第一条的规定，“用人单位

---

* 现已撤销。

招用劳动者未订立书面劳动合同,但同时具备下列情形的,劳动关系成立。(一)用人单位和劳动者符合法律、法规规定的主体资格;(二)用人单位依法制定的各项劳动规章制度适用于劳动者,劳动者受用人单位的劳动管理,从事用人单位安排的有报酬的劳动;(三)劳动者提供的劳动是用人单位业务的组成部分"。本案中,原告确系在被告授权第三人经营的"饿了么"重庆市长寿区范围内从事送餐工作,对此予以确认。根据原告的陈述,其每天通过手机软件登录平台点击上下班,并通过该网络平台接单、取单、送单,但原告主要工作为送餐服务,无须到被告办公场所上下班;对原告等骑手安全教育、服务态度标准等要求也并不是严格意义上的规章制度;原告自带交通工具,被告按单支付提成给原告,送餐任务可由原告自行完成,亦可交由他人代为完成;报酬根据送餐数量的多少确定。可见,原、被告之间的关系不符合劳动关系的特征。同时,原告李某虽主张其系接受被告太昌(重庆)餐饮管理有限公司的管理,但认可实际在第三人处工作的事实,且原告与第三人签订的《劳务承揽协议》,也可以说明原告系为第三人提供劳动。综上,原告未提供充分证据证明其为被告工作,并接受被告的管理和监督,故对原告要求确认原、被告双方自2017年8月3日起存在劳动关系的诉讼请求,不予支持。为此,判决驳回李某的诉讼请求。

【评析】

首先,从意思表示角度分析,太昌(重庆)餐饮管理有限公司系通过与重庆锐速科技开发有限公司签订《合作协议》的方式,将"饿了么"蜂鸟配送业务授权给重庆锐速科技开发有限公司,李某与重庆锐速科技开发有限公司签订了《劳务承揽协议》,李某与太昌(重庆)餐饮管理有限公司之间不存在建立劳动关系的合意。

其次,从经济从属性角度分析,在劳动关系中,用人单位支付的工资报酬不得低于其所在地的最低工资标准,否则该约定会因违反法律强制性规定而无效。本案中,李某与重庆锐速科技开发有限公司就报酬之约定(无底薪、按单提成)明显与前述法律规定不符。

再次,从人格从属性角度分析,即便按李某的说法,其每天通过手机软件登录"饿了么"平台点击上下班,但该行为并非接受太昌(重庆)餐饮管理有限公司的考勤管理,其目的仅是通过登录该网络平台完成接单、取单、送单工作,以换取当日提成,太昌(重庆)餐饮管理有限公司和重庆锐速科技开发有限公司均不会因李某的未接单行为而对其进行劳动关系意义下的管理。

最后，从组织从属性角度分析，在劳动关系中，用人单位根据其业务范围和生产经营需要，必须具备厂房和办公场所、仪器、设备等物质条件，并为劳动者的劳动提供必要的劳动条件、安全卫生保障和防护设备。虽然一般情况下，劳动者在上下班途中也会驾驶私家车或者搭乘公共交通工具，但该行为仅是为保证劳动者本人上下班之便利。本案中，李某需自行购置交通工具完成配送任务，太昌（重庆）餐饮管理有限公司、重庆锐速科技开发有限公司均未为李某提供相应的劳动条件。因此，李某主张与太昌（重庆）餐饮管理有限公司存在劳动关系于法无据。

3. 新型用工关系中各方权益保障

综合上述案例以及互联网平台用工的潜在法律风险,以下建议可供参考。

3.1 平台企业应与注册人员签订书面协议

企业通过互联网平台直接为消费者提供服务,其与服务提供者之间到底是劳动关系、劳务关系还是承揽关系在司法实践中存在较大争议,在平台对注册人员工作过程实施较为严格的管理时(如禁止为其他平台提供服务等)有可能被认定为劳动关系。网络平台企业应通过电子合同等方式与注册对象签订书面协议,明确双方的法律关系性质。尽管如此,法院仍将结合实际履行来判定双方的法律关系性质,如服务提供者的工作时长、工作周期、收入稳定性、考核管理措施等都将纳入评价范畴。平台企业需重点审查对注册人员提出若干要求的合理性,避免过度干预其工作过程以致认定存在劳动关系。

3.2 平台企业应就第三方与服务人员之间存在劳动关系或劳务关系承担举证责任

有些平台企业实际由第三方入驻运营,并由第三方实际对注册对象实施劳动管理,则平台企业和入驻企业之间存在服务合同关系,此时需通过书面协议明确注册人员的管理方式、报酬支付、保险缴纳以及发生争议时的责任承担。如发生争议平台企业无法举证的,仍可能被认定与服务提供者成立劳动关系或劳务关系,而无法以承揽关系、居间服务为由免责。

3.3 平台企业应督促第三方或亲自为从业者购买事故伤害保险

考虑到互联网平台用工中注册人员在提供服务的过程中可能遭受意外事故或者对第三方造成财产损失或人身伤亡，指望该等损伤完全由注册人员来承担不仅不公平也不现实，就平台企业可能承担的赔偿责任而言，平台企业可以购买责任保险来降低赔偿损失。同时平台企业亦可督促第三方为注册人员购买意外伤害保险，以最大限度降低从业人员的事故伤害风险。

法条链接

《网络预约出租汽车经营服务管理暂行办法》

第十八条 网约车平台公司应当保证提供服务的驾驶员具有合法从业资格，按照有关法律法规规定，根据工作时长、服务频次等特点，与驾驶员签订多种形式的劳动合同或者协议，明确双方的权利和义务。网约车平台公司应当维护和保障驾驶员合法权益，开展有关法律法规、职业道德、服务规范、安全运营等方面的岗前培训和日常教育，保证线上提供服务的驾驶员与线下实际提供服务的驾驶员一致，并将驾驶员相关信息向服务所在地出租汽车行政主管部门报备。

网约车平台公司应当记录驾驶员、约车人在其服务平台发布的信息内容、用户注册信息、身份认证信息、订单日志、上网日志、网上交易日志、行驶轨迹日志等数据并备份。

《网络餐饮服务食品安全监督管理办法》

第十三条 网络餐饮服务第三方平台提供者和入网餐饮服务提供者应当加强对送餐人员的食品安全培训和管理。委托送餐单位送餐的，送餐单位应当加强对送餐人员的食品安全培训和管理。培训记录保存期限不得少于2年。

《广东省高级人民法院、广东省劳动人事争议仲裁委员会关于劳动人事争议仲裁与诉讼衔接若干意见》

二、网络平台经营者与相关从业人员之间的用工关系性质，原则上按约定处理。如双方属于自负盈亏的承包关系或已订立经营合同、投资合同等，建立了风险共担、利益共享的分配机制的,不应认定双方存在劳动关系。实际履行与约定不一致或双方未约定的,以实际履行情况认定。

案例链接

网络平台不是“劳动关系”的避风港

【裁判要旨】

网络平台用工不等同于一定不存在劳动关系,若符合劳动关系认定要件,则应将平台从业者与平台纳入劳动关系管理范畴。

【案情】

2018年9月至2019年10月30日,邓某为重庆某物流公司工作。邓某通过在某物流公司处获取验证码下载“服务商司机”App,然后通过该App接受案外人小蚁公司发布的配送订单,接到订单后,邓某驾驶自有车辆到重庆沙坪坝仓库装载货物后配送至指定地点,并将配送单据返还仓库,某物流公司再按月向其支付配送费用。2019年10月30日,邓某送货途中发生交通事故死亡。后邓某家人因确认邓某与某物流公司之间的劳动关系和某物流公司发生争议,向渝中区劳动人事争议仲裁委员会申请仲裁,该仲裁委未予确认。邓某家人不服,遂诉至法院。

【裁判】

重庆市渝中区人民法院审理后认为,邓某家人提供的证据不能反映某物流公司对邓某工作用品的来源、工作时间长短、工作区域、工作量的管理,也不能证明邓某与某物流公司之间存在以劳动管理为表现的人身隶属关系,遂判决驳回诉讼请求。

宣判后,邓某家人不服,提起上诉。重庆市第五中级人民法院审理后认为,从用工管理、服务对象、报酬发放、提供的工具、业务来源等分析,邓某与某物流公司之间的关系呈现一种明显的管理与被管理、支配与被支配等的劳动关系特征。某物流公司实质是借助互联网平台用工这一新就业形态,实现了管理方式由线下变为线上的模式。遂改判,确认邓某与某物流公司存在劳动关系。

【评析】

本案争议焦点在于邓某与某物流公司之间是否存在劳动关系。

平台用工纠纷中认定劳动关系有三个要件。在认定平台企业与平台从业者之间是否存在劳动关系时，具体要从主体资格、从属性、业务相关性三个方面判断。关于平台公司与从业者是否符合法律、法规规定的主体资格，实践中认定困难较小。以下着重从从属性和业务相关性两个方面展开评析。

1. 关于从属性，应从人格从属性、经济从属性、组织从属性三个方面进行判断。

首先，关于人格从属性：一是工作规则的控制。平台用工的特性决定了其无常规企业的员工手册等书面文件，但对从业者的限制规则多载于平台 App 中，特别是注册时勾选的条款中。二是管理、监督和检查以及工作时间的控制。虽然平台无固定工作场所，但平台可通过对订单量的要求、客户评价反馈及相应处罚等实现对从业者的控制。三是工作过程的技术控制。从业者工作方式灵活，工作报酬、场所、过程、考勤等均不同于传统劳动关系，但其工作机会的获取完全来自平台，其所创造的收益及应获取的工作报酬均由平台累积数据计算而来。平台借助其对相关信息及技术手段的掌控权，对从业者所提供的"每一订单"实现工作控制，在与从业者的关系中处于强势地位。

其次，关于经济从属性：一是生产资料的供给。平台 App 本身的信息和技术手段系从业者进行工作的重要生产资料，由平台公司提供和控制。二是工作报酬的确定。一般而言，从业者的服务收费标准由平台公司决定。三是工作选择的限制。有些案件中，平台公司通过协议的方式排除了从业者为其他平台提供服务从而获得报酬的可能性。

最后，关于组织从属性：应分析平台是否通过对从业者工作外观的控制实现了平台自身对顾客的服务，如工服、工牌会让顾客感受到来自平台的服务内容而非仅把平台视作中介。

2. 关于业务相关性，应判断平台从业者提供的劳动是不是平台业务的组成部分。

若平台的经营模式为通过 App 向顾客提供服务，平台决定收费标准，在收取顾客服务费用后再按月向从业者支付一定比例的报酬，剩余比例则为其实际获利，则该获利方式明显不同于其发布广告或者作为信息中介的方式。

平台用工本身是多样的，平台用工并不排除劳动关系。较为典型的平台用工是允许社会大众自主下载、注册、使用 App，仅设置一些必要准入门槛。在该种平台用工形式中，确实存在一部分平台服务提供者自愿选择工作时间、工作规则相对不受控制的工作方式，其对平台的从属性减弱、用工关系的稳定性明显降低，呈现灵活用工的特点。

另外一种平台用工则是由用人单位内部提供可下载的 App，或者经内部培训后劳动者才可下载使用 App 进行工作。这部分平台服务提供者受到平台在工作规则、工作时间、工作过程、监督检查、工作报酬、竞业限制、工作外观等方面的控制，呈现管理方式由线下变为线上的特点。人格从属性、经济从属性、组织从属性并未发生实质转变，仅是管理方式实现了技术变革的“小平台”用工，本案即属于这种情况，仍然需要依据现行法律规则实现规范和引导，避免用人单位借助平台用工的表象规避法律义务，侵犯劳动者合法权益。

第六篇

劳动争议解决篇

1. 劳动争议解决方式

关于企业劳资方面的规定和案例解读，不难发现，单位招人、用人、开人，哪个环节处理不好，都有可能引起劳动争议。所谓劳动争议，就是用人单位与劳动者之间因劳动关系（权利义务）的争执而引发的纠纷。那么如何解决劳动争议呢？

《企业劳动争议处理条例》（已失效）第六条第一款规定："劳动争议发生后，当事人应当协商解决；不愿协商或者协商不成的，可以向本企业劳动争议调解委员会申请调解；调解不成的，可以向劳动争议仲裁委员会申请仲裁。当事人也可以直接向劳动争议仲裁委员会申请仲裁。对仲裁裁决不服的，可以向人民法院起诉。"由此可见，在我国解决劳动争议的基本途径有协商、调解、仲裁和诉讼。

1.1 协　　商

协商，是指用人单位与劳动者就劳动争议问题进行商量，寻找解决纠纷的方案。与其他纠纷不同的是，劳动争议的当事人一方为用人单位，一方为劳动者，因双方已经发生了一定的劳动关系而对彼此有所了解，可通过自行协商达成协议的方式来解决纠纷。实践中，劳动者与单位经过协商达成一致而解决纠纷的情况非常多，效果很好。笔者也认为，发生劳动争议时，协商是最省时省力的解决方式。但是，协商程序不是处理劳动争议的必经程序。双方可以协商，也可以不协商，完全出于自愿，任何人都不能强迫。

1.2 调　　解

调解，是指劳动争议一方当事人向有权调解的组织申请对发生的劳动争议进行调解的程序。与协商程序一样，调解也由双方当事人自愿选择。调解协议具有法律约束力，但不具有强制执行力。如果一方反悔，另一方可向仲裁机构申请仲裁，特定情形下，也可依据调解协议向法院申请支付令或径行提起诉讼。

《劳动争议调解仲裁法》第三条强调解决劳动争议，应当着重调解原则。注重调解原则在劳动争议处理中主要体现在以下几个方面：一是调解贯穿劳动争议处理始终，从劳动争议开始到仲裁、诉讼阶段都可以通过调解的方式解决纠纷；二是运用所有力量到调解中去，不仅有企业内部调解，还有社会调解等多元调解方式；三是为调解所形成的成果——调解协议的可执行性作了制度安排，调解协议在经过仲裁确认出具仲裁调解书或经司法确认后具有强制执行力，对于因支付拖欠劳动报酬、工伤医疗费、经济补偿或者赔偿金事项达成调解协议的，劳动者可以径行向人民法院申请支付令。

劳动争议调解需要在专门的法定组织进行。《劳动争议调解仲裁法》第十条第一款规定，发生劳动争议，当事人可以到下列调解组织申请调解：一是企业劳动争议调解委员会；二是依法设立的基层人民调解组织；三是在乡镇、街道设立的具有劳动争议调解职能的组织。

通过充分发挥前期调解的作用，很可能使劳动争议止于此阶段。既能疏解用人单位与劳动者的矛盾，又不伤害感情，有利于劳动关系的和谐。同时，也减少了当事人在仲裁、诉讼阶段所花费的时间、成本，通过调解机制将矛盾化解在内部，对于增进用工双方的利益至关重要。

1.3 仲　　裁

劳动仲裁，是指劳动纠纷的一方当事人将纠纷提交至劳动争议仲裁机构进行处理的程序。劳动仲裁一般是劳动争议案件进入诉讼的前置程序，也就是说，如果想向人民法院提起诉讼,必须先经过劳动仲裁这一程序。

1.3.1 提起劳动仲裁的主体。很多人以为,提起劳动仲裁的主体只能是劳动者。其实不仅劳动者是提起仲裁的主体,用人单位也是可以申请仲裁的。根据《劳动争议调解仲裁法》的规定,发生劳动争议的劳动者和用人单位为劳动仲裁案件的双方当事人。因此,在双方发生劳动争议时,用人单位一方权利受到侵害时也可以依法提起劳动仲裁。例如,用人单位就劳动者给用人单位造成的损害请求赔偿、追索违约金等。又如,《人力资源和社会保障部、最高人民法院关于劳动人事争议仲裁与诉讼衔接有关问题的意见(一)》第三条明确规定,用人单位依据《劳动合同法》第九十条的规定,要求劳动者承担赔偿责任的,劳动人事争议仲裁委员会应当依法受理。

1.3.2 劳动仲裁的范围。《劳动争议调解仲裁法》第二条规定,劳动仲裁的范围包括:(1)因确认劳动关系发生的争议;(2)因订立、履行、变更、解除和终止劳动合同发生的争议;(3)因除名、辞退和辞职、离职发生的争议;(4)因工作时间、休息休假、社会保险、福利、培训以及劳动保护发生的争议;(5)因劳动报酬、工伤医疗费、经济补偿或者赔偿金等发生的争议;(6)法律、法规规定的其他劳动争议。

《最高人民法院关于审理劳动争议案件适用法律问题的解释(一)》则更加明确规定劳动争议案件范围如下:(1)劳动者与用人单位在履行劳动合同过程中发生的纠纷;(2)劳动者与用人单位之间没有订立书面劳动合同,但已形成劳动关系后发生的纠纷;(3)劳动者与用人单位因劳动关系是否已经解除或者终止,以及应否支付解除或者终止劳动关系经济补偿金发生的纠纷;(4)劳动者与用人单位解除或者终止劳动关系后,请求用人单位返还其收取的劳动合同定金、保证金、抵押金、抵押物发生的纠纷,或者办理劳动者的人事档案、社会保险关系等移转手续发生的纠纷;(5)劳动者以用人单位未为其办理社会保险手续,且社会保险经办机构不能补办导致其无法享受社会保险待遇为由,要求用人单位赔偿损失发生的纠纷;(6)劳动者退休后,与尚未参加社会保险统筹的原用人单位因追索养老金、医疗费、工伤保险待遇和其他社会保险待遇而发生的纠纷;(7)劳动者因为工伤、职业病,请求用人单位依法给予工伤保险待遇发生的纠纷;(8)劳动者依据《劳动合同法》第八十五条的规定,要求用人单位支付加付赔偿金发生的纠纷;(9)因企业自主进行改制发生的纠纷。

1.3.3 仲裁时效。根据《劳动争议调解仲裁法》第二十七条的规定，劳动争议申请仲裁的时效期间为一年。当事人从知道或者应当知道其权利被侵害之日起超过一年，没有申请劳动仲裁的，就丧失了仲裁胜裁权。一方当事人超过仲裁时效申请劳动仲裁，如果对方提出时效抗辩，其申请事项将无法得到劳动仲裁委支持。一般情况下，应该从当事人知道或应当知道其权利被侵害之日起计算一年的仲裁时效，但是在某些情况下适用特殊仲裁时效的规定。仲裁时效因当事人一方向对方当事人主张权利，或者向有关部门请求权利救济，或者对方当事人同意履行义务而中断。从中断时起，仲裁时效期间重新计算。因不可抗力或者有其他正当理由，当事人不能在《劳动争议调解仲裁法》第二十七条第一款规定的仲裁时效期间申请仲裁的，仲裁时效中止。从中止时效的原因消除之日起，仲裁时效期间继续计算。劳动关系存续期间因拖欠劳动报酬发生争议的，劳动者申请仲裁不受《劳动争议调解仲裁法》规定的仲裁时效期间的限制。劳动关系终止的，应当自劳动关系终止之日起一年内提出。特殊时效的规定是对劳动者的一种保护，在实践中，很多劳动者为了暂时保住工作，不想激化与单位之间的矛盾，对于拖欠工资、加班费等劳动报酬的争议往往不愿在劳动合同存续期间提出仲裁。

1.3.4 劳动争议仲裁的效力。劳动争议仲裁的效力有两种：一种为终局裁决，在一裁终局制下，劳动者不服可以自收到仲裁裁决书之日起 15 日内向人民法院提起诉讼，用人单位则只能在符合特定情形下 30 日内向劳动争议仲裁委员会所在地的中级人民法院申请撤销裁决。另一种为非终局裁决，即裁决作出后双方当事人均可在收到裁决书之日起 15 日内提起诉讼。

1.3.5 终局裁决的适用范围。《劳动争议调解仲裁法》第四十七条规定："下列劳动争议，除本法另有规定的外，仲裁裁决为终局裁决，裁决书自作出之日起发生法律效力：(一)追索劳动报酬、工伤医疗费、经济补偿或者赔偿金，不超过当地月最低工资标准十二个月金额的争议；(二)因执行国家的劳动标准在工作时间、休息休假、社会保险等方面发生的争议。"《人力资源和社会保障部、最高人民法院关于劳动人事争议仲裁与诉讼衔接有关问题的意见(一)》第十条规定："仲裁裁决涉及下列事项，对单项裁决金额不超过当地月最低工资标准十二个月金额的，劳动人事争议仲裁委员会应当适用终局裁决：(一)劳动者在法定标准工作时间内提供正常劳动的工资；(二)停工留薪期工资或者病假工资；

(三)用人单位未提前通知劳动者解除劳动合同的一个月工资;(四)工伤医疗费;(五)竞业限制的经济补偿;(六)解除或者终止劳动合同的经济补偿;(七)《中华人民共和国劳动合同法》第八十二条规定的第二倍工资;(八)违法约定试用期的赔偿金;(九)违法解除或者终止劳动合同的赔偿金;(十)其他劳动报酬、经济补偿或者赔偿金。"

根据以上规定,一裁终局的案件主要包括:一是四类小额仲裁案件:追索劳动报酬的案件、追索工伤医疗费的案件、追索经济补偿的案件以及追索赔偿金的案件。二是不涉及标的额的在关于工作时间、休息休假、社会保险等方面发生的争议。

《人力资源和社会保障部、最高人民法院关于劳动人事争议仲裁与诉讼衔接有关问题的意见(一)》第十一条规定:"裁决事项涉及确认劳动关系的,劳动人事争议仲裁委员会就同一案件应当作出非终局裁决。"涉及确认劳动关系的案件不适用终局裁决,主要考虑到劳动关系是当事人诸多权利义务的前提和基础,此类案件案情相对复杂,权利义务关系并不明确,为了避免后续诉讼中对劳动关系是否合法存在的认定与仲裁裁决所处理的权利义务相冲突,因此不适用终局裁决。

1.3.6 关于劳动仲裁约定管辖是否有效。在司法实践中,劳动仲裁约定管辖一般是无效的,因为劳动争议案件涉及的是用人单位与劳动者之间的劳动关系,具有人身属性,不适用约定管辖。根据《劳动争议调解仲裁法》第二十一条的规定,劳动争议仲裁委员会负责管辖本区域内发生的劳动争议。劳动争议由劳动合同履行地或者用人单位所在地的劳动争议仲裁委员会管辖。双方当事人分别向劳动合同履行地和用人单位所在地的劳动争议仲裁委员会申请仲裁的,由劳动合同履行地的劳动争议仲裁委员会管辖。

1.3.7 仲裁撤回的处理。《人力资源和社会保障部、最高人民法院关于劳动人事争议仲裁与诉讼衔接有关问题的意见(一)》第四条规定,"申请人撤回仲裁申请后向人民法院起诉的,人民法院应当裁定不予受理;已经受理的,应当裁定驳回起诉。申请人再次申请仲裁的,劳动人事争议仲裁委员会应当受理"。《劳动人事争议仲裁办案规则》第三十五条也对此作出规定,"仲裁处理结果作出前,申请人可以自行撤回仲裁申请。申请人再次申请仲裁的,仲裁委员会应当受理"。此为劳动争议仲裁前置基本原则的体现,同时不影响当事人在法定的仲裁期限内另行提起仲裁的权利。需要注意的是,根据《劳动人事争议仲裁办案规则》第三十九条的规定,申请人收到书面开庭通知,无正当理由拒不到庭或者未经仲裁庭同意中途退庭的,可以按撤回仲裁申请处理;申请人重新申请仲裁的,仲裁委员会不予受理。

1.4 诉 讼

劳动争议诉讼,指劳动争议当事人不服劳动争议仲裁委员会的裁决,在规定的期限内向人民法院起诉或向人民法院申请撤销仲裁裁决,人民法院依照法定程序对案件进行审判的活动。部分观点认为应包括劳动争议当事人对特定争议事宜径行向人民法院提起的诉讼。

1.4.1 可直接向人民法院起诉的劳动争议案件。《人力资源和社会保障部、最高人民法院关于劳动人事争议仲裁与诉讼衔接有关问题的意见(一)》规定了三类直接向人民法院起诉的劳动争议案件:第一,劳动者以用人单位的工资欠条为证据直接向人民法院起诉,诉讼请求不涉及劳动关系其他争议的,视为拖欠劳动报酬争议,人民法院按照普通民事纠纷受理;第二,当事人在《劳动争议调解仲裁法》第十条规定的调解组织主持下仅就劳动报酬争议达成调解协议,用人单位不履行调解协议确定的给付义务,劳动者直接提起诉讼的,人民法院可以按照普通民事纠纷受理;第三,依据《劳动争议调解仲裁法》第十六条规定申请支付令被人民法院裁定终结督促程序后,劳动者依据调解协议直接提起诉讼的,人民法院应予受理。

1.4.2 劳动争议裁决书和调解书的执行。根据《劳动争议调解仲裁法》第五十一条的规定,当事人对发生法律效力的调解书、裁决书,应当依照规定的期限履行。一方当事人逾期不履行的,另一方当事人可以依照《民事诉讼法》的有关规定向人民法院申请执行。受理申请的人民法院应当依法执行。

根据《最高人民法院关于审理劳动争议案件适用法律问题的解释(一)》第二十四条的规定,当事人申请人民法院执行劳动争议仲裁机构作出的发生法律效力的裁决书、调解书,被申请人提出证据证明劳动争议仲裁裁决书、调解书有下列情形之一,并经审查核实的,人民法院可以根据《民事诉讼法》(2017 年修正)第二百三十七条的规定,裁定不予执行:(1)裁决的事项不属于劳动争议仲裁范围,或者劳动争议仲裁机构无权仲裁的;(2)适用法律、法规确有错误的;(3)违反法定程序的;(4)裁决所根据的证据是伪造的;(5)对方当事人隐瞒了足以影响公正裁决的证据的;(6)仲裁员在仲裁该案时有索贿受贿、徇私舞弊、枉法裁决行为的;(7)人民法院认定执行该劳动争议仲裁裁决违背社会公共利益的。人民法院在不予执行的裁定书中,应当告知当事人在收到裁定书之次日起30日内,可以就该劳动争议事项向人民法院提起诉讼。

1.5 调解、仲裁、诉讼衔接的相关问题

1.5.1 调解与仲裁确认的衔接。《人力资源和社会保障部、司法部、中华全国总工会、中国企业联合会、中国企业家协会关于加强劳动人事争议调解工作的意见》(人社部发〔2009〕124号)第七条规定:"……经当事人同意,可以委托调解组织进行调解。对当事人双方提出的确认调解协议的申请,仲裁委员会应及时受理,对合法的调解协议,可以出具仲裁调解书。"

《劳动人事争议仲裁办案规则》第四章第二节专门规定了调解协议仲裁审查制度,即经调解组织调解达成调解协议的,双方当事人可以自调解协议生效之日起15日内,共同向有管辖权的仲裁委员会提出仲裁审查申请。仲裁委员会经审查认为调解协议的形式和内容合法有效的,应当制作仲裁调解书。仲裁调解书自双方当事人签收后发生法律效力,一方当事人拒绝履行或者未全部履行调解书所约定的义务时,对方当事人可以向人民法院申请强制执行。根据上述规定,仲裁确认是以仲裁机构出具仲裁调解书的形式作出的。

劳动人事争议仲裁委员会对调解协议仲裁审查申请不予受理或者经仲裁审查决定不予制作调解书的,当事人可依法就调解协议内容中属于劳动人事争议仲裁受理范围的事项申请仲裁,因支付拖欠劳动报酬、工伤医疗费、经济补偿或者赔偿金事项达成调解协议的,也可径行向人民法院提起诉讼。

1.5.2 调解与司法确认的衔接。调解协议司法确认是依据《人民调解法》第三十三条、《民事诉讼法》第二百零一条设立的制度,规定了经依法设立的调解组织调解达成调解协议后,双方当事人认为有必要的,可以自调解协议生效之

日起30日内共同向人民法院申请司法确认，人民法院应当及时对调解协议进行审查，依法确认调解协议的效力。最高人民法院颁布的《关于建立健全诉讼与非诉讼相衔接的矛盾纠纷解决机制的若干意见》（法发〔2009〕45号）第十一条明确规定，经《劳动争议调解仲裁法》规定的调解组织调解达成的劳动争议调解协议，当事人可以不经仲裁程序，直接依据关于司法确认的程序向人民法院申请确认劳动争议调解协议的效力。根据最高人民法院官网于2016年9月推出的文书样式，法院以裁定书的形式确认调解协议的效力。

《人力资源和社会保障部、最高人民法院关于劳动人事争议仲裁与诉讼衔接有关问题的意见（一）》更是明确劳动争议经有权组织调解达成的调解协议，当事人既可以向劳动人事争议仲裁委员会申请仲裁确认，也可向人民法院申请进行司法确认。具备以下情形之一的，当事人也可以直接提起诉讼：（1）依据《劳动争议调解仲裁法》第十六条规定申请支付令被人民法院裁定终结督促程序后，劳动者依据调解协议直接提起诉讼的；（2）当事人在《劳动争议调解仲裁法》第十条规定的调解组织主持下仅就劳动报酬争议达成调解协议，用人单位不履行调解协议约定的给付义务，劳动者直接提起诉讼的；（3）当事人在经依法设立的调解组织主持下就支付拖欠劳动报酬、工伤医疗费、经济补偿或者赔偿金事项达成调解协议，双方当事人依据《民事诉讼法》第二百零一条规定共同向人民法院申请司法确认，人民法院不予确认，劳动者依据调解协议直接提起诉讼的。

仲裁调解书或者司法确认均具有强制执行的法律效力，一方当事人不履行的，另一方当事人可以向人民法院申请执行。

1.5.3　终局裁决与非终局裁决事项的处理。《劳动人事争议仲裁办案规则》第五十条规定，“仲裁庭裁决案件时，申请人根据调解仲裁法第四十七条第（一）项规定，追索劳动报酬、工伤医疗费、经济补偿或者赔偿金，如果仲裁裁决涉及数项，对单项裁决数额不超过当地月最低工资标准十二个月金额的事项……根据调解仲裁法第四十七条第（二）项的规定，因执行国家的劳动标准在工作时间、休息休假、社会保险等方面发生的争议，应当适用终局裁决。仲裁庭裁决案件时，裁决内容同时涉及终局裁决和非终局裁决的，应当分别制作裁决书，并告知当事人相应的救济权利”。

根据《人力资源和社会保障部、最高人民法院关于劳动人事争议仲裁与诉讼衔接有关问题的意见(一)》第十二条的相关规定,“劳动人事争议仲裁委员会按照《劳动人事争议仲裁办案规则》第五十条第四款规定对不涉及确认劳动关系的案件分别作出终局裁决和非终局裁决,劳动者对终局裁决向基层人民法院提起诉讼、用人单位向中级人民法院申请撤销终局裁决、劳动者或者用人单位对非终局裁决向基层人民法院提起诉讼的,有管辖权的人民法院均应当依法受理。审理申请撤销终局裁决案件的中级人民法院认为该案件必须以非终局裁决案件的审理结果为依据,另案尚未审结的,可以中止诉讼”。

其第十三条规定:“劳动者不服终局裁决向基层人民法院提起诉讼,中级人民法院对用人单位撤销终局裁决的申请不予受理或者裁定驳回申请,用人单位主张终局裁决存在《中华人民共和国劳动争议调解仲裁法》第四十九条第一款规定情形的,基层人民法院应当一并审理。”根据上述规定,基层法院可就劳动者对终局仲裁裁决的起诉在用人单位提出仲裁裁决合法性抗辩的情况下,一并审查仲裁裁决的合法性。

用人单位申请撤销终局裁决,当事人对部分终局裁决事项达成调解协议的,中级人民法院可以对达成调解协议的事项出具调解书。中级人民法院对未达成调解协议的事项应继续进行审理,作出驳回申请或者撤销仲裁裁决的裁定。

法条链接

《中华人民共和国企业劳动争议处理条例》(已失效)

第六条第一款 劳动争议发生后,当事人应当协商解决;不愿协商或者协商不成的,可以向本企业劳动争议调解委员会申请调解;调解不成的,可以向劳动争议仲裁委员会申请仲裁。当事人也可以直接向劳动争议仲裁委员会申请仲裁。对仲裁裁决不服的,可以向人民法院起诉。

《中华人民共和国劳动争议调解仲裁法》

第二条 中华人民共和国境内的用人单位与劳动者发生的下列劳动争议,适用本法:

(一)因确认劳动关系发生的争议;

(二)因订立、履行、变更、解除和终止劳动合同发生的争议;

(三)因除名、辞退和辞职、离职发生的争议;

(四)因工作时间、休息休假、社会保险、福利、培训以及劳动保护发生的争议；

（五）因劳动报酬、工伤医疗费、经济补偿或者赔偿金等发生的争议；

（六）法律、法规规定的其他劳动争议。

第三条 解决劳动争议，应当根据事实，遵循合法、公正、及时、着重调解的原则，依法保护当事人的合法权益。

第十四条 经调解达成协议的，应当制作调解协议书。

调解协议书由双方当事人签名或者盖章，经调解员签名并加盖调解组织印章后生效，对双方当事人具有约束力，当事人应当履行。

自劳动争议调解组织收到调解申请之日起十五日内未达成调解协议的，当事人可以依法申请仲裁。

第十六条 因支付拖欠劳动报酬、工伤医疗费、经济补偿或者赔偿金事项达成调解协议，用人单位在协议约定期限内不履行的，劳动者可以持调解协议书依法向人民法院申请支付令。人民法院应当依法发出支付令。

第二十一条 劳动争议仲裁委员会负责管辖本区域内发生的劳动争议。

劳动争议由劳动合同履行地或者用人单位所在地的劳动争议仲裁委员会管辖。双方当事人分别向劳动合同履行地和用人单位所在地的劳动争议仲裁委员会申请仲裁的，由劳动合同履行地的劳动争议仲裁委员会管辖。

第二十七条 劳动争议申请仲裁的时效期间为一年。仲裁时效期间从当事人知道或者应当知道其权利被侵害之日起计算。

前款规定的仲裁时效，因当事人一方向对方当事人主张权利，或者向有关部门请求权利救济，或者对方当事人同意履行义务而中断。从中断时起，仲裁时效期间重新计算。

因不可抗力或者有其他正当理由，当事人不能在本条第一款规定的仲裁时效期间申请仲裁的，仲裁时效中止。从中止时效的原因消除之日起，仲裁时效期间继续计算。

劳动关系存续期间因拖欠劳动报酬发生争议的，劳动者申请仲裁不受本条第一款规定的仲裁时效期间的限制；但是，劳动关系终止的，应当自劳动关系终止之日起一年内提出。

第四十七条 下列劳动争议，除本法另有规定的外，仲裁裁决为终局裁决，裁决书自作出之日起发生法律效力：

(一)追索劳动报酬、工伤医疗费、经济补偿或者赔偿金,不超过当地月最低工资标准十二个月金额的争议;

(二)因执行国家的劳动标准在工作时间、休息休假、社会保险等方面发生的争议。

第四十九条 用人单位有证据证明本法第四十七条规定的仲裁裁决有下列情形之一,可以自收到仲裁裁决书之日起三十日内向劳动争议仲裁委员会所在地的中级人民法院申请撤销裁决:

(一)适用法律、法规确有错误的;

(二)劳动争议仲裁委员会无管辖权的;

(三)违反法定程序的;

(四)裁决所根据的证据是伪造的;

(五)对方当事人隐瞒了足以影响公正裁决的证据的;

(六)仲裁员在仲裁该案时有索贿受贿、徇私舞弊、枉法裁决行为的。

人民法院经组成合议庭审查核实裁决有前款规定情形之一的,应当裁定撤销。

仲裁裁决被人民法院裁定撤销的,当事人可以自收到裁定书之日起十五日内就该劳动争议事项向人民法院提起诉讼。

第五十一条 当事人对发生法律效力的调解书、裁决书,应当依照规定的期限履行。一方当事人逾期不履行的,另一方当事人可以依照民事诉讼法的有关规定向人民法院申请执行。受理申请的人民法院应当依法执行。

《最高人民法院关于审理劳动争议案件适用法律问题的解释(一)》

第十二条 劳动争议仲裁机构逾期未作出受理决定或仲裁裁决,当事人直接提起诉讼的,人民法院应予受理,但申请仲裁的案件存在下列事由的除外:

(一)移送管辖的;

(二)正在送达或者送达延误的;

(三)等待另案诉讼结果、评残结论的;

(四)正在等待劳动争议仲裁机构开庭的;

(五)启动鉴定程序或者委托其他部门调查取证的;

(六)其他正当事由。

当事人以劳动争议仲裁机构逾期未作出仲裁裁决为由提起诉讼的,应当提交该仲裁机构出具的受理通知书或者其他已接受仲裁申请的凭证、证明。

第十三条　劳动者依据劳动合同法第三十条第二款和调解仲裁法第十六条规定向人民法院申请支付令，符合民事诉讼法第十七章督促程序规定的，人民法院应予受理。

依据劳动合同法第三十条第二款规定申请支付令被人民法院裁定终结督促程序后，劳动者就劳动争议事项直接提起诉讼的，人民法院应当告知其先向劳动争议仲裁机构申请仲裁。

依据调解仲裁法第十六条规定申请支付令被人民法院裁定终结督促程序后，劳动者依据调解协议直接提起诉讼的，人民法院应予受理。

第十五条　劳动者以用人单位的工资欠条为证据直接提起诉讼，诉讼请求不涉及劳动关系其他争议的，视为拖欠劳动报酬争议，人民法院按照普通民事纠纷受理。

第二十四条　当事人申请人民法院执行劳动争议仲裁机构作出的发生法律效力的裁决书、调解书，被申请人提出证据证明劳动争议仲裁裁决书、调解书有下列情形之一，并经审查核实的，人民法院可以根据民事诉讼法*第二百三十七条规定，裁定不予执行：

（一）裁决的事项不属于劳动争议仲裁范围，或者劳动争议仲裁机构无权仲裁的；

（二）适用法律、法规确有错误的；

（三）违反法定程序的；

（四）裁决所根据的证据是伪造的；

（五）对方当事人隐瞒了足以影响公正裁决的证据的；

（六）仲裁员在仲裁该案时有索贿受贿、徇私舞弊、枉法裁决行为的；

（七）人民法院认定执行该劳动争议仲裁裁决违背社会公共利益的。

人民法院在不予执行的裁定书中，应当告知当事人在收到裁定书之次日起三十日内，可以就该劳动争议事项向人民法院提起诉讼。

第五十一条　当事人在调解仲裁法第十条规定的调解组织主持下达成的具有劳动权利义务内容的调解协议，具有劳动合同的约束力，可以作为人民法院裁判的根据。

---

* 指2017年《民事诉讼法》，现为第二百四十四条。

当事人在调解仲裁法第十条规定的调解组织主持下仅就劳动报酬争议达成调解协议,用人单位不履行调解协议确定的给付义务,劳动者直接提起诉讼的,人民法院可以按照普通民事纠纷受理。

《中华人民共和国劳动合同法》

第九十条 劳动者违反本法规定解除劳动合同,或者违反劳动合同中约定的保密义务或者竞业限制,给用人单位造成损失的,应当承担赔偿责任。

《人力资源和社会保障部、最高人民法院关于劳动人事争议仲裁与诉讼衔接有关问题的意见(一)》

一、劳动人事争议仲裁委员会对调解协议仲裁审查申请不予受理或者经仲裁审查决定不予制作调解书的,当事人可依法就协议内容中属于劳动人事争议仲裁受理范围的事项申请仲裁。当事人直接向人民法院提起诉讼的,人民法院不予受理,但下列情形除外:

(一)依据《中华人民共和国劳动争议调解仲裁法》第十六条规定申请支付令被人民法院裁定终结督促程序后,劳动者依据调解协议直接提起诉讼的;

(二)当事人在《中华人民共和国劳动争议调解仲裁法》第十条规定的调解组织主持下仅就劳动报酬争议达成调解协议,用人单位不履行调解协议约定的给付义务,劳动者直接提起诉讼的;

(三)当事人在经依法设立的调解组织主持下就支付拖欠劳动报酬、工伤医疗费、经济补偿或者赔偿金事项达成调解协议,双方当事人依据《中华人民共和国民事诉讼法》第二百零一条的规定共同向人民法院申请司法确认,人民法院不予确认,劳动者依据调解协议直接提起诉讼的。

二、经依法设立的调解组织调解达成的调解协议生效后,当事人可以共同向有管辖权的人民法院申请确认调解协议效力。

三、用人单位依据《中华人民共和国劳动合同法》第九十条规定,要求劳动者承担赔偿责任的,劳动人事争议仲裁委员会应当依法受理。

四、申请人撤回仲裁申请后向人民法院起诉的,人民法院应当裁定不予受理;已经受理的,应当裁定驳回起诉。

申请人再次申请仲裁的,劳动人事争议仲裁委员会应当受理。

十、仲裁裁决涉及下列事项,对单项裁决金额不超过当地月最低工资标准十二个月金额的,劳动人事争议仲裁委员会应当适用终局裁决:

（一）劳动者在法定标准工作时间内提供正常劳动的工资；

（二）停工留薪期工资或者病假工资；

（三）用人单位未提前通知劳动者解除劳动合同的一个月工资；

（四）工伤医疗费；

（五）竞业限制的经济补偿；

（六）解除或者终止劳动合同的经济补偿；

（七）《中华人民共和国劳动合同法》第八十二条规定的第二倍工资；

（八）违法约定试用期的赔偿金；

（九）违法解除或者终止劳动合同的赔偿金；

（十）其他劳动报酬、经济补偿或者赔偿金。

十一、裁决事项涉及确认劳动关系的，劳动人事争议仲裁委员会就同一案件应当作出非终局裁决。

2. 劳动争议案件的举证

2.1 劳动争议案件的举证责任

劳动争议案件，一般遵循“谁主张，谁举证”的证据规则。但在下列特殊情形下，把由提出事实主张当事人的举证责任，分配给用人单位。《劳动争议调解仲裁法》第六条规定，“……与争议事项有关的证据属于用人单位掌握管理的，用人单位应当提供；用人单位不提供的，应当承担不利后果”。第三十九条第二款规定，“劳动者无法提供由用人单位掌握管理的与仲裁请求有关的证据，仲裁庭可以要求用人单位在指定期限内提供。用人单位在指定期限内不提供的，应当承担不利后果”。《人力资源和社会保障部、最高人民法院关于劳动人事争议仲裁与诉讼衔接有关问题的意见（一）》第七条规定，“依法负有举证责任的当事人，在诉讼期间提交仲裁中未提交的证据的，人民法院应当要求其说明理由”。劳动争议主要有以下类型的举证责任：

2.1.1　劳动关系的举证。实践中，由于用人单位没有与劳动者签订劳动合同，往往造成劳动关系认定困难。劳动者主张存在关系，但用人单位否认劳动关系的，由劳动者对劳动关系的存在进行举证。用人单位否认存在劳动关系，但是劳动者初步证明确有可能存在劳动关系的，根据《劳动和社会保障部关于确立劳动关系有关事项的通知》的规定，用人单位对工资支付凭证或记录（职工工资发放花名册）、缴纳各项社会保险费的记录；劳动者填写的用人单位招工招聘“登记表”“报名表”等招用记录；考勤记录等有关凭证负举证责任。

2.1.2　开除、除名等用工行为的举证。《最高人民法院关于审理劳动争议案件适用法律问题的解释（一）》第四十四条规定，“因用人单位作出的开除、除名、辞退、解除劳动合同、减少劳动报酬、计算劳动者工作年限等决定而发生的劳动争议，用人单位负举证责任”。

2.1.3 加班的举证。劳动者主张加班工资的，原则上由劳动者举证证明存在有用人单位安排的加班事实，但劳动者有证据证明用人单位掌握的考勤、工资表能够证明加班事实的，由用人单位提交考勤、工资表。虽然劳动法对加班工资标准作了明确规定，但劳动者与用人单位对是否加班以及加班时间经常存在争议，通常存在标准工时制、综合工时制、不定时工时制、计件工资制以及非全日制五种工作制度，其加班的认定也各不相同。

2.1.4 工伤认定的举证。根据《工伤保险条例》第十九条第二款的规定，在工伤认定中，职工或者其近亲属认为是工伤，用人单位不认为是工伤的，由用人单位负举证责任。根据《工伤保险条例》的规定，职工在发生事故或依法被诊断鉴定为职业病的，所在单位应当自事故伤害发生之日或者被诊断、鉴定为职业病之日起30日内（特殊情况报经劳动保障行政部门同意可适当延长），向劳动保障行政部门提出工伤认定申请。而用人单位未提出工伤认定申请的，工伤职工或者其直系亲属、工会组织可在事故伤害发生之日或者被诊断为职业病之日起一年内申请。对于申请人提供材料不完整的，劳动保障行政部门一次书面告知补齐材料，在受理申请之日起60日内作出工伤认定的决定并书面通知劳动关系双方。如果当事人在工伤认定上产生争议，不服的一方可以在收到工伤认定决定起60日内提起行政复议，不服复议决定的于决定送达之日起15日内再提起行政诉讼。

2.2 举证期限

举证期限无论是在仲裁阶段还是在法院诉讼阶段都尤为关键，如果当事人未在举证期限内提交证据，则视为放弃举证权利。

2.2.1 仲裁举证期限。《劳动人事争议仲裁办案规则》第四十四条规定，“申请人在举证期限届满前可以提出增加或者变更仲裁请求；仲裁庭对申请人增加或者变更的仲裁请求审查后认为应当受理的，应当通知被申请人并给予答辩期，被申请人明确表示放弃答辩期的除外。申请人在举证期限届满后提出增加或者变更仲裁请求的，应当另行申请仲裁”。在司法实践中，举证期限由仲裁委员会根据案件的具体情况确定，并以举证通知书的形式告知当事人。一般为

10～15 天,部分劳动仲裁委也允许当事人开庭当天提交证据材料。总之,用人单位在收到仲裁相关通知类文件后要仔细阅读,避免因为错过举证期限而另行申请仲裁。

2.2.2　诉讼举证期限。法院诉讼阶段的举证要求较为明确,《最高人民法院关于适用〈中华人民共和国民事诉讼法〉的解释》第九十九条第一款规定,人民法院应当在审理前的准备阶段确定当事人的举证期限。举证期限可以由当事人协商,并经人民法院准许。

另外,人民法院在受理劳动争议案件后,将根据审理程序确定举证期限。适用一审普通程序的,举证期限不得少于 15 日,当事人提供新的证据的第二审案件不得少于 10 日;适用简易程序的,举证期限由人民法院确定,也可以由当事人协商一致并经人民法院准许,但不得超过 15 日。对于法院诉讼阶段的举证期限,当事人也应依照法院举证通知书的要求。

法条链接

《劳动和社会保障部关于确立劳动关系有关事项的通知》

二、用人单位未与劳动者签订劳动合同,认定双方存在劳动关系时可参照下列凭证:

(一)工资支付凭证或记录(职工工资发放花名册)、缴纳各项社会保险费的记录;

(二)用人单位向劳动者发放的"工作证"、"服务证"等能够证明身份的证件;

(三)劳动者填写的用人单位招工招聘"登记表"、"报名表"等招用记录;

(四)考勤记录;

(五)其他劳动者的证言等。

其中,(一)、(三)、(四)项的有关凭证由用人单位负举证责任。

《工资支付暂行规定》

第六条第三款　用人单位必须书面记录支付劳动者工资的数额、时间、领取者的姓名以及签字,并保存两年以上备查。

《最高人民法院关于适用〈中华人民共和国民事诉讼法〉的解释》(2022 修正)

第九十九条　人民法院应当在审理前的准备阶段确定当事人的举证期限。

举证期限可以由当事人协商，并经人民法院准许。

人民法院确定举证期限，第一审普通程序案件不得少于十五日，当事人提供新的证据的第二审案件不得少于十日。

举证期限届满后，当事人对已经提供的证据，申请提供反驳证据或者对证据来源、形式等方面的瑕疵进行补正的，人民法院可以酌情再次确定举证期限，该期限不受前款规定的限制。

第二百六十六条 适用简易程序案件的举证期限由人民法院确定，也可以由当事人协商一致并经人民法院准许，但不得超过十五日。被告要求书面答辩的，人民法院可在征得其同意的基础上，合理确定答辩期间。

人民法院应当将举证期限和开庭日期告知双方当事人，并向当事人说明逾期举证以及拒不到庭的法律后果，由双方当事人在笔录和开庭传票的送达回证上签名或者捺印。

当事人双方均表示不需要举证期限、答辩期间的，人民法院可以立即开庭审理或者确定开庭日期。

3. 劳动争议胜诉的常用技巧

我国在处理劳动争议案件方面，整体上倾向于保护劳动者的权益，而且大数据显示，在用人单位与劳动者发生劳动争议时，用人单位的败诉率远高于劳动者。所以本书内容的主要目的就是帮助企业防控法律风险，预防劳动争议案件。对于劳动者违反劳动合同约定或者实践过程中损害用人单位合法权益时，用人单位可以拿起法律武器，维护自己的权益。对于用人单位可能影响或者损害劳动者的权益，被劳动者诉至劳动仲裁委或者法院时，用人单位要做的就是积极应诉。笔者结合多年的实战仲裁诉讼经验，总结出以下常用技巧。

3.1 判断案情，采取不同策略应对

面对一起劳动争议案件，用人单位最先做到的就是，先结合案件事实真相，判断胜诉的可能性。对于稳操胜券的，积极应诉，将诉讼进行到底，这样既能提升单位的管理能力，又能对在职员工起到树立单位权威的作用。对于不能胜诉的或者胜诉可能性极小的案件，也应该积极应诉，只是用人单位注意在配合诉讼程序的过程中，把握仲裁、诉讼以及执行等各个阶段，争取达成和解，降低支出，降低败诉率。例如，某贸易公司的一名员工小元，在明知产品采购前必须履行审批手续的情况下，采取先斩后奏的方式三次擅自采购产品，声称为了客户利益，最终被公司以严重违反规章制度为由解除劳动合同，这种情况下，小元不服提起劳动仲裁，主张解除劳动合同的经济补偿金。该贸易公司请律师代理该案件的诉讼，在接到这个案子后，律师首先查看了该公司的规章制度，才发现该公司的规章制度根本不健全，最糟糕的是，该公司的规章制度根本没有按照程序公示给员工。为此，律师建议该公司与员工尽量和解，该公司负责人在听律师说明了原

因后，也同意和解，最后，在律师的极力促成下，双方以较少的和解款项结束案件。结案后，律师又为该公司拟定了规章制度，并采取法定程序进行了公示等流程。所谓亡羊补牢，未为迟也。

3.2 积极应诉，提交书面答辩书

答辩书，也叫答辩意见、答辩状等，就是用人单位接到劳动争议仲裁委送达的劳动者的仲裁申请书副本后，对仲裁申请书内容提出的书面回应意见。有的单位会问，不交答辩书可以吗？答案是可以的，不提交答辩书不影响案件审理，但作为律师，建议单位尽量提交书面答辩书，一方面对管辖等程序问题提出意见，另一方面经过书面整理对案件的把握会更充分一些，也便于仲裁员法官在庭前阅卷以及庭审时了解争议焦点，查明案件事实，依法裁决。从实务方面来说，用人单位提交书面答辩书前要先审查以下几项，然后表达实体内容。

3.2.1　审查是否过了诉讼时效。劳动争议案件的诉讼时效为一年。如果劳动者申请仲裁的时间超过一年，关于诉讼时效的计算时间，从当事人知道或者应当知道其权利被侵害之日起计算。劳动关系终止的，应当自劳动关系终止之日起一年内提出。所以，如果单位发现已经超过了诉讼时效，那么在应诉阶段必须明确地提出来，这样法院才能将其作为一个争议焦点进行审理，如果查明确实过了时效，就会驳回劳动者的仲裁请求，如果查明有诉讼时效中断或者中止的情况，也会计算诉讼时效是否过期。所以，当时效经过，从诉讼时效入手，算是“不战而屈人之兵”的一个技巧。

3.2.2　审查管辖地的劳动仲裁委或者法院是否有管辖权。之所以要提出管辖意见，一方面是按照法律程序应对案件，另一方面能够为用人单位争取和解时间，因为劳动案件过程漫长，每一个阶段都有可能达成和解，和解可以降低用人单位的败诉率，还能节省支出。所谓的管辖权，就是先看法律规定到底由哪个地方的劳动争议仲裁委或者法院进行审理。劳动争议案件的管辖方面，由用人单位所在地或合同履行地的基层人民法院管辖。劳动合同履行地不明确的，由用人单位所在地的基层人民法院管辖。对于用人单位来说，如果认为劳动仲裁委或者法院没有管辖权，应当提交书面的管辖异议申请书，或者在答辩意见中对管辖问题提出异议,这样劳动仲裁委或者法院才会对此进行审查。如果查明确实没有管辖权,会移送有管辖权的劳动仲裁委或者法院和劝劳动者撤回仲裁申请,到有管辖权的劳动仲裁委或者法院重新立案。

3.2.3　对仲裁申请书中的每一项请求一一发表意见,因为每个劳动争议案件都有劳动者的仲裁请求事项,是主张拖欠工资报酬,还是主张加班费,或是主张经济补偿金、赔偿金等,针对劳动者的请求事项,一一表达用人单位的意见,然后说明事实和理由。例如,对于劳动者主张违法解除的赔偿金,用人单位可以在答辩书中表达是合法解除劳动关系,再说明解除劳动关系的依据、事实和理由等。又如,本书之前讲到的社会保险费用的缴纳、公积金的缴纳等不属于劳动仲裁的审理范围,用人单位可以在答辩书中提出。

3.3　组织确实、充分的证据材料应诉,庭审时积极、主动进行质证

俗语说“打官司,就是打证据”,还有法律人说的“谁主张,谁举证”,说的就是要有证据。什么是证据呢?证据是指能够证明与案件有关的客观事实的凭证。所以,对于劳动者和用人单位来说,其都需要提供能够证明自己主张的证据。而在劳动争议的案件中,用人单位承担举证责任要多一些,例如,对用人单位作出的开除、除名、辞退、解除劳动合同、减少劳动报酬、计算劳动者工作年限等决定而发生的劳动争议,法律规定由用人单位负举证责任。这也是本书反复提到的要保留相关证据。

例如,招聘员工、入职、规章制度、调岗调薪、加班假期以及解除劳动关系等,都要求单位尽量保留相关凭证,这些文件材料都可以为单位所用,来应对劳动争议。在准备证据时,要甄别选择最有利于还原事实真相,最有利于说明用人单位观点的证据,提交审理部门。同时,对对方提供证据的真实性、关联性、合法性发表意见,进行质疑和说明。例如在下面这个案例中,王某自 2013 年起在某医药生物公司工作,担任东北区的总监职位,2014 年获得公司奖励的 10 万元现金。但王某一直以为公司的奖金应该是 18 万元,而公司只付了 10 万元,尚欠 8 万元,其多次主张未果,2015 年年初,王某以此为由辞职,提起劳动仲裁,要求公司

支付尚欠的8万元奖金。为此,公司向劳动仲裁委提交了王某的工作业绩情况、奖励通知书以及转账凭证等,证明王某的奖金就是公司已经支付的10万元,从没有18万元奖金之说。王某提交了王某与公司总经理高某的录音光盘和微信截屏,对这组证据,公司认为总经理高某早已离职,录音时间不确定,内容不清晰,而且录音内容和微信截屏均无法与已离职的总经理核对,故对其真实性和关联性不予认可。最终,劳动仲裁委认为王某举证不能,驳回了王某的请求。

用人单位代理人在整个劳动争议阶段,要做到语言清晰、语速正常地发表意见,最后审查庭审笔录无误后再签字。用人单位的代理人在措辞上应该尽量还原事实真相,语言清晰地表达单位的观点。另外,代理人在表达观点时,要尽量控制语速,因为语速过快或者观点反复等,很有可能导致庭审笔录记载不全。如果遗漏了重要内容,那么审判人员在当庭或者庭后下达裁决书或者判决书时可能会不利于用人单位。

以上是劳动纠纷案件处理过程中必须做到的,这样才可能得到一份满意的裁判结果。总体来说,劳动案件的诉讼过程较为烦琐,涉及的证据较多,建议交给专业的律师。

法条链接

《中华人民共和国劳动法》

第二十五条 劳动者有下列情形之一的,用人单位可以解除劳动合同:

(一)在试用期间被证明不符合录用条件的;

(二)严重违反劳动纪律或者用人单位规章制度的;

(三)严重失职,营私舞弊,对用人单位利益造成重大损害的;

(四)被依法追究刑事责任的。

第二十六条 有下列情形之一的,用人单位可以解除劳动合同,但是应当提前三十日以书面形式通知劳动者本人:

(一)劳动者患病或者非因工负伤,医疗期满后,不能从事原工作也不能从事由用人单位另行安排的工作的;

(二)劳动者不能胜任工作,经过培训或者调整工作岗位,仍不能胜任工作的;

(三)劳动合同订立时所依据的客观情况发生重大变化,致使原劳动合同无法履行,经当事人协商不能就变更劳动合同达成协议的。

第二十七条 用人单位濒临破产进行法定整顿期间或者生产经营状况发生严重困难,确需裁减人员的,应当提前三十日向工会或者全体职工说明情况,听取工会或者职工的意见,经向劳动行政部门报告后,可以裁减人员。

用人单位依据本条规定裁减人员,在六个月内录用人员的,应当优先录用被裁减的人员。

第二十八条 用人单位依据本法第二十四条、第二十六条、第二十七条的规定解除劳动合同的,应当依照国家有关规定给予经济补偿。

案例链接

用人单位因员工履职中被网络诈骗而向员工主张赔偿的纠纷属劳动争议

【裁判要旨】

员工在履职过程中违反规章制度要求,因自身重大过错被网络诈骗造成用人单位财产损失,用人单位主张赔偿的,此纠纷属劳动争议,应先行申请劳动仲裁。

【案情】

吕某、黄某、李某均与长运公交公司签订了劳动合同,系该公司员工。吕某于2019年10月被任命为财务部部长,黄某于2019年10月被任命为党群办副主任,李某为财务部出纳。该公司制定了《资金审批权限管理制度》,明确规定了紧急审批需先打电话请示以及造成经济损失需赔偿等。2019年10月15日,黄某将其办公邮箱收到的以原总部审计部王某名义发来的内容为“收到信息请告知财务加入公司办公群,我有工作要传达,公司办公QQ群629××××××”的诈骗邮件转发至公司工作群,通知财务人员入群。同年10月18日上午9时许,吕某通过审核入群,发现群内仅有QQ名字为“李某”(原公司董事长)、“周某”(现公司董事长)、“王某”三人(均为诈骗人)。吕某让会计向黄某询问财务人员是否都要入群,黄某回复按通知执行。后“李某”在群内@周某,“周某”回复:“我现在这边有个重要会议,不方便接听电话。”10时38分,“周某”@吕某:

“现在有笔款需要马上支付，稍后我把对方账户信息发给你，尽快安排办理。”随后，“周某”发送了收款方的账户名称、开户行、账号等信息，并再次@吕某，“金额:878,100元，相关流程后补，尽快办理……”随即，“周某”发出了一张网银回单，显示其所称的对方客户“马总”向公司转了一笔90万余元的款。吕某未查询到该笔入账，回复款项未到账。“周某”@吕某:“跨行应该延迟了，现在先把这笔支出。”吕某回复，“好”。随后，吕某到领导办公室敲门意图请示，但相关公司领导均不在办公室。吕某结合群内“周某”发的会议信息，误认为领导在开会。于是，吕某指示李某由其审核将878,100元从公司账户转出。后吕某发现上当，并立即报警，公安机关立案后尚未侦破。2020年1月20日，公司诉请吕某、黄某、李某连带赔偿878,100元及利息损失。

【裁判】

江西省吉安市吉州区人民法院审理后认为，本案属财产损害赔偿纠纷，判决吕某承担20%的损失计175,620元，李某承担2%的损失计17,562元。宣判后，吕某不服，提起上诉。江西省吉安市中级人民法院审理后认为，本案事发时，吕某、李某等人与长运公交公司处于劳动关系存续期间，与长运公交公司之间存在管理与被管理的关系，案涉转账行为系吕某、李某在工作期间因履行职务不当而发生，转出的财产系用人单位长运公交公司的财产。故本案争议实质是吕某、李某等人在履行劳动合同过程是否存在过错、过错程度以及应否承担赔偿责任，是典型的劳动争议纠纷，应当适用劳动法调整。长运公交公司未就本案争议先行向劳动争议仲裁委员会申请仲裁，一审法院直接受理本案并作出判决不当，应予纠正。遂裁定撤销原判，驳回长运公交公司的起诉。

【评析】

本案争议焦点在于本案纠纷是否属于劳动争议。

1.本案纠纷属于履行劳动合同过程中发生的劳动争议。根据《劳动争议调解仲裁法》第二条的规定，我国境内的用人单位与劳动者因订立、履行、变更、解除和终止劳动合同发生的争议适用该法。《工资支付暂行规定》第十六条规定，因劳动者本人原因给用人单位造成经济损失的，用人单位可按照劳动合同的约定要求其赔偿经济损失。因此，员工履职被骗，用人单位要求经济赔偿的，属于用人单位与劳动者因履行劳动合同发生的争议。本案中，黄某系履行党群办副主任职责转发通知，吕某系因其是财务部部长而入群，并受冒牌领导指示要求出纳转款,李某系因其出纳岗位而接受指令转账。长运公交公司与此三人之间存在管理与被管理的关系,转发通知、复核通过、转账等行为均属于履职行为。因此,本案财产损害是以劳动关系存在为前提的,是因履行劳动义务(含不当履行)而发生的,属于劳动争议纠纷。

2. 本案纠纷应适用劳动争议仲裁前置。《民法典》侵权责任编调整的对象是一般平等民事主体之间因侵害民事权益产生的纠纷,而劳动者与用人单位之间是管理与被管理的非平等劳动关系,员工履职被诈骗,是基于劳动关系而产生的。故本案纠纷并非平等民事主体之间的纠纷,若法院直接按民事案件受理,将劳动者作为与用人单位平等的民事主体对待,适用平等主体之间的过错责任科以赔偿责任,劳动者承担的就是较重的单方赔偿责任,这对劳动者明显不公,可能导致用人单位将管理运营风险转嫁给劳动者,进而损害劳动者的合法权益。因此,此类纠纷适用劳动争议仲裁前置,以切实保护劳动者的合法权益。

3. 本案纠纷按劳动争议处理具有双重效果。近年来,犯罪分子利用网络通信工具冒充单位领导,对员工实施诈骗导致公司财产损失的案件增多。此类纠纷按劳动争议处理不仅会促进劳动者在日常工作过程中注意认真遵守公司规章制度,审慎履职,保持警惕,还会促使用人单位注重加强员工培训管理和完善规章制度,共同防范网络诈骗,保护自身合法权益。

关联企业混同用工的,劳动者可向任一主体主张权利

【裁判要旨】

在关联企业混同用工中,劳动者同时与多家企业成立劳动关系。劳动者可选择任一用工主体承担支付工资的民事责任。

【案情】

张某自2020年8月在某文化公司负责对外销售篮球课程,并在该公司打卡考勤,但其工资和社会保险由某服装公司发放和缴纳。某文化公司、某服装公司均从事某品牌相关工作,共用办公场所,财务和人事工作人员亦相同,且均使用某文化公司打卡系统进行考勤管理,共同遵守联盟规章制度,共用微信工作群。

2021年2月张某与某文化公司发生劳动纠纷,遂要求某文化公司支付未签

订书面劳动合同二倍工资差额等。

【裁判】

法院生效判决认为，某文化公司与某服装公司之间具有高度关联性，办公地点、组织人事、用工管理上存在混同。

两公司均未与张某签订书面劳动合同，对张某劳动用工管理均存在密不可分的关系，可以认定某文化公司与某服装公司对张某存在混同用工的事实，张某有权选择并要求某文化公司承担劳动用工主体的法律责任。

故判决某文化公司向张某支付2021年2月工资差额1061元及2020年9月7日至2021年2月16日未签订书面劳动合同二倍工资差额38,432.79元。

【评析】

关联企业的识别与判定。关联企业并非法律术语，在《企业所得税法》第四十一条中出现了“企业与其关联方”的字眼，另《企业所得税法实施条例》第一百零九条指出，该法所称关联方，是指与企业有下列关联关系之一的企业、其他组织或者个人：(1)在资金、经营、购销等方面存在直接或者间接的控制关系；(2)直接或者间接的同为第三者控制；(3)在利益上具有相关联的其他关系。司法实践中，有法院在对关联企业的认定中采取了该定义，如(2020)苏0682民初4239号，法院即采取《企业所得税法实施条例》第一百零九条中关于关联企业的定义对案件进行了分析。但关联企业的具体定义仍具有一定的模糊性。在(2018)苏04民终90号判决书中，法院即指出关联企业的特征即资本的关联性和人的关联性。

笔者认为，关联企业只是一定规模的企业联合，是单体企业组成的企业群体。尽管关联关系可能会使企业在经济生活中丧失一定的自主性，但它们在法律地位上却依然各自保持独立。这与公司人格混同导致的连带责任承担存在本质区别。但需要注意的是，关联企业既然作为企业法人，也不免产生公司法人人格混同的现象。本案中，某文化公司与某服装公司均从事某品牌相关工作，共用办公场所，财务和人事工作人员亦相同，且均使用某文化公司打卡系统进行考勤管理，共同遵守联盟规章制度，共用微信工作群。其不仅属于关联企业，也存在关联企业人格混同之情形。

关联企业混同用工的表现。法律并未对关联企业的混同用工形式作出具体列举。但司法实践中常见的关联企业混同用工的情形为：签署劳动合同的用人单位与实际用人单位不完全一致；交叉轮换使用劳动者；交叉发放工资等。本案中的混同用工主要体现在工作地点的交叉和工资发放主体一致上。

关联企业用人单位的具体认定问题。司法实践中处理关联企业劳动争议案件,往往出现需要判断具体用人单位的情形。(2018)苏04民终90号判决书中,法院认为,即使劳动者与关联企业A公司签订劳动合同,但实际上劳动者以B公司名义履行职务,且其工资由B公司进行支付,据此认定B公司与A公司之间存在劳动法意义上的关联关系。笔者认为,在关联企业混合用工的情况下,劳动者签署劳动合同的用人单位与实际接受提供劳动的用人单位不完全一致的,可依据以下思路进行判断:第一,根据劳动合同签订、社会保险缴纳判断是否足以认定双方存在实际劳动关系的情况;第二,可根据劳动者的主张,结合工作地点、工作内容、工资支付主体及劳动管理主体等具体因素来认定具体用人单位。

本案中,张某既未与某文化公司也未与某服装公司签订书面劳动合同,法院依据工资和社会保险由某服装公司发放和缴纳的事实认定存在劳动关系,并在某文化公司与某服装公司存在混同用工的情形下,支持了张某的主张。根据该案判决,若劳动者遇见关联企业混同用工的情形,可自由选择责任主体,人民法院依法认定关联企业混同用工行为,根据劳动者的主张确定责任主体,以有效维护劳动者的合法权益。

附　录

相关法律法规

1. 中华人民共和国劳动合同法

（2007年6月29日第十届全国人民代表大会常务委员会第二十八次会议通过　根据2012年12月28日第十一届全国人民代表大会常务委员会第三十次会议《关于修改〈中华人民共和国劳动合同法〉的决定》修正　中华人民共和国主席令第73号）

第一章　总　　则

第一条　为了完善劳动合同制度，明确劳动合同双方当事人的权利和义务，保护劳动者的合法权益，构建和发展和谐稳定的劳动关系，制定本法。

第二条　中华人民共和国境内的企业、个体经济组织、民办非企业单位等组织（以下称用人单位）与劳动者建立劳动关系，订立、履行、变更、解除或者终止劳动合同，适用本法。

国家机关、事业单位、社会团体和与其建立劳动关系的劳动者，订立、履行、变更、解除或者终止劳动合同，依照本法执行。

第三条　订立劳动合同，应当遵循合法、公平、平等自愿、协商一致、诚实信用的原则。

依法订立的劳动合同具有约束力，用人单位与劳动者应当履行劳动合同约定的义务。

第四条　用人单位应当依法建立和完善劳动规章制度，保障劳动者享有劳动权利、履行劳动义务。

用人单位在制定、修改或者决定有关劳动报酬、工作时间、休息休假、劳动安全卫生、保险福利、职工培训、劳动纪律以及劳动定额管理等直接涉及劳动者切身利益的规章制度或者重大事项时，应当经职工代表大会或者全体职工讨论，提出方案和意见，与工会或者职工代表平等协商确定。

在规章制度和重大事项决定实施过程中，工会或者职工认为不适当的，有权向用人单位提出，通过协商予以修改完善。

用人单位应当将直接涉及劳动者切身利益的规章制度和重大事项决定公示，或者告知劳动者。

第五条 县级以上人民政府劳动行政部门会同工会和企业方面代表，建立健全协调劳动关系三方机制，共同研究解决有关劳动关系的重大问题。

第六条 工会应当帮助、指导劳动者与用人单位依法订立和履行劳动合同，并与用人单位建立集体协商机制，维护劳动者的合法权益。

第二章 劳动合同的订立

第七条 用人单位自用工之日起即与劳动者建立劳动关系。用人单位应当建立职工名册备查。

第八条 用人单位招用劳动者时，应当如实告知劳动者工作内容、工作条件、工作地点、职业危害、安全生产状况、劳动报酬，以及劳动者要求了解的其他情况；用人单位有权了解劳动者与劳动合同直接相关的基本情况，劳动者应当如实说明。

第九条 用人单位招用劳动者，不得扣押劳动者的居民身份证和其他证件，不得要求劳动者提供担保或者以其他名义向劳动者收取财物。

第十条 建立劳动关系，应当订立书面劳动合同。

已建立劳动关系，未同时订立书面劳动合同的，应当自用工之日起一个月内订立书面劳动合同。

用人单位与劳动者在用工前订立劳动合同的，劳动关系自用工之日起建立。

第十一条 用人单位未在用工的同时订立书面劳动合同，与劳动者约定的劳动报酬不明确的，新招用的劳动者的劳动报酬按照集体合同规定的标准执行；没有集体合同或者集体合同未规定的，实行同工同酬。

第十二条 劳动合同分为固定期限劳动合同、无固定期限劳动合同和以完成一定工作任务为期限的劳动合同。

第十三条 固定期限劳动合同,是指用人单位与劳动者约定合同终止时间的劳动合同。

用人单位与劳动者协商一致,可以订立固定期限劳动合同。

第十四条 无固定期限劳动合同,是指用人单位与劳动者约定无确定终止时间的劳动合同。

用人单位与劳动者协商一致,可以订立无固定期限劳动合同。有下列情形之一,劳动者提出或者同意续订、订立劳动合同的,除劳动者提出订立固定期限劳动合同外,应当订立无固定期限劳动合同:

(一)劳动者在该用人单位连续工作满十年的;

(二)用人单位初次实行劳动合同制度或者国有企业改制重新订立劳动合同时,劳动者在该用人单位连续工作满十年且距法定退休年龄不足十年的;

(三)连续订立二次固定期限劳动合同,且劳动者没有本法第三十九条和第四十条第一项、第二项规定的情形,续订劳动合同的。

用人单位自用工之日起满一年不与劳动者订立书面劳动合同的,视为用人单位与劳动者已订立无固定期限劳动合同。

第十五条 以完成一定工作任务为期限的劳动合同,是指用人单位与劳动者约定以某项工作的完成为合同期限的劳动合同。

用人单位与劳动者协商一致,可以订立以完成一定工作任务为期限的劳动合同。

第十六条 劳动合同由用人单位与劳动者协商一致,并经用人单位与劳动者在劳动合同文本上签字或者盖章生效。

劳动合同文本由用人单位和劳动者各执一份。

第十七条 劳动合同应当具备以下条款:

(一)用人单位的名称、住所和法定代表人或者主要负责人;

(二)劳动者的姓名、住址和居民身份证或者其他有效身份证件号码;

(三)劳动合同期限;

(四)工作内容和工作地点;

(五)工作时间和休息休假;

(六)劳动报酬;

(七)社会保险;

（八）劳动保护、劳动条件和职业危害防护；

（九）法律、法规规定应当纳入劳动合同的其他事项。

劳动合同除前款规定的必备条款外，用人单位与劳动者可以约定试用期、培训、保守秘密、补充保险和福利待遇等其他事项。

第十八条 劳动合同对劳动报酬和劳动条件等标准约定不明确，引发争议的，用人单位与劳动者可以重新协商；协商不成的，适用集体合同规定；没有集体合同或者集体合同未规定劳动报酬的，实行同工同酬；没有集体合同或者集体合同未规定劳动条件等标准的，适用国家有关规定。

第十九条 劳动合同期限三个月以上不满一年的，试用期不得超过一个月；劳动合同期限一年以上不满三年的，试用期不得超过二个月；三年以上固定期限和无固定期限的劳动合同，试用期不得超过六个月。

同一用人单位与同一劳动者只能约定一次试用期。

以完成一定工作任务为期限的劳动合同或者劳动合同期限不满三个月的，不得约定试用期。

试用期包含在劳动合同期限内。劳动合同仅约定试用期的，试用期不成立，该期限为劳动合同期限。

第二十条 劳动者在试用期的工资不得低于本单位相同岗位最低档工资或者劳动合同约定工资的百分之八十，并不得低于用人单位所在地的最低工资标准。

第二十一条 在试用期中，除劳动者有本法第三十九条和第四十条第一项、第二项规定的情形外，用人单位不得解除劳动合同。用人单位在试用期解除劳动合同的，应当向劳动者说明理由。

第二十二条 用人单位为劳动者提供专项培训费用，对其进行专业技术培训的，可以与该劳动者订立协议，约定服务期。

劳动者违反服务期约定的，应当按照约定向用人单位支付违约金。违约金的数额不得超过用人单位提供的培训费用。用人单位要求劳动者支付的违约金不得超过服务期尚未履行部分所应分摊的培训费用。

用人单位与劳动者约定服务期的，不影响按照正常的工资调整机制提高劳动者在服务期期间的劳动报酬。

第二十三条 用人单位与劳动者可以在劳动合同中约定保守用人单位的商

业秘密和与知识产权相关的保密事项。

对负有保密义务的劳动者,用人单位可以在劳动合同或者保密协议中与劳动者约定竞业限制条款,并约定在解除或者终止劳动合同后,在竞业限制期限内按月给予劳动者经济补偿。劳动者违反竞业限制约定的,应当按照约定向用人单位支付违约金。

第二十四条 竞业限制的人员限于用人单位的高级管理人员、高级技术人员和其他负有保密义务的人员。竞业限制的范围、地域、期限由用人单位与劳动者约定,竞业限制的约定不得违反法律、法规的规定。

在解除或者终止劳动合同后,前款规定的人员到与本单位生产或者经营同类产品、从事同类业务的有竞争关系的其他用人单位,或者自己开业生产或者经营同类产品、从事同类业务的竞业限制期限,不得超过二年。

第二十五条 除本法第二十二条和第二十三条规定的情形外,用人单位不得与劳动者约定由劳动者承担违约金。

第二十六条 下列劳动合同无效或者部分无效:

(一)以欺诈、胁迫的手段或者乘人之危,使对方在违背真实意思的情况下订立或者变更劳动合同的;

(二)用人单位免除自己的法定责任、排除劳动者权利的;

(三)违反法律、行政法规强制性规定的。

对劳动合同的无效或者部分无效有争议的,由劳动争议仲裁机构或者人民法院确认。

第二十七条 劳动合同部分无效,不影响其他部分效力的,其他部分仍然有效。

第二十八条 劳动合同被确认无效,劳动者已付出劳动的,用人单位应当向劳动者支付劳动报酬。劳动报酬的数额,参照本单位相同或者相近岗位劳动者的劳动报酬确定。

第三章 劳动合同的履行和变更

第二十九条 用人单位与劳动者应当按照劳动合同的约定,全面履行各自的义务。

第三十条 用人单位应当按照劳动合同约定和国家规定,向劳动者及时足额支付劳动报酬。

用人单位拖欠或者未足额支付劳动报酬的,劳动者可以依法向当地人民法院申请支付令,人民法院应当依法发出支付令。

第三十一条 用人单位应当严格执行劳动定额标准,不得强迫或者变相强迫劳动者加班。用人单位安排加班的,应当按照国家有关规定向劳动者支付加班费。

第三十二条 劳动者拒绝用人单位管理人员违章指挥、强令冒险作业的,不视为违反劳动合同。

劳动者对危害生命安全和身体健康的劳动条件,有权对用人单位提出批评、检举和控告。

第三十三条 用人单位变更名称、法定代表人、主要负责人或者投资人等事项,不影响劳动合同的履行。

第三十四条 用人单位发生合并或者分立等情况,原劳动合同继续有效,劳动合同由承继其权利和义务的用人单位继续履行。

第三十五条 用人单位与劳动者协商一致,可以变更劳动合同约定的内容。变更劳动合同,应当采用书面形式。

变更后的劳动合同文本由用人单位和劳动者各执一份。

第四章 劳动合同的解除和终止

第三十六条 用人单位与劳动者协商一致,可以解除劳动合同。

第三十七条 劳动者提前三十日以书面形式通知用人单位,可以解除劳动合同。劳动者在试用期内提前三日通知用人单位,可以解除劳动合同。

第三十八条 用人单位有下列情形之一的,劳动者可以解除劳动合同:

(一)未按照劳动合同约定提供劳动保护或者劳动条件的;

(二)未及时足额支付劳动报酬的;

(三)未依法为劳动者缴纳社会保险费的;

(四)用人单位的规章制度违反法律、法规的规定,损害劳动者权益的;

(五)因本法第二十六条第一款规定的情形致使劳动合同无效的;

(六)法律、行政法规规定劳动者可以解除劳动合同的其他情形。

用人单位以暴力、威胁或者非法限制人身自由的手段强迫劳动者劳动的,或者用人单位违章指挥、强令冒险作业危及劳动者人身安全的,劳动者可以立即解除劳动合同,不需事先告知用人单位。

第三十九条 劳动者有下列情形之一的,用人单位可以解除劳动合同:

(一)在试用期间被证明不符合录用条件的;

(二)严重违反用人单位的规章制度的;

(三)严重失职,营私舞弊,给用人单位造成重大损害的;

(四)劳动者同时与其他用人单位建立劳动关系,对完成本单位的工作任务造成严重影响,或者经用人单位提出,拒不改正的;

(五)因本法第二十六条第一款第一项规定的情形致使劳动合同无效的;

(六)被依法追究刑事责任的。

第四十条 有下列情形之一的,用人单位提前三十日以书面形式通知劳动者本人或者额外支付劳动者一个月工资后,可以解除劳动合同:

(一)劳动者患病或者非因工负伤,在规定的医疗期满后不能从事原工作,也不能从事由用人单位另行安排的工作的;

(二)劳动者不能胜任工作,经过培训或者调整工作岗位,仍不能胜任工作的;

(三)劳动合同订立时所依据的客观情况发生重大变化,致使劳动合同无法履行,经用人单位与劳动者协商,未能就变更劳动合同内容达成协议的。

第四十一条 有下列情形之一,需要裁减人员二十人以上或者裁减不足二十人但占企业职工总数百分之十以上的,用人单位提前三十日向工会或者全体职工说明情况,听取工会或者职工的意见后,裁减人员方案经向劳动行政部门报告,可以裁减人员:

(一)依照企业破产法规定进行重整的;

(二)生产经营发生严重困难的;

(三)企业转产、重大技术革新或者经营方式调整,经变更劳动合同后,仍需裁减人员的;

（四）其他因劳动合同订立时所依据的客观经济情况发生重大变化，致使劳动合同无法履行的。

裁减人员时，应当优先留用下列人员：

（一）与本单位订立较长期限的固定期限劳动合同的；

（二）与本单位订立无固定期限劳动合同的；

（三）家庭无其他就业人员，有需要扶养的老人或者未成年人的。

用人单位依照本条第一款规定裁减人员，在六个月内重新招用人员的，应当通知被裁减的人员，并在同等条件下优先招用被裁减的人员。

第四十二条 劳动者有下列情形之一的，用人单位不得依照本法第四十条、第四十一条的规定解除劳动合同：

（一）从事接触职业病危害作业的劳动者未进行离岗前职业健康检查，或者疑似职业病病人在诊断或者医学观察期间的；

（二）在本单位患职业病或者因工负伤并被确认丧失或者部分丧失劳动能力的；

（三）患病或者非因工负伤，在规定的医疗期内的；

（四）女职工在孕期、产期、哺乳期的；

（五）在本单位连续工作满十五年，且距法定退休年龄不足五年的；

（六）法律、行政法规规定的其他情形。

第四十三条 用人单位单方解除劳动合同，应当事先将理由通知工会。用人单位违反法律、行政法规规定或者劳动合同约定的，工会有权要求用人单位纠正。用人单位应当研究工会的意见，并将处理结果书面通知工会。

第四十四条 有下列情形之一的，劳动合同终止：

（一）劳动合同期满的；

（二）劳动者开始依法享受基本养老保险待遇的；

（三）劳动者死亡，或者被人民法院宣告死亡或者宣告失踪的；

（四）用人单位被依法宣告破产的；

（五）用人单位被吊销营业执照、责令关闭、撤销或者用人单位决定提前解散的；

（六）法律、行政法规规定的其他情形。

第四十五条 劳动合同期满，有本法第四十二条规定情形之一的，劳动合同应当续延至相应的情形消失时终止。但是,本法第四十二条第二项规定丧失或者部分丧失劳动能力劳动者的劳动合同的终止,按照国家有关工伤保险的规定执行。

第四十六条 有下列情形之一的,用人单位应当向劳动者支付经济补偿:

(一)劳动者依照本法第三十八条规定解除劳动合同的;

(二)用人单位依照本法第三十六条规定向劳动者提出解除劳动合同并与劳动者协商一致解除劳动合同的;

(三)用人单位依照本法第四十条规定解除劳动合同的;

(四)用人单位依照本法第四十一条第一款规定解除劳动合同的;

(五)除用人单位维持或者提高劳动合同约定条件续订劳动合同,劳动者不同意续订的情形外,依照本法第四十四条第一项规定终止固定期限劳动合同的;

(六)依照本法第四十四条第四项、第五项规定终止劳动合同的;

(七)法律、行政法规规定的其他情形。

第四十七条 经济补偿按劳动者在本单位工作的年限,每满一年支付一个月工资的标准向劳动者支付。六个月以上不满一年的,按一年计算;不满六个月的,向劳动者支付半个月工资的经济补偿。

劳动者月工资高于用人单位所在直辖市、设区的市级人民政府公布的本地区上年度职工月平均工资三倍的,向其支付经济补偿的标准按职工月平均工资三倍的数额支付,向其支付经济补偿的年限最高不超过十二年。

本条所称月工资是指劳动者在劳动合同解除或者终止前十二个月的平均工资。

第四十八条 用人单位违反本法规定解除或者终止劳动合同,劳动者要求继续履行劳动合同的,用人单位应当继续履行;劳动者不要求继续履行劳动合同或者劳动合同已经不能继续履行的,用人单位应当依照本法第八十七条规定支付赔偿金。

第四十九条 国家采取措施,建立健全劳动者社会保险关系跨地区转移接续制度。

第五十条 用人单位应当在解除或者终止劳动合同时出具解除或者终止劳动合同的证明,并在十五日内为劳动者办理档案和社会保险关系转移手续。

劳动者应当按照双方约定,办理工作交接。用人单位依照本法有关规定应当向劳动者支付经济补偿的，在办结工作交接时支付。

用人单位对已经解除或者终止的劳动合同的文本，至少保存二年备查。

第五章　特别规定

第一节　集体合同

第五十一条　企业职工一方与用人单位通过平等协商，可以就劳动报酬、工作时间、休息休假、劳动安全卫生、保险福利等事项订立集体合同。集体合同草案应当提交职工代表大会或者全体职工讨论通过。

集体合同由工会代表企业职工一方与用人单位订立；尚未建立工会的用人单位，由上级工会指导劳动者推举的代表与用人单位订立。

第五十二条　企业职工一方与用人单位可以订立劳动安全卫生、女职工权益保护、工资调整机制等专项集体合同。

第五十三条　在县级以下区域内，建筑业、采矿业、餐饮服务业等行业可以由工会与企业方面代表订立行业性集体合同，或者订立区域性集体合同。

第五十四条　集体合同订立后，应当报送劳动行政部门；劳动行政部门自收到集体合同文本之日起十五日内未提出异议的，集体合同即行生效。

依法订立的集体合同对用人单位和劳动者具有约束力。行业性、区域性集体合同对当地本行业、本区域的用人单位和劳动者具有约束力。

第五十五条　集体合同中劳动报酬和劳动条件等标准不得低于当地人民政府规定的最低标准；用人单位与劳动者订立的劳动合同中劳动报酬和劳动条件等标准不得低于集体合同规定的标准。

第五十六条　用人单位违反集体合同，侵犯职工劳动权益的，工会可以依法要求用人单位承担责任；因履行集体合同发生争议，经协商解决不成的，工会可以依法申请仲裁、提起诉讼。

第二节　劳务派遣

第五十七条　经营劳务派遣业务应当具备下列条件：

（一）注册资本不得少于人民币二百万元；

(二)有与开展业务相适应的固定的经营场所和设施;

(三)有符合法律、行政法规规定的劳务派遣管理制度;

(四)法律、行政法规规定的其他条件。

经营劳务派遣业务,应当向劳动行政部门依法申请行政许可;经许可的,依法办理相应的公司登记。未经许可,任何单位和个人不得经营劳务派遣业务。

第五十八条 劳务派遣单位是本法所称用人单位,应当履行用人单位对劳动者的义务。劳务派遣单位与被派遣劳动者订立的劳动合同,除应当载明本法第十七条规定的事项外,还应当载明被派遣劳动者的用工单位以及派遣期限、工作岗位等情况。

劳务派遣单位应当与被派遣劳动者订立二年以上的固定期限劳动合同,按月支付劳动报酬;被派遣劳动者在无工作期间,劳务派遣单位应当按照所在地人民政府规定的最低工资标准,向其按月支付报酬。

第五十九条 劳务派遣单位派遣劳动者应当与接受以劳务派遣形式用工的单位(以下称用工单位)订立劳务派遣协议。劳务派遣协议应当约定派遣岗位和人员数量、派遣期限、劳动报酬和社会保险费的数额与支付方式以及违反协议的责任。

用工单位应当根据工作岗位的实际需要与劳务派遣单位确定派遣期限,不得将连续用工期限分割订立数个短期劳务派遣协议。

第六十条 劳务派遣单位应当将劳务派遣协议的内容告知被派遣劳动者。

劳务派遣单位不得克扣用工单位按照劳务派遣协议支付给被派遣劳动者的劳动报酬。

劳务派遣单位和用工单位不得向被派遣劳动者收取费用。

第六十一条 劳务派遣单位跨地区派遣劳动者的,被派遣劳动者享有的劳动报酬和劳动条件,按照用工单位所在地的标准执行。

第六十二条 用工单位应当履行下列义务:

(一)执行国家劳动标准,提供相应的劳动条件和劳动保护;

(二)告知被派遣劳动者的工作要求和劳动报酬;

(三)支付加班费、绩效奖金,提供与工作岗位相关的福利待遇;

(四)对在岗被派遣劳动者进行工作岗位所必需的培训;

(五)连续用工的,实行正常的工资调整机制。

用工单位不得将被派遣劳动者再派遣到其他用人单位。

第六十三条 被派遣劳动者享有与用工单位的劳动者同工同酬的权利。用工单位应当按照同工同酬原则,对被派遣劳动者与本单位同类岗位的劳动者实行相同的劳动报酬分配办法。用工单位无同类岗位劳动者的,参照用工单位所在地相同或者相近岗位劳动者的劳动报酬确定。

劳务派遣单位与被派遣劳动者订立的劳动合同和与用工单位订立的劳务派遣协议,载明或者约定的向被派遣劳动者支付的劳动报酬应当符合前款规定。

第六十四条 被派遣劳动者有权在劳务派遣单位或者用工单位依法参加或者组织工会,维护自身的合法权益。

第六十五条 被派遣劳动者可以依照本法第三十六条、第三十八条的规定与劳务派遣单位解除劳动合同。

被派遣劳动者有本法第三十九条和第四十条第一项、第二项规定情形的,用工单位可以将劳动者退回劳务派遣单位,劳务派遣单位依照本法有关规定,可以与劳动者解除劳动合同。

第六十六条 劳动合同用工是我国的企业基本用工形式。劳务派遣用工是补充形式,只能在临时性、辅助性或者替代性的工作岗位上实施。

前款规定的临时性工作岗位是指存续时间不超过六个月的岗位;辅助性工作岗位是指为主营业务岗位提供服务的非主营业务岗位;替代性工作岗位是指用工单位的劳动者因脱产学习、休假等原因无法工作的一定期间内,可以由其他劳动者替代工作的岗位。

用工单位应当严格控制劳务派遣用工数量,不得超过其用工总量的一定比例,具体比例由国务院劳动行政部门规定。

第六十七条 用人单位不得设立劳务派遣单位向本单位或者所属单位派遣劳动者。

第三节 非全日制用工

第六十八条 非全日制用工,是指以小时计酬为主,劳动者在同一用人单位一般平均每日工作时间不超过四小时,每周工作时间累计不超过二十四小时的用工形式。

第六十九条 非全日制用工双方当事人可以订立口头协议。

从事非全日制用工的劳动者可以与一个或者一个以上用人单位订立劳动合同;但是,后订立的劳动合同不得影响先订立的劳动合同的履行。

第七十条 非全日制用工双方当事人不得约定试用期。

第七十一条 非全日制用工双方当事人任何一方都可以随时通知对方终止用工。终止用工,用人单位不向劳动者支付经济补偿。

第七十二条 非全日制用工小时计酬标准不得低于用人单位所在地人民政府规定的最低小时工资标准。

非全日制用工劳动报酬结算支付周期最长不得超过十五日。

第六章 监督检查

第七十三条 国务院劳动行政部门负责全国劳动合同制度实施的监督管理。

县级以上地方人民政府劳动行政部门负责本行政区域内劳动合同制度实施的监督管理。

县级以上各级人民政府劳动行政部门在劳动合同制度实施的监督管理工作中,应当听取工会、企业方面代表以及有关行业主管部门的意见。

第七十四条 县级以上地方人民政府劳动行政部门依法对下列实施劳动合同制度的情况进行监督检查:

(一)用人单位制定直接涉及劳动者切身利益的规章制度及其执行的情况;

(二)用人单位与劳动者订立和解除劳动合同的情况;

(三)劳务派遣单位和用工单位遵守劳务派遣有关规定的情况;

(四)用人单位遵守国家关于劳动者工作时间和休息休假规定的情况;

(五)用人单位支付劳动合同约定的劳动报酬和执行最低工资标准的情况;

(六)用人单位参加各项社会保险和缴纳社会保险费的情况;

(七)法律、法规规定的其他劳动监察事项。

第七十五条 县级以上地方人民政府劳动行政部门实施监督检查时,有权查阅与劳动合同、集体合同有关的材料,有权对劳动场所进行实地检查,用人单位和劳动者都应当如实提供有关情况和材料。

劳动行政部门的工作人员进行监督检查，应当出示证件，依法行使职权，文明执法。

第七十六条 县级以上人民政府建设、卫生、安全生产监督管理等有关主管部门在各自职责范围内，对用人单位执行劳动合同制度的情况进行监督管理。

第七十七条 劳动者合法权益受到侵害的，有权要求有关部门依法处理，或者依法申请仲裁、提起诉讼。

第七十八条 工会依法维护劳动者的合法权益，对用人单位履行劳动合同、集体合同的情况进行监督。用人单位违反劳动法律、法规和劳动合同、集体合同的，工会有权提出意见或者要求纠正；劳动者申请仲裁、提起诉讼的，工会依法给予支持和帮助。

第七十九条 任何组织或者个人对违反本法的行为都有权举报，县级以上人民政府劳动行政部门应当及时核实、处理，并对举报有功人员给予奖励。

第七章 法律责任

第八十条 用人单位直接涉及劳动者切身利益的规章制度违反法律、法规规定的，由劳动行政部门责令改正，给予警告；给劳动者造成损害的，应当承担赔偿责任。

第八十一条 用人单位提供的劳动合同文本未载明本法规定的劳动合同必备条款或者用人单位未将劳动合同文本交付劳动者的，由劳动行政部门责令改正；给劳动者造成损害的，应当承担赔偿责任。

第八十二条 用人单位自用工之日起超过一个月不满一年未与劳动者订立书面劳动合同的，应当向劳动者每月支付二倍的工资。

用人单位违反本法规定不与劳动者订立无固定期限劳动合同的，自应当订立无固定期限劳动合同之日起向劳动者每月支付二倍的工资。

第八十三条 用人单位违反本法规定与劳动者约定试用期的，由劳动行政部门责令改正；违法约定的试用期已经履行的，由用人单位以劳动者试用期满月工资为标准，按已经履行的超过法定试用期的期间向劳动者支付赔偿金。

第八十四条 用人单位违反本法规定，扣押劳动者居民身份证等证件的，由劳动行政部门责令限期退还劳动者本人,并依照有关法律规定给予处罚。

用人单位违反本法规定,以担保或者其他名义向劳动者收取财物的,由劳动行政部门责令限期退还劳动者本人,并以每人五百元以上二千元以下的标准处以罚款;给劳动者造成损害的,应当承担赔偿责任。

劳动者依法解除或者终止劳动合同,用人单位扣押劳动者档案或者其他物品的,依照前款规定处罚。

第八十五条 用人单位有下列情形之一的,由劳动行政部门责令限期支付劳动报酬、加班费或者经济补偿;劳动报酬低于当地最低工资标准的,应当支付其差额部分;逾期不支付的,责令用人单位按应付金额百分之五十以上百分之一百以下的标准向劳动者加付赔偿金:

(一)未按照劳动合同的约定或者国家规定及时足额支付劳动者劳动报酬的;

(二)低于当地最低工资标准支付劳动者工资的;

(三)安排加班不支付加班费的;

(四)解除或者终止劳动合同,未依照本法规定向劳动者支付经济补偿的。

第八十六条 劳动合同依照本法第二十六条规定被确认无效,给对方造成损害的,有过错的一方应当承担赔偿责任。

第八十七条 用人单位违反本法规定解除或者终止劳动合同的,应当依照本法第四十七条规定的经济补偿标准的二倍向劳动者支付赔偿金。

第八十八条 用人单位有下列情形之一的,依法给予行政处罚;构成犯罪的,依法追究刑事责任;给劳动者造成损害的,应当承担赔偿责任:

(一)以暴力、威胁或者非法限制人身自由的手段强迫劳动的;

(二)违章指挥或者强令冒险作业危及劳动者人身安全的;

(三)侮辱、体罚、殴打、非法搜查或者拘禁劳动者的;

(四)劳动条件恶劣、环境污染严重,给劳动者身心健康造成严重损害的。

第八十九条 用人单位违反本法规定未向劳动者出具解除或者终止劳动合同的书面证明,由劳动行政部门责令改正;给劳动者造成损害的,应当承担赔偿责任。

第九十条 劳动者违反本法规定解除劳动合同,或者违反劳动合同中约定的保密义务或者竞业限制,给用人单位造成损失的,应当承担赔偿责任。

第九十一条 用人单位招用与其他用人单位尚未解除或者终止劳动合同的劳动者，给其他用人单位造成损失的，应当承担连带赔偿责任。

第九十二条 违反本法规定，未经许可，擅自经营劳务派遣业务的，由劳动行政部门责令停止违法行为，没收违法所得，并处违法所得一倍以上五倍以下的罚款；没有违法所得的，可以处五万元以下的罚款。

劳务派遣单位、用工单位违反本法有关劳务派遣规定的，由劳动行政部门责令限期改正；逾期不改正的，以每人五千元以上一万元以下的标准处以罚款，对劳务派遣单位，吊销其劳务派遣业务经营许可证。用工单位给被派遣劳动者造成损害的，劳务派遣单位与用工单位承担连带赔偿责任。

第九十三条 对不具备合法经营资格的用人单位的违法犯罪行为，依法追究法律责任；劳动者已经付出劳动的，该单位或者其出资人应当依照本法有关规定向劳动者支付劳动报酬、经济补偿、赔偿金；给劳动者造成损害的，应当承担赔偿责任。

第九十四条 个人承包经营违反本法规定招用劳动者，给劳动者造成损害的，发包的组织与个人承包经营者承担连带赔偿责任。

第九十五条 劳动行政部门和其他有关主管部门及其工作人员玩忽职守、不履行法定职责，或者违法行使职权，给劳动者或者用人单位造成损害的，应当承担赔偿责任；对直接负责的主管人员和其他直接责任人员，依法给予行政处分；构成犯罪的，依法追究刑事责任。

第八章 附　则

第九十六条 事业单位与实行聘用制的工作人员订立、履行、变更、解除或者终止劳动合同，法律、行政法规或者国务院另有规定的，依照其规定；未作规定的，依照本法有关规定执行。

第九十七条 本法施行前已依法订立且在本法施行之日存续的劳动合同，继续履行；本法第十四条第二款第三项规定连续订立固定期限劳动合同的次数，自本法施行后续订固定期限劳动合同时开始计算。

本法施行前已建立劳动关系，尚未订立书面劳动合同的，应当自本法施行之日起一个月内订立。

本法施行之日存续的劳动合同在本法施行后解除或者终止,依照本法第四十六条规定应当支付经济补偿的,经济补偿年限自本法施行之日起计算;本法施行前按照当时有关规定,用人单位应当向劳动者支付经济补偿的,按照当时有关规定执行。

第九十八条 本法自 2008 年 1 月 1 日起施行。

2. 中华人民共和国劳动争议调解仲裁法

（2007 年 12 月 29 日第十届全国人民代表大会常务委员会第三十一次会议通过　中华人民共和国主席令第 80 号）

第一章　总　　则

第一条　为了公正及时解决劳动争议，保护当事人合法权益，促进劳动关系和谐稳定，制定本法。

第二条　中华人民共和国境内的用人单位与劳动者发生的下列劳动争议，适用本法：

（一）因确认劳动关系发生的争议；

（二）因订立、履行、变更、解除和终止劳动合同发生的争议；

（三）因除名、辞退和辞职、离职发生的争议；

（四）因工作时间、休息休假、社会保险、福利、培训以及劳动保护发生的争议；

（五）因劳动报酬、工伤医疗费、经济补偿或者赔偿金等发生的争议；

（六）法律、法规规定的其他劳动争议。

第三条　解决劳动争议，应当根据事实，遵循合法、公正、及时、着重调解的原则，依法保护当事人的合法权益。

第四条　发生劳动争议，劳动者可以与用人单位协商，也可以请工会或者第三方共同与用人单位协商，达成和解协议。

第五条　发生劳动争议，当事人不愿协商、协商不成或者达成和解协议后不履行的，可以向调解组织申请调解；不愿调解、调解不成或者达成调解协议后不履行的，可以向劳动争议仲裁委员会申请仲裁；对仲裁裁决不服的，除本法另有规定的外，可以向人民法院提起诉讼。

第六条 发生劳动争议，当事人对自己提出的主张，有责任提供证据。与争议事项有关的证据属于用人单位掌握管理的，用人单位应当提供；用人单位不提供的，应当承担不利后果。

第七条 发生劳动争议的劳动者一方在十人以上，并有共同请求的，可以推举代表参加调解、仲裁或者诉讼活动。

第八条 县级以上人民政府劳动行政部门会同工会和企业方面代表建立协调劳动关系三方机制，共同研究解决劳动争议的重大问题。

第九条 用人单位违反国家规定，拖欠或者未足额支付劳动报酬，或者拖欠工伤医疗费、经济补偿或者赔偿金的，劳动者可以向劳动行政部门投诉，劳动行政部门应当依法处理。

第二章 调 解

第十条 发生劳动争议，当事人可以到下列调解组织申请调解：

（一）企业劳动争议调解委员会；

（二）依法设立的基层人民调解组织；

（三）在乡镇、街道设立的具有劳动争议调解职能的组织。

企业劳动争议调解委员会由职工代表和企业代表组成。职工代表由工会成员担任或者由全体职工推举产生，企业代表由企业负责人指定。企业劳动争议调解委员会主任由工会成员或者双方推举的人员担任。

第十一条 劳动争议调解组织的调解员应当由公道正派、联系群众、热心调解工作，并具有一定法律知识、政策水平和文化水平的成年公民担任。

第十二条 当事人申请劳动争议调解可以书面申请，也可以口头申请。口头申请的，调解组织应当当场记录申请人基本情况、申请调解的争议事项、理由和时间。

第十三条 调解劳动争议，应当充分听取双方当事人对事实和理由的陈述，耐心疏导，帮助其达成协议。

第十四条 经调解达成协议的，应当制作调解协议书。

调解协议书由双方当事人签名或者盖章，经调解员签名并加盖调解组织印章后生效，对双方当事人具有约束力，当事人应当履行。

自劳动争议调解组织收到调解申请之日起十五日内未达成调解协议的，当事人可以依法申请仲裁。

第十五条 达成调解协议后，一方当事人在协议约定期限内不履行调解协议的，另一方当事人可以依法申请仲裁。

第十六条 因支付拖欠劳动报酬、工伤医疗费、经济补偿或者赔偿金事项达成调解协议，用人单位在协议约定期限内不履行的，劳动者可以持调解协议书依法向人民法院申请支付令。人民法院应当依法发出支付令。

第三章 仲 裁

第一节 一般规定

第十七条 劳动争议仲裁委员会按照统筹规划、合理布局和适应实际需要的原则设立。省、自治区人民政府可以决定在市、县设立；直辖市人民政府可以决定在区、县设立。直辖市、设区的市也可以设立一个或者若干个劳动争议仲裁委员会。劳动争议仲裁委员会不按行政区划层层设立。

第十八条 国务院劳动行政部门依照本法有关规定制定仲裁规则。省、自治区、直辖市人民政府劳动行政部门对本行政区域的劳动争议仲裁工作进行指导。

第十九条 劳动争议仲裁委员会由劳动行政部门代表、工会代表和企业方面代表组成。劳动争议仲裁委员会组成人员应当是单数。

劳动争议仲裁委员会依法履行下列职责：

（一）聘任、解聘专职或者兼职仲裁员；

（二）受理劳动争议案件；

（三）讨论重大或者疑难的劳动争议案件；

（四）对仲裁活动进行监督。

劳动争议仲裁委员会下设办事机构，负责办理劳动争议仲裁委员会的日常工作。

第二十条 劳动争议仲裁委员会应当设仲裁员名册。

仲裁员应当公道正派并符合下列条件之一：

(一)曾任审判员的；

(二)从事法律研究、教学工作并具有中级以上职称的；

(三)具有法律知识、从事人力资源管理或者工会等专业工作满五年的；

(四)律师执业满三年的。

第二十一条 劳动争议仲裁委员会负责管辖本区域内发生的劳动争议。

劳动争议由劳动合同履行地或者用人单位所在地的劳动争议仲裁委员会管辖。双方当事人分别向劳动合同履行地和用人单位所在地的劳动争议仲裁委员会申请仲裁的,由劳动合同履行地的劳动争议仲裁委员会管辖。

第二十二条 发生劳动争议的劳动者和用人单位为劳动争议仲裁案件的双方当事人。

劳务派遣单位或者用工单位与劳动者发生劳动争议的,劳务派遣单位和用工单位为共同当事人。

第二十三条 与劳动争议案件的处理结果有利害关系的第三人,可以申请参加仲裁活动或者由劳动争议仲裁委员会通知其参加仲裁活动。

第二十四条 当事人可以委托代理人参加仲裁活动。委托他人参加仲裁活动,应当向劳动争议仲裁委员会提交有委托人签名或者盖章的委托书,委托书应当载明委托事项和权限。

第二十五条 丧失或者部分丧失民事行为能力的劳动者,由其法定代理人代为参加仲裁活动;无法定代理人的,由劳动争议仲裁委员会为其指定代理人。劳动者死亡的,由其近亲属或者代理人参加仲裁活动。

第二十六条 劳动争议仲裁公开进行,但当事人协议不公开进行或者涉及国家秘密、商业秘密和个人隐私的除外。

第二节 申请和受理

第二十七条 劳动争议申请仲裁的时效期间为一年。仲裁时效期间从当事人知道或者应当知道其权利被侵害之日起计算。

前款规定的仲裁时效,因当事人一方向对方当事人主张权利,或者向有关部门请求权利救济，或者对方当事人同意履行义务而中断。从中断时起，仲裁时效期间重新计算。

因不可抗力或者有其他正当理由，当事人不能在本条第一款规定的仲裁时效期间申请仲裁的，仲裁时效中止。从中止时效的原因消除之日起，仲裁时效期间继续计算。

劳动关系存续期间因拖欠劳动报酬发生争议的，劳动者申请仲裁不受本条第一款规定的仲裁时效期间的限制；但是，劳动关系终止的，应当自劳动关系终止之日起一年内提出。

第二十八条 申请人申请仲裁应当提交书面仲裁申请，并按照被申请人人数提交副本。

仲裁申请书应当载明下列事项：

（一）劳动者的姓名、性别、年龄、职业、工作单位和住所，用人单位的名称、住所和法定代表人或者主要负责人的姓名、职务；

（二）仲裁请求和所根据的事实、理由；

（三）证据和证据来源、证人姓名和住所。

书写仲裁申请确有困难的，可以口头申请，由劳动争议仲裁委员会记入笔录，并告知对方当事人。

第二十九条 劳动争议仲裁委员会收到仲裁申请之日起五日内，认为符合受理条件的，应当受理，并通知申请人；认为不符合受理条件的，应当书面通知申请人不予受理，并说明理由。对劳动争议仲裁委员会不予受理或者逾期未作出决定的，申请人可以就该劳动争议事项向人民法院提起诉讼。

第三十条 劳动争议仲裁委员会受理仲裁申请后，应当在五日内将仲裁申请书副本送达被申请人。

被申请人收到仲裁申请书副本后，应当在十日内向劳动争议仲裁委员会提交答辩书。劳动争议仲裁委员会收到答辩书后，应当在五日内将答辩书副本送达申请人。被申请人未提交答辩书的，不影响仲裁程序的进行。

第三节 开庭和裁决

第三十一条 劳动争议仲裁委员会裁决劳动争议案件实行仲裁庭制。仲裁庭由三名仲裁员组成，设首席仲裁员。简单劳动争议案件可以由一名仲裁员独任仲裁。

第三十二条 劳动争议仲裁委员会应当在受理仲裁申请之日起五日内将仲裁庭的组成情况书面通知当事人。

第三十三条 仲裁员有下列情形之一,应当回避,当事人也有权以口头或者书面方式提出回避申请:

(一)是本案当事人或者当事人、代理人的近亲属的;

(二)与本案有利害关系的;

(三)与本案当事人、代理人有其他关系,可能影响公正裁决的;

(四)私自会见当事人、代理人,或者接受当事人、代理人的请客送礼的。

劳动争议仲裁委员会对回避申请应当及时作出决定,并以口头或者书面方式通知当事人。

第三十四条 仲裁员有本法第三十三条第四项规定情形,或者有索贿受贿、徇私舞弊、枉法裁决行为的,应当依法承担法律责任。劳动争议仲裁委员会应当将其解聘。

第三十五条 仲裁庭应当在开庭五日前,将开庭日期、地点书面通知双方当事人。当事人有正当理由的,可以在开庭三日前请求延期开庭。是否延期,由劳动争议仲裁委员会决定。

第三十六条 申请人收到书面通知,无正当理由拒不到庭或者未经仲裁庭同意中途退庭的,可以视为撤回仲裁申请。

被申请人收到书面通知,无正当理由拒不到庭或者未经仲裁庭同意中途退庭的,可以缺席裁决。

第三十七条 仲裁庭对专门性问题认为需要鉴定的,可以交由当事人约定的鉴定机构鉴定;当事人没有约定或者无法达成约定的,由仲裁庭指定的鉴定机构鉴定。

根据当事人的请求或者仲裁庭的要求,鉴定机构应当派鉴定人参加开庭。当事人经仲裁庭许可,可以向鉴定人提问。

第三十八条 当事人在仲裁过程中有权进行质证和辩论。质证和辩论终结时,首席仲裁员或者独任仲裁员应当征询当事人的最后意见。

第三十九条 当事人提供的证据经查证属实的,仲裁庭应当将其作为认定事实的根据。

劳动者无法提供由用人单位掌握管理的与仲裁请求有关的证据，仲裁庭可以要求用人单位在指定期限内提供。用人单位在指定期限内不提供的，应当承担不利后果。

第四十条 仲裁庭应当将开庭情况记入笔录。当事人和其他仲裁参加人认为对自己陈述的记录有遗漏或者差错的，有权申请补正。如果不予补正，应当记录该申请。

笔录由仲裁员、记录人员、当事人和其他仲裁参加人签名或者盖章。

第四十一条 当事人申请劳动争议仲裁后，可以自行和解。达成和解协议的，可以撤回仲裁申请。

第四十二条 仲裁庭在作出裁决前，应当先行调解。

调解达成协议的，仲裁庭应当制作调解书。

调解书应当写明仲裁请求和当事人协议的结果。调解书由仲裁员签名，加盖劳动争议仲裁委员会印章，送达双方当事人。调解书经双方当事人签收后，发生法律效力。

调解不成或者调解书送达前，一方当事人反悔的，仲裁庭应当及时作出裁决。

第四十三条 仲裁庭裁决劳动争议案件，应当自劳动争议仲裁委员会受理仲裁申请之日起四十五日内结束。案情复杂需要延期的，经劳动争议仲裁委员会主任批准，可以延期并书面通知当事人，但是延长期限不得超过十五日。逾期未作出仲裁裁决的，当事人可以就该劳动争议事项向人民法院提起诉讼。

仲裁庭裁决劳动争议案件时，其中一部分事实已经清楚，可以就该部分先行裁决。

第四十四条 仲裁庭对追索劳动报酬、工伤医疗费、经济补偿或者赔偿金的案件，根据当事人的申请，可以裁决先予执行，移送人民法院执行。

仲裁庭裁决先予执行的，应当符合下列条件：

（一）当事人之间权利义务关系明确；

（二）不先予执行将严重影响申请人的生活。

劳动者申请先予执行的，可以不提供担保。

第四十五条 裁决应当按照多数仲裁员的意见作出，少数仲裁员的不同意见应当记入笔录。仲裁庭不能形成多数意见时，裁决应当按照首席仲裁员的意见作出。

第四十六条 裁决书应当载明仲裁请求、争议事实、裁决理由、裁决结果和裁决日期。裁决书由仲裁员签名,加盖劳动争议仲裁委员会印章。对裁决持不同意见的仲裁员,可以签名,也可以不签名。

第四十七条 下列劳动争议,除本法另有规定的外,仲裁裁决为终局裁决,裁决书自作出之日起发生法律效力:

(一)追索劳动报酬、工伤医疗费、经济补偿或者赔偿金,不超过当地月最低工资标准十二个月金额的争议;

(二)因执行国家的劳动标准在工作时间、休息休假、社会保险等方面发生的争议。

第四十八条 劳动者对本法第四十七条规定的仲裁裁决不服的,可以自收到仲裁裁决书之日起十五日内向人民法院提起诉讼。

第四十九条 用人单位有证据证明本法第四十七条规定的仲裁裁决有下列情形之一,可以自收到仲裁裁决书之日起三十日内向劳动争议仲裁委员会所在地的中级人民法院申请撤销裁决:

(一)适用法律、法规确有错误的;

(二)劳动争议仲裁委员会无管辖权的;

(三)违反法定程序的;

(四)裁决所根据的证据是伪造的;

(五)对方当事人隐瞒了足以影响公正裁决的证据的;

(六)仲裁员在仲裁该案时有索贿受贿、徇私舞弊、枉法裁决行为的。

人民法院经组成合议庭审查核实裁决有前款规定情形之一的,应当裁定撤销。

仲裁裁决被人民法院裁定撤销的,当事人可以自收到裁定书之日起十五日内就该劳动争议事项向人民法院提起诉讼。

第五十条 当事人对本法第四十七条规定以外的其他劳动争议案件的仲裁裁决不服的,可以自收到仲裁裁决书之日起十五日内向人民法院提起诉讼;期满不起诉的,裁决书发生法律效力。

第五十一条 当事人对发生法律效力的调解书、裁决书,应当依照规定的期限履行。一方当事人逾期不履行的,另一方当事人可以依照民事诉讼法的有关规定向人民法院申请执行。受理申请的人民法院应当依法执行。

第四章 附 则

第五十二条 事业单位实行聘用制的工作人员与本单位发生劳动争议的，依照本法执行；法律、行政法规或者国务院另有规定的，依照其规定。

第五十三条 劳动争议仲裁不收费。劳动争议仲裁委员会的经费由财政予以保障。

第五十四条 本法自 2008 年 5 月 1 日起施行。

3. 中华人民共和国社会保险法

（2010年10月28日第十一届全国人民代表大会常务委员会第十七次会议通过　根据2018年12月29日第十三届全国人民代表大会常务委员会第七次会议《关于修改〈中华人民共和国社会保险法〉的决定》修正　中华人民共和国主席令第25号）

第一章　总　　则

第一条　为了规范社会保险关系，维护公民参加社会保险和享受社会保险待遇的合法权益，使公民共享发展成果，促进社会和谐稳定，根据宪法，制定本法。

第二条　国家建立基本养老保险、基本医疗保险、工伤保险、失业保险、生育保险等社会保险制度，保障公民在年老、疾病、工伤、失业、生育等情况下依法从国家和社会获得物质帮助的权利。

第三条　社会保险制度坚持广覆盖、保基本、多层次、可持续的方针，社会保险水平应当与经济社会发展水平相适应。

第四条　中华人民共和国境内的用人单位和个人依法缴纳社会保险费，有权查询缴费记录、个人权益记录，要求社会保险经办机构提供社会保险咨询等相关服务。

个人依法享受社会保险待遇，有权监督本单位为其缴费情况。

第五条　县级以上人民政府将社会保险事业纳入国民经济和社会发展规划。

国家多渠道筹集社会保险资金。县级以上人民政府对社会保险事业给予必要的经费支持。

国家通过税收优惠政策支持社会保险事业。

第六条 国家对社会保险基金实行严格监管。

国务院和省、自治区、直辖市人民政府建立健全社会保险基金监督管理制度，保障社会保险基金安全、有效运行。

县级以上人民政府采取措施，鼓励和支持社会各方面参与社会保险基金的监督。

第七条 国务院社会保险行政部门负责全国的社会保险管理工作，国务院其他有关部门在各自的职责范围内负责有关的社会保险工作。

县级以上地方人民政府社会保险行政部门负责本行政区域的社会保险管理工作，县级以上地方人民政府其他有关部门在各自的职责范围内负责有关的社会保险工作。

第八条 社会保险经办机构提供社会保险服务，负责社会保险登记、个人权益记录、社会保险待遇支付等工作。

第九条 工会依法维护职工的合法权益，有权参与社会保险重大事项的研究，参加社会保险监督委员会，对与职工社会保险权益有关的事项进行监督。

第二章 基本养老保险

第十条 职工应当参加基本养老保险，由用人单位和职工共同缴纳基本养老保险费。

无雇工的个体工商户、未在用人单位参加基本养老保险的非全日制从业人员以及其他灵活就业人员可以参加基本养老保险，由个人缴纳基本养老保险费。

公务员和参照公务员法管理的工作人员养老保险的办法由国务院规定。

第十一条 基本养老保险实行社会统筹与个人账户相结合。

基本养老保险基金由用人单位和个人缴费以及政府补贴等组成。

第十二条 用人单位应当按照国家规定的本单位职工工资总额的比例缴纳基本养老保险费，记入基本养老保险统筹基金。

职工应当按照国家规定的本人工资的比例缴纳基本养老保险费，记入个人账户。

无雇工的个体工商户、未在用人单位参加基本养老保险的非全日制从业人员以及其他灵活就业人员参加基本养老保险的,应当按照国家规定缴纳基本养老保险费,分别记入基本养老保险统筹基金和个人账户。

第十三条 国有企业、事业单位职工参加基本养老保险前,视同缴费年限期间应当缴纳的基本养老保险费由政府承担。

基本养老保险基金出现支付不足时,政府给予补贴。

第十四条 个人账户不得提前支取,记账利率不得低于银行定期存款利率,免征利息税。个人死亡的,个人账户余额可以继承。

第十五条 基本养老金由统筹养老金和个人账户养老金组成。

基本养老金根据个人累计缴费年限、缴费工资、当地职工平均工资、个人账户金额、城镇人口平均预期寿命等因素确定。

第十六条 参加基本养老保险的个人,达到法定退休年龄时累计缴费满十五年的,按月领取基本养老金。

参加基本养老保险的个人,达到法定退休年龄时累计缴费不足十五年的,可以缴费至满十五年,按月领取基本养老金;也可以转入新型农村社会养老保险或者城镇居民社会养老保险,按照国务院规定享受相应的养老保险待遇。

第十七条 参加基本养老保险的个人,因病或者非因工死亡的,其遗属可以领取丧葬补助金和抚恤金;在未达到法定退休年龄时因病或者非因工致残完全丧失劳动能力的,可以领取病残津贴。所需资金从基本养老保险基金中支付。

第十八条 国家建立基本养老金正常调整机制。根据职工平均工资增长、物价上涨情况,适时提高基本养老保险待遇水平。

第十九条 个人跨统筹地区就业的,其基本养老保险关系随本人转移,缴费年限累计计算。个人达到法定退休年龄时,基本养老金分段计算、统一支付。具体办法由国务院规定。

第二十条 国家建立和完善新型农村社会养老保险制度。

新型农村社会养老保险实行个人缴费、集体补助和政府补贴相结合。

第二十一条 新型农村社会养老保险待遇由基础养老金和个人账户养老金组成。

参加新型农村社会养老保险的农村居民,符合国家规定条件的,按月领取新型农村社会养老保险待遇。

第二十二条 国家建立和完善城镇居民社会养老保险制度。

省、自治区、直辖市人民政府根据实际情况，可以将城镇居民社会养老保险和新型农村社会养老保险合并实施。

第三章 基本医疗保险

第二十三条 职工应当参加职工基本医疗保险，由用人单位和职工按照国家规定共同缴纳基本医疗保险费。

无雇工的个体工商户、未在用人单位参加职工基本医疗保险的非全日制从业人员以及其他灵活就业人员可以参加职工基本医疗保险，由个人按照国家规定缴纳基本医疗保险费。

第二十四条 国家建立和完善新型农村合作医疗制度。

新型农村合作医疗的管理办法，由国务院规定。

第二十五条 国家建立和完善城镇居民基本医疗保险制度。

城镇居民基本医疗保险实行个人缴费和政府补贴相结合。

享受最低生活保障的人、丧失劳动能力的残疾人、低收入家庭六十周岁以上的老年人和未成年人等所需个人缴费部分，由政府给予补贴。

第二十六条 职工基本医疗保险、新型农村合作医疗和城镇居民基本医疗保险的待遇标准按照国家规定执行。

第二十七条 参加职工基本医疗保险的个人，达到法定退休年龄时累计缴费达到国家规定年限的，退休后不再缴纳基本医疗保险费，按照国家规定享受基本医疗保险待遇；未达到国家规定年限的，可以缴费至国家规定年限。

第二十八条 符合基本医疗保险药品目录、诊疗项目、医疗服务设施标准以及急诊、抢救的医疗费用，按照国家规定从基本医疗保险基金中支付。

第二十九条 参保人员医疗费用中应当由基本医疗保险基金支付的部分，由社会保险经办机构与医疗机构、药品经营单位直接结算。

社会保险行政部门和卫生行政部门应当建立异地就医医疗费用结算制度，方便参保人员享受基本医疗保险待遇。

第三十条 下列医疗费用不纳入基本医疗保险基金支付范围:

(一)应当从工伤保险基金中支付的;

(二)应当由第三人负担的;

(三)应当由公共卫生负担的;

(四)在境外就医的。

医疗费用依法应当由第三人负担,第三人不支付或者无法确定第三人的,由基本医疗保险基金先行支付。基本医疗保险基金先行支付后,有权向第三人追偿。

第三十一条 社会保险经办机构根据管理服务的需要,可以与医疗机构、药品经营单位签订服务协议,规范医疗服务行为。

医疗机构应当为参保人员提供合理、必要的医疗服务。

第三十二条 个人跨统筹地区就业的,其基本医疗保险关系随本人转移,缴费年限累计计算。

第四章 工伤保险

第三十三条 职工应当参加工伤保险,由用人单位缴纳工伤保险费,职工不缴纳工伤保险费。

第三十四条 国家根据不同行业的工伤风险程度确定行业的差别费率,并根据使用工伤保险基金、工伤发生率等情况在每个行业内确定费率档次。行业差别费率和行业内费率档次由国务院社会保险行政部门制定,报国务院批准后公布施行。

社会保险经办机构根据用人单位使用工伤保险基金、工伤发生率和所属行业费率档次等情况,确定用人单位缴费费率。

第三十五条 用人单位应当按照本单位职工工资总额,根据社会保险经办机构确定的费率缴纳工伤保险费。

第三十六条 职工因工作原因受到事故伤害或者患职业病,且经工伤认定的,享受工伤保险待遇;其中,经劳动能力鉴定丧失劳动能力的,享受伤残待遇。

工伤认定和劳动能力鉴定应当简捷、方便。

第三十七条 职工因下列情形之一导致本人在工作中伤亡的，不认定为工伤：

（一）故意犯罪；

（二）醉酒或者吸毒；

（三）自残或者自杀；

（四）法律、行政法规规定的其他情形。

第三十八条 因工伤发生的下列费用，按照国家规定从工伤保险基金中支付：

（一）治疗工伤的医疗费用和康复费用；

（二）住院伙食补助费；

（三）到统筹地区以外就医的交通食宿费；

（四）安装配置伤残辅助器具所需费用；

（五）生活不能自理的，经劳动能力鉴定委员会确认的生活护理费；

（六）一次性伤残补助金和一至四级伤残职工按月领取的伤残津贴；

（七）终止或者解除劳动合同时，应当享受的一次性医疗补助金；

（八）因工死亡的，其遗属领取的丧葬补助金、供养亲属抚恤金和因工死亡补助金；

（九）劳动能力鉴定费。

第三十九条 因工伤发生的下列费用，按照国家规定由用人单位支付：

（一）治疗工伤期间的工资福利；

（二）五级、六级伤残职工按月领取的伤残津贴；

（三）终止或者解除劳动合同时，应当享受的一次性伤残就业补助金。

第四十条 工伤职工符合领取基本养老金条件的，停发伤残津贴，享受基本养老保险待遇。基本养老保险待遇低于伤残津贴的，从工伤保险基金中补足差额。

第四十一条 职工所在用人单位未依法缴纳工伤保险费，发生工伤事故的，由用人单位支付工伤保险待遇。用人单位不支付的，从工伤保险基金中先行支付。

从工伤保险基金中先行支付的工伤保险待遇应当由用人单位偿还。用人单位不偿还的，社会保险经办机构可以依照本法第六十三条的规定追偿。

第四十二条 由于第三人的原因造成工伤，第三人不支付工伤医疗费用或者无法确定第三人的，由工伤保险基金先行支付。工伤保险基金先行支付后，有权向第三人追偿。

第四十三条 工伤职工有下列情形之一的，停止享受工伤保险待遇：

（一）丧失享受待遇条件的；

（二）拒不接受劳动能力鉴定的；

（三）拒绝治疗的。

第五章 失业保险

第四十四条 职工应当参加失业保险，由用人单位和职工按照国家规定共同缴纳失业保险费。

第四十五条 失业人员符合下列条件的，从失业保险基金中领取失业保险金：

（一）失业前用人单位和本人已经缴纳失业保险费满一年的；

（二）非因本人意愿中断就业的；

（三）已经进行失业登记，并有求职要求的。

第四十六条 失业人员失业前用人单位和本人累计缴费满一年不足五年的，领取失业保险金的期限最长为十二个月；累计缴费满五年不足十年的，领取失业保险金的期限最长为十八个月；累计缴费十年以上的，领取失业保险金的期限最长为二十四个月。重新就业后，再次失业的，缴费时间重新计算，领取失业保险金的期限与前次失业应当领取而尚未领取的失业保险金的期限合并计算，最长不超过二十四个月。

第四十七条 失业保险金的标准，由省、自治区、直辖市人民政府确定，不得低于城市居民最低生活保障标准。

第四十八条 失业人员在领取失业保险金期间，参加职工基本医疗保险，享受基本医疗保险待遇。

失业人员应当缴纳的基本医疗保险费从失业保险基金中支付，个人不缴纳基本医疗保险费。

第四十九条 失业人员在领取失业保险金期间死亡的,参照当地对在职职工死亡的规定,向其遗属发给一次性丧葬补助金和抚恤金。所需资金从失业保险基金中支付。

个人死亡同时符合领取基本养老保险丧葬补助金、工伤保险丧葬补助金和失业保险丧葬补助金条件的,其遗属只能选择领取其中的一项。

第五十条 用人单位应当及时为失业人员出具终止或者解除劳动关系的证明,并将失业人员的名单自终止或者解除劳动关系之日起十五日内告知社会保险经办机构。

失业人员应当持本单位为其出具的终止或者解除劳动关系的证明,及时到指定的公共就业服务机构办理失业登记。

失业人员凭失业登记证明和个人身份证明,到社会保险经办机构办理领取失业保险金的手续。失业保险金领取期限自办理失业登记之日起计算。

第五十一条 失业人员在领取失业保险金期间有下列情形之一的,停止领取失业保险金,并同时停止享受其他失业保险待遇:

(一)重新就业的;

(二)应征服兵役的;

(三)移居境外的;

(四)享受基本养老保险待遇的;

(五)无正当理由,拒不接受当地人民政府指定部门或者机构介绍的适当工作或者提供的培训的。

第五十二条 职工跨统筹地区就业的,其失业保险关系随本人转移,缴费年限累计计算。

第六章 生育保险

第五十三条 职工应当参加生育保险,由用人单位按照国家规定缴纳生育保险费,职工不缴纳生育保险费。

第五十四条 用人单位已经缴纳生育保险费的,其职工享受生育保险待遇;职工未就业配偶按照国家规定享受生育医疗费用待遇。所需资金从生育保险基金中支付。

生育保险待遇包括生育医疗费用和生育津贴。

第五十五条 生育医疗费用包括下列各项：

（一）生育的医疗费用；

（二）计划生育的医疗费用；

（三）法律、法规规定的其他项目费用。

第五十六条 职工有下列情形之一的，可以按照国家规定享受生育津贴：

（一）女职工生育享受产假；

（二）享受计划生育手术休假；

（三）法律、法规规定的其他情形。

生育津贴按照职工所在用人单位上年度职工月平均工资计发。

第七章 社会保险费征缴

第五十七条 用人单位应当自成立之日起三十日内凭营业执照、登记证书或者单位印章，向当地社会保险经办机构申请办理社会保险登记。社会保险经办机构应当自收到申请之日起十五日内予以审核，发给社会保险登记证件。

用人单位的社会保险登记事项发生变更或者用人单位依法终止的，应当自变更或者终止之日起三十日内，到社会保险经办机构办理变更或者注销社会保险登记。

市场监督管理部门、民政部门和机构编制管理机关应当及时向社会保险经办机构通报用人单位的成立、终止情况，公安机关应当及时向社会保险经办机构通报个人的出生、死亡以及户口登记、迁移、注销等情况。

第五十八条 用人单位应当自用工之日起三十日内为其职工向社会保险经办机构申请办理社会保险登记。未办理社会保险登记的，由社会保险经办机构核定其应当缴纳的社会保险费。

自愿参加社会保险的无雇工的个体工商户、未在用人单位参加社会保险的非全日制从业人员以及其他灵活就业人员，应当向社会保险经办机构申请办理社会保险登记。

国家建立全国统一的个人社会保障号码。个人社会保障号码为公民身份号码。

第五十九条 县级以上人民政府加强社会保险费的征收工作。

社会保险费实行统一征收，实施步骤和具体办法由国务院规定。

第六十条 用人单位应当自行申报、按时足额缴纳社会保险费，非因不可抗力等法定事由不得缓缴、减免。职工应当缴纳的社会保险费由用人单位代扣代缴，用人单位应当按月将缴纳社会保险费的明细情况告知本人。

无雇工的个体工商户、未在用人单位参加社会保险的非全日制从业人员以及其他灵活就业人员，可以直接向社会保险费征收机构缴纳社会保险费。

第六十一条 社会保险费征收机构应当依法按时足额征收社会保险费，并将缴费情况定期告知用人单位和个人。

第六十二条 用人单位未按规定申报应当缴纳的社会保险费数额的，按照该单位上月缴费额的百分之一百一十确定应当缴纳数额；缴费单位补办申报手续后，由社会保险费征收机构按照规定结算。

第六十三条 用人单位未按时足额缴纳社会保险费的，由社会保险费征收机构责令其限期缴纳或者补足。

用人单位逾期仍未缴纳或者补足社会保险费的，社会保险费征收机构可以向银行和其他金融机构查询其存款账户；并可以申请县级以上有关行政部门作出划拨社会保险费的决定，书面通知其开户银行或者其他金融机构划拨社会保险费。用人单位账户余额少于应当缴纳的社会保险费的，社会保险费征收机构可以要求该用人单位提供担保，签订延期缴费协议。

用人单位未足额缴纳社会保险费且未提供担保的，社会保险费征收机构可以申请人民法院扣押、查封、拍卖其价值相当于应当缴纳社会保险费的财产，以拍卖所得抵缴社会保险费。

第八章 社会保险基金

第六十四条 社会保险基金包括基本养老保险基金、基本医疗保险基金、工伤保险基金、失业保险基金和生育保险基金。除基本医疗保险基金与生育保险基金合并建账及核算外,其他各项社会保险基金按照社会保险险种分别建账,分账核算。社会保险基金执行国家统一的会计制度。

社会保险基金专款专用,任何组织和个人不得侵占或者挪用。

基本养老保险基金逐步实行全国统筹,其他社会保险基金逐步实行省级统筹,具体时间、步骤由国务院规定。

第六十五条 社会保险基金通过预算实现收支平衡。

县级以上人民政府在社会保险基金出现支付不足时,给予补贴。

第六十六条 社会保险基金按照统筹层次设立预算。除基本医疗保险基金与生育保险基金预算合并编制外,其他社会保险基金预算按照社会保险项目分别编制。

第六十七条 社会保险基金预算、决算草案的编制、审核和批准,依照法律和国务院规定执行。

第六十八条 社会保险基金存入财政专户,具体管理办法由国务院规定。

第六十九条 社会保险基金在保证安全的前提下,按照国务院规定投资运营实现保值增值。

社会保险基金不得违规投资运营,不得用于平衡其他政府预算,不得用于兴建、改建办公场所和支付人员经费、运行费用、管理费用,或者违反法律、行政法规规定挪作其他用途。

第七十条 社会保险经办机构应当定期向社会公布参加社会保险情况以及社会保险基金的收入、支出、结余和收益情况。

第七十一条 国家设立全国社会保障基金,由中央财政预算拨款以及国务院批准的其他方式筹集的资金构成,用于社会保障支出的补充、调剂。全国社会保障基金由全国社会保障基金管理运营机构负责管理运营,在保证安全的前提下实现保值增值。

全国社会保障基金应当定期向社会公布收支、管理和投资运营的情况。国务院财政部门、社会保险行政部门、审计机关对全国社会保障基金的收支、管理和投资运营情况实施监督。

第九章 社会保险经办

第七十二条 统筹地区设立社会保险经办机构。社会保险经办机构根据工作需要，经所在地的社会保险行政部门和机构编制管理机关批准，可以在本统筹地区设立分支机构和服务网点。

社会保险经办机构的人员经费和经办社会保险发生的基本运行费用、管理费用，由同级财政按照国家规定予以保障。

第七十三条 社会保险经办机构应当建立健全业务、财务、安全和风险管理制度。

社会保险经办机构应当按时足额支付社会保险待遇。

第七十四条 社会保险经办机构通过业务经办、统计、调查获取社会保险工作所需的数据，有关单位和个人应当及时、如实提供。

社会保险经办机构应当及时为用人单位建立档案，完整、准确地记录参加社会保险的人员、缴费等社会保险数据，妥善保管登记、申报的原始凭证和支付结算的会计凭证。

社会保险经办机构应当及时、完整、准确地记录参加社会保险的个人缴费和用人单位为其缴费，以及享受社会保险待遇等个人权益记录，定期将个人权益记录单免费寄送本人。

用人单位和个人可以免费向社会保险经办机构查询、核对其缴费和享受社会保险待遇记录，要求社会保险经办机构提供社会保险咨询等相关服务。

第七十五条 全国社会保险信息系统按照国家统一规划，由县级以上人民政府按照分级负责的原则共同建设。

第十章 社会保险监督

第七十六条 各级人民代表大会常务委员会听取和审议本级人民政府对社会保险基金的收支、管理、投资运营以及监督检查情况的专项工作报告，组织对本法实施情况的执法检查等,依法行使监督职权。

第七十七条 县级以上人民政府社会保险行政部门应当加强对用人单位和个人遵守社会保险法律、法规情况的监督检查。

社会保险行政部门实施监督检查时,被检查的用人单位和个人应当如实提供与社会保险有关的资料,不得拒绝检查或者谎报、瞒报。

第七十八条 财政部门、审计机关按照各自职责,对社会保险基金的收支、管理和投资运营情况实施监督。

第七十九条 社会保险行政部门对社会保险基金的收支、管理和投资运营情况进行监督检查,发现存在问题的,应当提出整改建议,依法作出处理决定或者向有关行政部门提出处理建议。社会保险基金检查结果应当定期向社会公布。

社会保险行政部门对社会保险基金实施监督检查,有权采取下列措施:

(一)查阅、记录、复制与社会保险基金收支、管理和投资运营相关的资料,对可能被转移、隐匿或者灭失的资料予以封存;

(二)询问与调查事项有关的单位和个人,要求其对与调查事项有关的问题作出说明、提供有关证明材料;

(三)对隐匿、转移、侵占、挪用社会保险基金的行为予以制止并责令改正。

第八十条 统筹地区人民政府成立由用人单位代表、参保人员代表,以及工会代表、专家等组成的社会保险监督委员会,掌握、分析社会保险基金的收支、管理和投资运营情况,对社会保险工作提出咨询意见和建议,实施社会监督。

社会保险经办机构应当定期向社会保险监督委员会汇报社会保险基金的收支、管理和投资运营情况。社会保险监督委员会可以聘请会计师事务所对社会保险基金的收支、管理和投资运营情况进行年度审计和专项审计。审计结果应当向社会公开。

社会保险监督委员会发现社会保险基金收支、管理和投资运营中存在问题的,有权提出改正建议;对社会保险经办机构及其工作人员的违法行为,有权向有关部门提出依法处理建议。

第八十一条 社会保险行政部门和其他有关行政部门、社会保险经办机构、社会保险费征收机构及其工作人员,应当依法为用人单位和个人的信息保密,不得以任何形式泄露。

第八十二条 任何组织或者个人有权对违反社会保险法律、法规的行为进行举报、投诉。

社会保险行政部门、卫生行政部门、社会保险经办机构、社会保险费征收机构和财政部门、审计机关对属于本部门、本机构职责范围的举报、投诉，应当依法处理；对不属于本部门、本机构职责范围的，应当书面通知并移交有权处理的部门、机构处理。有权处理的部门、机构应当及时处理，不得推诿。

第八十三条 用人单位或者个人认为社会保险费征收机构的行为侵害自己合法权益的，可以依法申请行政复议或者提起行政诉讼。

用人单位或者个人对社会保险经办机构不依法办理社会保险登记、核定社会保险费、支付社会保险待遇、办理社会保险转移接续手续或者侵害其他社会保险权益的行为，可以依法申请行政复议或者提起行政诉讼。

个人与所在用人单位发生社会保险争议的，可以依法申请调解、仲裁，提起诉讼。用人单位侵害个人社会保险权益的，个人也可以要求社会保险行政部门或者社会保险费征收机构依法处理。

第十一章　法律责任

第八十四条 用人单位不办理社会保险登记的，由社会保险行政部门责令限期改正；逾期不改正的，对用人单位处应缴社会保险费数额一倍以上三倍以下的罚款，对其直接负责的主管人员和其他直接责任人员处五百元以上三千元以下的罚款。

第八十五条 用人单位拒不出具终止或者解除劳动关系证明的，依照《中华人民共和国劳动合同法》的规定处理。

第八十六条 用人单位未按时足额缴纳社会保险费的，由社会保险费征收机构责令限期缴纳或者补足，并自欠缴之日起，按日加收万分之五的滞纳金；逾期仍不缴纳的，由有关行政部门处欠缴数额一倍以上三倍以下的罚款。

第八十七条 社会保险经办机构以及医疗机构、药品经营单位等社会保险服务机构以欺诈、伪造证明材料或者其他手段骗取社会保险基金支出的，由社会保险行政部门责令退回骗取的社会保险金，处骗取金额二倍以上五倍以下的罚款;属于社会保险服务机构的,解除服务协议;直接负责的主管人员和其他直接责任人员有执业资格的,依法吊销其执业资格。

第八十八条 以欺诈、伪造证明材料或者其他手段骗取社会保险待遇的,由社会保险行政部门责令退回骗取的社会保险金,处骗取金额二倍以上五倍以下的罚款。

第八十九条 社会保险经办机构及其工作人员有下列行为之一的,由社会保险行政部门责令改正;给社会保险基金、用人单位或者个人造成损失的,依法承担赔偿责任;对直接负责的主管人员和其他直接责任人员依法给予处分:

(一)未履行社会保险法定职责的;

(二)未将社会保险基金存入财政专户的;

(三)克扣或者拒不按时支付社会保险待遇的;

(四)丢失或者篡改缴费记录、享受社会保险待遇记录等社会保险数据、个人权益记录的;

(五)有违反社会保险法律、法规的其他行为的。

第九十条 社会保险费征收机构擅自更改社会保险费缴费基数、费率,导致少收或者多收社会保险费的,由有关行政部门责令其追缴应当缴纳的社会保险费或者退还不应当缴纳的社会保险费;对直接负责的主管人员和其他直接责任人员依法给予处分。

第九十一条 违反本法规定,隐匿、转移、侵占、挪用社会保险基金或者违规投资运营的,由社会保险行政部门、财政部门、审计机关责令追回;有违法所得的,没收违法所得;对直接负责的主管人员和其他直接责任人员依法给予处分。

第九十二条 社会保险行政部门和其他有关行政部门、社会保险经办机构、社会保险费征收机构及其工作人员泄露用人单位和个人信息的,对直接负责的主管人员和其他直接责任人员依法给予处分;给用人单位或者个人造成损失的,应当承担赔偿责任。

第九十三条 国家工作人员在社会保险管理、监督工作中滥用职权、玩忽职守、徇私舞弊的,依法给予处分。

第九十四条 违反本法规定,构成犯罪的,依法追究刑事责任。

第十二章　附　　则

第九十五条　进城务工的农村居民依照本法规定参加社会保险。

第九十六条　征收农村集体所有的土地,应当足额安排被征地农民的社会保险费,按照国务院规定将被征地农民纳入相应的社会保险制度。

第九十七条　外国人在中国境内就业的,参照本法规定参加社会保险。

第九十八条　本法自 2011 年 7 月 1 日起施行。

4. 住房公积金管理条例

（中华人民共和国国务院令第262号　1999年4月3日发布
2019年3月24日修订）

第一章　总　　则

第一条　为了加强对住房公积金的管理，维护住房公积金所有者的合法权益，促进城镇住房建设，提高城镇居民的居住水平，制定本条例。

第二条　本条例适用于中华人民共和国境内住房公积金的缴存、提取、使用、管理和监督。

本条例所称住房公积金，是指国家机关、国有企业、城镇集体企业、外商投资企业、城镇私营企业及其他城镇企业、事业单位、民办非企业单位、社会团体（以下统称单位）及其在职职工缴存的长期住房储金。

第三条　职工个人缴存的住房公积金和职工所在单位为职工缴存的住房公积金，属于职工个人所有。

第四条　住房公积金的管理实行住房公积金管理委员会决策、住房公积金管理中心运作、银行专户存储、财政监督的原则。

第五条　住房公积金应当用于职工购买、建造、翻建、大修自住住房，任何单位和个人不得挪作他用。

第六条　住房公积金的存、贷利率由中国人民银行提出，经征求国务院建设行政主管部门的意见后，报国务院批准。

第七条　国务院建设行政主管部门会同国务院财政部门、中国人民银行拟定住房公积金政策，并监督执行。

省、自治区人民政府建设行政主管部门会同同级财政部门以及中国人民银行分支机构，负责本行政区域内住房公积金管理法规、政策执行情况的监督。

第二章 机构及其职责

第八条 直辖市和省、自治区人民政府所在地的市以及其他设区的市（地、州、盟），应当设立住房公积金管理委员会，作为住房公积金管理的决策机构。住房公积金管理委员会的成员中，人民政府负责人和建设、财政、人民银行等有关部门负责人以及有关专家占1/3，工会代表和职工代表占1/3，单位代表占1/3。

住房公积金管理委员会主任应当由具有社会公信力的人士担任。

第九条 住房公积金管理委员会在住房公积金管理方面履行下列职责：

（一）依据有关法律、法规和政策，制定和调整住房公积金的具体管理措施，并监督实施；

（二）根据本条例第十八条的规定，拟订住房公积金的具体缴存比例；

（三）确定住房公积金的最高贷款额度；

（四）审批住房公积金归集、使用计划；

（五）审议住房公积金增值收益分配方案；

（六）审批住房公积金归集、使用计划执行情况的报告。

第十条 直辖市和省、自治区人民政府所在地的市以及其他设区的市（地、州、盟）应当按照精简、效能的原则，设立一个住房公积金管理中心，负责住房公积金的管理运作。县（市）不设立住房公积金管理中心。

前款规定的住房公积金管理中心可以在有条件的县（市）设立分支机构。住房公积金管理中心与其分支机构应当实行统一的规章制度，进行统一核算。

住房公积金管理中心是直属城市人民政府的不以营利为目的的独立的事业单位。

第十一条 住房公积金管理中心履行下列职责：

（一）编制、执行住房公积金的归集、使用计划；

（二）负责记载职工住房公积金的缴存、提取、使用等情况；

（三）负责住房公积金的核算；

（四）审批住房公积金的提取、使用；

（五）负责住房公积金的保值和归还；

（六）编制住房公积金归集、使用计划执行情况的报告；

（七）承办住房公积金管理委员会决定的其他事项。

第十二条 住房公积金管理委员会应当按照中国人民银行的有关规定，指定受委托办理住房公积金金融业务的商业银行（以下简称受委托银行）；住房公积金管理中心应当委托受委托银行办理住房公积金贷款、结算等金融业务和住房公积金账户的设立、缴存、归还等手续。

住房公积金管理中心应当与受委托银行签订委托合同。

第三章 缴 存

第十三条 住房公积金管理中心应当在受委托银行设立住房公积金专户。

单位应当向住房公积金管理中心办理住房公积金缴存登记，并为本单位职工办理住房公积金账户设立手续。每个职工只能有一个住房公积金账户。

住房公积金管理中心应当建立职工住房公积金明细账，记载职工个人住房公积金的缴存、提取等情况。

第十四条 新设立的单位应当自设立之日起30日内向住房公积金管理中心办理住房公积金缴存登记，并自登记之日起20日内，为本单位职工办理住房公积金账户设立手续。

单位合并、分立、撤销、解散或者破产的，应当自发生上述情况之日起30日内由原单位或者清算组织向住房公积金管理中心办理变更登记或者注销登记，并自办妥变更登记或者注销登记之日起20日内，为本单位职工办理住房公积金账户转移或者封存手续。

第十五条 单位录用职工的，应当自录用之日起30日内向住房公积金管理中心办理缴存登记，并办理职工住房公积金账户的设立或者转移手续。

单位与职工终止劳动关系的，单位应当自劳动关系终止之日起30日内向住房公积金管理中心办理变更登记，并办理职工住房公积金账户转移或者封存手续。

第十六条 职工住房公积金的月缴存额为职工本人上一年度月平均工资乘以职工住房公积金缴存比例。

单位为职工缴存的住房公积金的月缴存额为职工本人上一年度月平均工资乘以单位住房公积金缴存比例。

第十七条 新参加工作的职工从参加工作的第二个月开始缴存住房公积金，月缴存额为职工本人当月工资乘以职工住房公积金缴存比例。

单位新调入的职工从调入单位发放工资之日起缴存住房公积金，月缴存额为职工本人当月工资乘以职工住房公积金缴存比例。

第十八条 职工和单位住房公积金的缴存比例均不得低于职工上一年度月平均工资的5%；有条件的城市，可以适当提高缴存比例。具体缴存比例由住房公积金管理委员会拟订，经本级人民政府审核后，报省、自治区、直辖市人民政府批准。

第十九条 职工个人缴存的住房公积金，由所在单位每月从其工资中代扣代缴。

单位应当于每月发放职工工资之日起5日内将单位缴存的和为职工代缴的住房公积金汇缴到住房公积金专户内，由受委托银行计入职工住房公积金账户。

第二十条 单位应当按时、足额缴存住房公积金，不得逾期缴存或者少缴。

对缴存住房公积金确有困难的单位，经本单位职工代表大会或者工会讨论通过，并经住房公积金管理中心审核，报住房公积金管理委员会批准后，可以降低缴存比例或者缓缴；待单位经济效益好转后，再提高缴存比例或者补缴缓缴。

第二十一条 住房公积金自存入职工住房公积金账户之日起按照国家规定的利率计息。

第二十二条 住房公积金管理中心应当为缴存住房公积金的职工发放缴存住房公积金的有效凭证。

第二十三条 单位为职工缴存的住房公积金，按照下列规定列支：

（一）机关在预算中列支；

（二）事业单位由财政部门核定收支后，在预算或者费用中列支；

（三）企业在成本中列支。

第四章 提取和使用

第二十四条 职工有下列情形之一的,可以提取职工住房公积金账户内的存储余额:

(一)购买、建造、翻建、大修自住住房的;

(二)离休、退休的;

(三)完全丧失劳动能力,并与单位终止劳动关系的;

(四)出境定居的;

(五)偿还购房贷款本息的;

(六)房租超出家庭工资收入的规定比例的。

依照前款第(二)、(三)、(四)项规定,提取职工住房公积金的,应当同时注销职工住房公积金账户。

职工死亡或者被宣告死亡的,职工的继承人、受遗赠人可以提取职工住房公积金账户内的存储余额;无继承人也无受遗赠人的,职工住房公积金账户内的存储余额纳入住房公积金的增值收益。

第二十五条 职工提取住房公积金账户内的存储余额的,所在单位应当予以核实,并出具提取证明。

职工应当持提取证明向住房公积金管理中心申请提取住房公积金。住房公积金管理中心应当自受理申请之日起3日内作出准予提取或者不准提取的决定,并通知申请人;准予提取的,由受委托银行办理支付手续。

第二十六条 缴存住房公积金的职工,在购买、建造、翻建、大修自住住房时,可以向住房公积金管理中心申请住房公积金贷款。

住房公积金管理中心应当自受理申请之日起15日内作出准予贷款或者不准贷款的决定,并通知申请人;准予贷款的,由受委托银行办理贷款手续。

住房公积金贷款的风险,由住房公积金管理中心承担。

第二十七条 申请人申请住房公积金贷款的,应当提供担保。

第二十八条 住房公积金管理中心在保证住房公积金提取和贷款的前提下,经住房公积金管理委员会批准,可以将住房公积金用于购买国债。

住房公积金管理中心不得向他人提供担保。

第二十九条 住房公积金的增值收益应当存入住房公积金管理中心在受委托银行开立的住房公积金增值收益专户，用于建立住房公积金贷款风险准备金、住房公积金管理中心的管理费用和建设城市廉租住房的补充资金。

第三十条 住房公积金管理中心的管理费用，由住房公积金管理中心按照规定的标准编制全年预算支出总额，报本级人民政府财政部门批准后，从住房公积金增值收益中上交本级财政，由本级财政拨付。

住房公积金管理中心的管理费用标准，由省、自治区、直辖市人民政府建设行政主管部门会同同级财政部门按照略高于国家规定的事业单位费用标准制定。

第五章 监 督

第三十一条 地方有关人民政府财政部门应当加强对本行政区域内住房公积金归集、提取和使用情况的监督，并向本级人民政府的住房公积金管理委员会通报。

住房公积金管理中心在编制住房公积金归集、使用计划时，应当征求财政部门的意见。

住房公积金管理委员会在审批住房公积金归集、使用计划和计划执行情况的报告时，必须有财政部门参加。

第三十二条 住房公积金管理中心编制的住房公积金年度预算、决算，应当经财政部门审核后，提交住房公积金管理委员会审议。

住房公积金管理中心应当每年定期向财政部门和住房公积金管理委员会报送财务报告，并将财务报告向社会公布。

第三十三条 住房公积金管理中心应当依法接受审计部门的审计监督。

第三十四条 住房公积金管理中心和职工有权督促单位按时履行下列义务：

（一）住房公积金的缴存登记或者变更、注销登记；

（二）住房公积金账户的设立、转移或者封存；

（三）足额缴存住房公积金。

第三十五条 住房公积金管理中心应当督促受委托银行及时办理委托合同约定的业务。

受委托银行应当按照委托合同的约定，定期向住房公积金管理中心提供有关的业务资料。

第三十六条 职工、单位有权查询本人、本单位住房公积金的缴存、提取情况，住房公积金管理中心、受委托银行不得拒绝。

职工、单位对住房公积金账户内的存储余额有异议的，可以申请受委托银行复核；对复核结果有异议的，可以申请住房公积金管理中心重新复核。受委托银行、住房公积金管理中心应当自收到申请之日起5日内给予书面答复。

职工有权揭发、检举、控告挪用住房公积金的行为。

第六章 罚 则

第三十七条 违反本条例的规定，单位不办理住房公积金缴存登记或者不为本单位职工办理住房公积金账户设立手续的，由住房公积金管理中心责令限期办理；逾期不办理的，处1万元以上5万元以下的罚款。

第三十八条 违反本条例的规定，单位逾期不缴或者少缴住房公积金的，由住房公积金管理中心责令限期缴存；逾期仍不缴存的，可以申请人民法院强制执行。

第三十九条 住房公积金管理委员会违反本条例规定审批住房公积金使用计划的，由国务院建设行政主管部门会同国务院财政部门或者由省、自治区人民政府建设行政主管部门会同同级财政部门，依据管理职权责令限期改正。

第四十条 住房公积金管理中心违反本条例规定，有下列行为之一的，由国务院建设行政主管部门或者省、自治区人民政府建设行政主管部门依据管理职权，责令限期改正；对负有责任的主管人员和其他直接责任人员，依法给予行政处分：

（一）未按照规定设立住房公积金专户的；

（二）未按照规定审批职工提取、使用住房公积金的；

（三）未按照规定使用住房公积金增值收益的；

（四）委托住房公积金管理委员会指定的银行以外的机构办理住房公积金金融业务的；

（五）未建立职工住房公积金明细账的；

（六）未为缴存住房公积金的职工发放缴存住房公积金的有效凭证的；

（七）未按照规定用住房公积金购买国债的。

第四十一条 违反本条例规定，挪用住房公积金的，由国务院建设行政主管部门或者省、自治区人民政府建设行政主管部门依据管理职权，追回挪用的住房公积金，没收违法所得；对挪用或者批准挪用住房公积金的人民政府负责人和政府有关部门负责人以及住房公积金管理中心负有责任的主管人员和其他直接责任人员，依照刑法关于挪用公款罪或者其他罪的规定，依法追究刑事责任；尚不够刑事处罚的，给予降级或者撤职的行政处分。

第四十二条 住房公积金管理中心违反财政法规的，由财政部门依法给予行政处罚。

第四十三条 违反本条例规定，住房公积金管理中心向他人提供担保的，对直接负责的主管人员和其他直接责任人员依法给予行政处分。

第四十四条 国家机关工作人员在住房公积金监督管理工作中滥用职权、玩忽职守、徇私舞弊，构成犯罪的，依法追究刑事责任；尚不构成犯罪的，依法给予行政处分。

第七章 附 则

第四十五条 住房公积金财务管理和会计核算的办法，由国务院财政部门商国务院建设行政主管部门制定。

第四十六条 本条例施行前尚未办理住房公积金缴存登记和职工住房公积金账户设立手续的单位，应当自本条例施行之日起60日内到住房公积金管理中心办理缴存登记，并到受委托银行办理职工住房公积金账户设立手续。

第四十七条 本条例自发布之日起施行。

5. 职工带薪年休假条例

（中华人民共和国国务院令第 514 号　2007 年 12 月 14 日发布）

第一条　为了维护职工休息休假权利，调动职工工作积极性，根据劳动法和公务员法，制定本条例。

第二条　机关、团体、企业、事业单位、民办非企业单位、有雇工的个体工商户等单位的职工连续工作 1 年以上的，享受带薪年休假（以下简称年休假）。单位应当保证职工享受年休假。职工在年休假期间享受与正常工作期间相同的工资收入。

第三条　职工累计工作已满 1 年不满 10 年的，年休假 5 天；已满 10 年不满 20 年的，年休假 10 天；已满 20 年的，年休假 15 天。

国家法定休假日、休息日不计入年休假的假期。

第四条　职工有下列情形之一的，不享受当年的年休假：

（一）职工依法享受寒暑假，其休假天数多于年休假天数的；

（二）职工请事假累计 20 天以上且单位按照规定不扣工资的；

（三）累计工作满 1 年不满 10 年的职工，请病假累计 2 个月以上的；

（四）累计工作满 10 年不满 20 年的职工，请病假累计 3 个月以上的；

（五）累计工作满 20 年以上的职工，请病假累计 4 个月以上的。

第五条　单位根据生产、工作的具体情况，并考虑职工本人意愿，统筹安排职工年休假。

年休假在 1 个年度内可以集中安排，也可以分段安排，一般不跨年度安排。单位因生产、工作特点确有必要跨年度安排职工年休假的，可以跨 1 个年度安排。

单位确因工作需要不能安排职工休年休假的，经职工本人同意，可以不安排职工休年休假。对职工应休未休的年休假天数，单位应当按照该职工日工资收入的300%支付年休假工资报酬。

第六条 县级以上地方人民政府人事部门、劳动保障部门应当依据职权对单位执行本条例的情况主动进行监督检查。

工会组织依法维护职工的年休假权利。

第七条 单位不安排职工休年休假又不依照本条例规定给予年休假工资报酬的，由县级以上地方人民政府人事部门或者劳动保障部门依据职权责令限期改正；对逾期不改正的，除责令该单位支付年休假工资报酬外，单位还应当按照年休假工资报酬的数额向职工加付赔偿金；对拒不支付年休假工资报酬、赔偿金的，属于公务员和参照公务员法管理的人员所在单位的，对直接负责的主管人员以及其他直接责任人员依法给予处分；属于其他单位的，由劳动保障部门、人事部门或者职工申请人民法院强制执行。

第八条 职工与单位因年休假发生的争议，依照国家有关法律、行政法规的规定处理。

第九条 国务院人事部门、国务院劳动保障部门依据职权，分别制定本条例的实施办法。

第十条 本条例自2008年1月1日起施行。

6. 工伤保险条例

（中华人民共和国国务院令第375号　2003年4月27日发布
2010年12月20日修订）

第一章　总　　则

第一条　为了保障因工作遭受事故伤害或者患职业病的职工获得医疗救治和经济补偿，促进工伤预防和职业康复，分散用人单位的工伤风险，制定本条例。

第二条　中华人民共和国境内的企业、事业单位、社会团体、民办非企业单位、基金会、律师事务所、会计师事务所等组织和有雇工的个体工商户（以下称用人单位）应当依照本条例规定参加工伤保险，为本单位全部职工或者雇工（以下称职工）缴纳工伤保险费。

中华人民共和国境内的企业、事业单位、社会团体、民办非企业单位、基金会、律师事务所、会计师事务所等组织的职工和个体工商户的雇工，均有依照本条例的规定享受工伤保险待遇的权利。

第三条　工伤保险费的征缴按照《社会保险费征缴暂行条例》关于基本养老保险费、基本医疗保险费、失业保险费的征缴规定执行。

第四条　用人单位应当将参加工伤保险的有关情况在本单位内公示。

用人单位和职工应当遵守有关安全生产和职业病防治的法律法规，执行安全卫生规程和标准，预防工伤事故发生，避免和减少职业病危害。

职工发生工伤时，用人单位应当采取措施使工伤职工得到及时救治。

第五条　国务院社会保险行政部门负责全国的工伤保险工作。

县级以上地方各级人民政府社会保险行政部门负责本行政区域内的工伤保险工作。

社会保险行政部门按照国务院有关规定设立的社会保险经办机构(以下称经办机构)具体承办工伤保险事务。

第六条 社会保险行政部门等部门制定工伤保险的政策、标准,应当征求工会组织、用人单位代表的意见。

第二章 工伤保险基金

第七条 工伤保险基金由用人单位缴纳的工伤保险费、工伤保险基金的利息和依法纳入工伤保险基金的其他资金构成。

第八条 工伤保险费根据以支定收、收支平衡的原则,确定费率。

国家根据不同行业的工伤风险程度确定行业的差别费率,并根据工伤保险费使用、工伤发生率等情况在每个行业内确定若干费率档次。行业差别费率及行业内费率档次由国务院社会保险行政部门制定,报国务院批准后公布施行。

统筹地区经办机构根据用人单位工伤保险费使用、工伤发生率等情况,适用所属行业内相应的费率档次确定单位缴费费率。

第九条 国务院社会保险行政部门应当定期了解全国各统筹地区工伤保险基金收支情况,及时提出调整行业差别费率及行业内费率档次的方案,报国务院批准后公布施行。

第十条 用人单位应当按时缴纳工伤保险费。职工个人不缴纳工伤保险费。

用人单位缴纳工伤保险费的数额为本单位职工工资总额乘以单位缴费费率之积。

对难以按照工资总额缴纳工伤保险费的行业,其缴纳工伤保险费的具体方式,由国务院社会保险行政部门规定。

第十一条 工伤保险基金逐步实行省级统筹。

跨地区、生产流动性较大的行业,可以采取相对集中的方式异地参加统筹地区的工伤保险。具体办法由国务院社会保险行政部门会同有关行业的主管部门制定。

第十二条 工伤保险基金存入社会保障基金财政专户,用于本条例规定的工伤保险待遇,劳动能力鉴定,工伤预防的宣传、培训等费用,以及法律、法规规定的用于工伤保险的其他费用的支付。

工伤预防费用的提取比例、使用和管理的具体办法,由国务院社会保险行政部门会同国务院财政、卫生行政、安全生产监督管理等部门规定。

任何单位或者个人不得将工伤保险基金用于投资运营、兴建或者改建办公场所、发放奖金,或者挪作其他用途。

第十三条 工伤保险基金应当留有一定比例的储备金,用于统筹地区重大事故的工伤保险待遇支付;储备金不足支付的,由统筹地区的人民政府垫付。储备金占基金总额的具体比例和储备金的使用办法,由省、自治区、直辖市人民政府规定。

第三章 工伤认定

第十四条 职工有下列情形之一的,应当认定为工伤:

(一)在工作时间和工作场所内,因工作原因受到事故伤害的;

(二)工作时间前后在工作场所内,从事与工作有关的预备性或者收尾性工作受到事故伤害的;

(三)在工作时间和工作场所内,因履行工作职责受到暴力等意外伤害的;

(四)患职业病的;

(五)因工外出期间,由于工作原因受到伤害或者发生事故下落不明的;

(六)在上下班途中,受到非本人主要责任的交通事故或者城市轨道交通、客运轮渡、火车事故伤害的;

(七)法律、行政法规规定应当认定为工伤的其他情形。

第十五条 职工有下列情形之一的,视同工伤:

(一)在工作时间和工作岗位,突发疾病死亡或者在48小时之内经抢救无效死亡的;

(二)在抢险救灾等维护国家利益、公共利益活动中受到伤害的;

(三)职工原在军队服役,因战、因公负伤致残,已取得革命伤残军人证,到用人单位后旧伤复发的。

职工有前款第(一)项、第(二)项情形的,按照本条例的有关规定享受工伤保险待遇;职工有前款第(三)项情形的,按照本条例的有关规定享受除一次性伤残补助金以外的工伤保险待遇。

第十六条 职工符合本条例第十四条、第十五条的规定,但是有下列情形之一的,不得认定为工伤或者视同工伤:

(一)故意犯罪的;

(二)醉酒或者吸毒的;

(三)自残或者自杀的。

第十七条 职工发生事故伤害或者按照职业病防治法规定被诊断、鉴定为职业病,所在单位应当自事故伤害发生之日或者被诊断、鉴定为职业病之日起30日内,向统筹地区社会保险行政部门提出工伤认定申请。遇有特殊情况,经报社会保险行政部门同意,申请时限可以适当延长。

用人单位未按前款规定提出工伤认定申请的,工伤职工或者其近亲属、工会组织在事故伤害发生之日或者被诊断、鉴定为职业病之日起1年内,可以直接向用人单位所在地统筹地区社会保险行政部门提出工伤认定申请。

按照本条第一款规定应当由省级社会保险行政部门进行工伤认定的事项,根据属地原则由用人单位所在地的设区的市级社会保险行政部门办理。

用人单位未在本条第一款规定的时限内提交工伤认定申请,在此期间发生符合本条例规定的工伤待遇等有关费用由该用人单位负担。

第十八条 提出工伤认定申请应当提交下列材料:

(一)工伤认定申请表;

(二)与用人单位存在劳动关系(包括事实劳动关系)的证明材料;

(三)医疗诊断证明或者职业病诊断证明书(或者职业病诊断鉴定书)。

工伤认定申请表应当包括事故发生的时间、地点、原因以及职工伤害程度等基本情况。

工伤认定申请人提供材料不完整的,社会保险行政部门应当一次性书面告知工伤认定申请人需要补正的全部材料。申请人按照书面告知要求补正材料后,社会保险行政部门应当受理。

第十九条 社会保险行政部门受理工伤认定申请后,根据审核需要可以对事故伤害进行调查核实,用人单位、职工、工会组织、医疗机构以及有关部门应当予以协助。职业病诊断和诊断争议的鉴定,依照职业病防治法的有关规定执行。对依法取得职业病诊断证明书或者职业病诊断鉴定书的,社会保险行政部门不再进行调查核实。

职工或者其近亲属认为是工伤,用人单位不认为是工伤的,由用人单位承担举证责任。

第二十条 社会保险行政部门应当自受理工伤认定申请之日起60日内作出工伤认定的决定,并书面通知申请工伤认定的职工或者其近亲属和该职工所在单位。

社会保险行政部门对受理的事实清楚、权利义务明确的工伤认定申请,应当在15日内作出工伤认定的决定。

作出工伤认定决定需要以司法机关或者有关行政主管部门的结论为依据的,在司法机关或者有关行政主管部门尚未作出结论期间,作出工伤认定决定的时限中止。

社会保险行政部门工作人员与工伤认定申请人有利害关系的,应当回避。

第四章 劳动能力鉴定

第二十一条 职工发生工伤,经治疗伤情相对稳定后存在残疾、影响劳动能力的,应当进行劳动能力鉴定。

第二十二条 劳动能力鉴定是指劳动功能障碍程度和生活自理障碍程度的等级鉴定。

劳动功能障碍分为十个伤残等级,最重的为一级,最轻的为十级。

生活自理障碍分为三个等级:生活完全不能自理、生活大部分不能自理和生活部分不能自理。

劳动能力鉴定标准由国务院社会保险行政部门会同国务院卫生行政部门等部门制定。

第二十三条 劳动能力鉴定由用人单位、工伤职工或者其近亲属向设区的市级劳动能力鉴定委员会提出申请,并提供工伤认定决定和职工工伤医疗的有关资料。

第二十四条 省、自治区、直辖市劳动能力鉴定委员会和设区的市级劳动能力鉴定委员会分别由省、自治区、直辖市和设区的市级社会保险行政部门、卫生行政部门、工会组织、经办机构代表以及用人单位代表组成。

劳动能力鉴定委员会建立医疗卫生专家库。列入专家库的医疗卫生专业技术人员应当具备下列条件：

(一)具有医疗卫生高级专业技术职务任职资格；

(二)掌握劳动能力鉴定的相关知识；

(三)具有良好的职业品德。

第二十五条 设区的市级劳动能力鉴定委员会收到劳动能力鉴定申请后，应当从其建立的医疗卫生专家库中随机抽取 3 名或者 5 名相关专家组成专家组，由专家组提出鉴定意见。设区的市级劳动能力鉴定委员会根据专家组的鉴定意见作出工伤职工劳动能力鉴定结论；必要时，可以委托具备资格的医疗机构协助进行有关的诊断。

设区的市级劳动能力鉴定委员会应当自收到劳动能力鉴定申请之日起 60 日内作出劳动能力鉴定结论，必要时，作出劳动能力鉴定结论的期限可以延长 30 日。劳动能力鉴定结论应当及时送达申请鉴定的单位和个人。

第二十六条 申请鉴定的单位或者个人对设区的市级劳动能力鉴定委员会作出的鉴定结论不服的，可以在收到该鉴定结论之日起 15 日内向省、自治区、直辖市劳动能力鉴定委员会提出再次鉴定申请。省、自治区、直辖市劳动能力鉴定委员会作出的劳动能力鉴定结论为最终结论。

第二十七条 劳动能力鉴定工作应当客观、公正。劳动能力鉴定委员会组成人员或者参加鉴定的专家与当事人有利害关系的，应当回避。

第二十八条 自劳动能力鉴定结论作出之日起 1 年后，工伤职工或者其近亲属、所在单位或者经办机构认为伤残情况发生变化的，可以申请劳动能力复查鉴定。

第二十九条 劳动能力鉴定委员会依照本条例第二十六条和第二十八条的规定进行再次鉴定和复查鉴定的期限，依照本条例第二十五条第二款的规定执行。

第五章 工伤保险待遇

第三十条 职工因工作遭受事故伤害或者患职业病进行治疗，享受工伤医疗待遇。

职工治疗工伤应当在签订服务协议的医疗机构就医，情况紧急时可以先到就近的医疗机构急救。

治疗工伤所需费用符合工伤保险诊疗项目目录、工伤保险药品目录、工伤保险住院服务标准的，从工伤保险基金支付。工伤保险诊疗项目目录、工伤保险药品目录、工伤保险住院服务标准，由国务院社会保险行政部门会同国务院卫生行政部门、食品药品监督管理部门等部门规定。

职工住院治疗工伤的伙食补助费，以及经医疗机构出具证明，报经办机构同意，工伤职工到统筹地区以外就医所需的交通、食宿费用从工伤保险基金支付，基金支付的具体标准由统筹地区人民政府规定。

工伤职工治疗非工伤引发的疾病，不享受工伤医疗待遇，按照基本医疗保险办法处理。

工伤职工到签订服务协议的医疗机构进行工伤康复的费用，符合规定的，从工伤保险基金支付。

第三十一条 社会保险行政部门作出认定为工伤的决定后发生行政复议、行政诉讼的，行政复议和行政诉讼期间不停止支付工伤职工治疗工伤的医疗费用。

第三十二条 工伤职工因日常生活或者就业需要，经劳动能力鉴定委员会确认，可以安装假肢、矫形器、假眼、假牙和配置轮椅等辅助器具，所需费用按照国家规定的标准从工伤保险基金支付。

第三十三条 职工因工作遭受事故伤害或者患职业病需要暂停工作接受工伤医疗的，在停工留薪期内，原工资福利待遇不变，由所在单位按月支付。

停工留薪期一般不超过12个月。伤情严重或者情况特殊，经设区的市级劳动能力鉴定委员会确认，可以适当延长，但延长不得超过12个月。工伤职工评定伤残等级后，停发原待遇，按照本章的有关规定享受伤残待遇。工伤职工在停工留薪期满后仍需治疗的，继续享受工伤医疗待遇。

生活不能自理的工伤职工在停工留薪期需要护理的，由所在单位负责。

第三十四条 工伤职工已经评定伤残等级并经劳动能力鉴定委员会确认需要生活护理的，从工伤保险基金按月支付生活护理费。

生活护理费按照生活完全不能自理、生活大部分不能自理或者生活部分不能自理3个不同等级支付，其标准分别为统筹地区上年度职工月平均工资的50%、40%或者30%。

第三十五条 职工因工致残被鉴定为一级至四级伤残的，保留劳动关系，退出工作岗位，享受以下待遇：

（一）从工伤保险基金按伤残等级支付一次性伤残补助金，标准为：一级伤残为27个月的本人工资，二级伤残为25个月的本人工资，三级伤残为23个月的本人工资，四级伤残为21个月的本人工资；

（二）从工伤保险基金按月支付伤残津贴，标准为：一级伤残为本人工资的90%，二级伤残为本人工资的85%，三级伤残为本人工资的80%，四级伤残为本人工资的75%。伤残津贴实际金额低于当地最低工资标准的，由工伤保险基金补足差额；

（三）工伤职工达到退休年龄并办理退休手续后，停发伤残津贴，按照国家有关规定享受基本养老保险待遇。基本养老保险待遇低于伤残津贴的，由工伤保险基金补足差额。

职工因工致残被鉴定为一级至四级伤残的，由用人单位和职工个人以伤残津贴为基数，缴纳基本医疗保险费。

第三十六条 职工因工致残被鉴定为五级、六级伤残的，享受以下待遇：

（一）从工伤保险基金按伤残等级支付一次性伤残补助金，标准为：五级伤残为18个月的本人工资，六级伤残为16个月的本人工资；

（二）保留与用人单位的劳动关系，由用人单位安排适当工作。难以安排工作的，由用人单位按月发给伤残津贴，标准为：五级伤残为本人工资的70%，六级伤残为本人工资的60%，并由用人单位按照规定为其缴纳应缴纳的各项社会保险费。伤残津贴实际金额低于当地最低工资标准的，由用人单位补足差额。

经工伤职工本人提出，该职工可以与用人单位解除或者终止劳动关系，由工伤保险基金支付一次性工伤医疗补助金，由用人单位支付一次性伤残就业补助金。一次性工伤医疗补助金和一次性伤残就业补助金的具体标准由省、自治区、直辖市人民政府规定。

第三十七条 职工因工致残被鉴定为七级至十级伤残的,享受以下待遇:

(一)从工伤保险基金按伤残等级支付一次性伤残补助金,标准为:七级伤残为13个月的本人工资,八级伤残为11个月的本人工资,九级伤残为9个月的本人工资,十级伤残为7个月的本人工资;

(二)劳动、聘用合同期满终止,或者职工本人提出解除劳动、聘用合同的,由工伤保险基金支付一次性工伤医疗补助金,由用人单位支付一次性伤残就业补助金。一次性工伤医疗补助金和一次性伤残就业补助金的具体标准由省、自治区、直辖市人民政府规定。

第三十八条 工伤职工工伤复发,确认需要治疗的,享受本条例第三十条、第三十二条和第三十三条规定的工伤待遇。

第三十九条 职工因工死亡,其近亲属按照下列规定从工伤保险基金领取丧葬补助金、供养亲属抚恤金和一次性工亡补助金:

(一)丧葬补助金为6个月的统筹地区上年度职工月平均工资;

(二)供养亲属抚恤金按照职工本人工资的一定比例发给由因工死亡职工生前提供主要生活来源、无劳动能力的亲属。标准为:配偶每月40%,其他亲属每人每月30%,孤寡老人或者孤儿每人每月在上述标准的基础上增加10%。核定的各供养亲属的抚恤金之和不应高于因工死亡职工生前的工资。供养亲属的具体范围由国务院社会保险行政部门规定;

(三)一次性工亡补助金标准为上一年度全国城镇居民人均可支配收入的20倍。

伤残职工在停工留薪期内因工伤导致死亡的,其近亲属享受本条第一款规定的待遇。

一级至四级伤残职工在停工留薪期满后死亡的,其近亲属可以享受本条第一款第(一)项、第(二)项规定的待遇。

第四十条 伤残津贴、供养亲属抚恤金、生活护理费由统筹地区社会保险行政部门根据职工平均工资和生活费用变化等情况适时调整。调整办法由省、自治区、直辖市人民政府规定。

第四十一条 职工因工外出期间发生事故或者在抢险救灾中下落不明的,

从事故发生当月起3个月内照发工资，从第4个月起停发工资，由工伤保险基金向其供养亲属按月支付供养亲属抚恤金。生活有困难的，可以预支一次性工亡补助金的50%。职工被人民法院宣告死亡的，按照本条例第三十九条职工因工死亡的规定处理。

第四十二条 工伤职工有下列情形之一的，停止享受工伤保险待遇：

（一）丧失享受待遇条件的；

（二）拒不接受劳动能力鉴定的；

（三）拒绝治疗的。

第四十三条 用人单位分立、合并、转让的，承继单位应当承担原用人单位的工伤保险责任；原用人单位已经参加工伤保险的，承继单位应当到当地经办机构办理工伤保险变更登记。

用人单位实行承包经营的，工伤保险责任由职工劳动关系所在单位承担。

职工被借调期间受到工伤事故伤害的，由原用人单位承担工伤保险责任，但原用人单位与借调单位可以约定补偿办法。

企业破产的，在破产清算时依法拨付应当由单位支付的工伤保险待遇费用。

第四十四条 职工被派遣出境工作，依据前往国家或者地区的法律应当参加当地工伤保险的，参加当地工伤保险，其国内工伤保险关系中止；不能参加当地工伤保险的，其国内工伤保险关系不中止。

第四十五条 职工再次发生工伤，根据规定应当享受伤残津贴的，按照新认定的伤残等级享受伤残津贴待遇。

第六章 监督管理

第四十六条 经办机构具体承办工伤保险事务，履行下列职责：

（一）根据省、自治区、直辖市人民政府规定，征收工伤保险费；

（二）核查用人单位的工资总额和职工人数，办理工伤保险登记，并负责保存用人单位缴费和职工享受工伤保险待遇情况的记录；

（三）进行工伤保险的调查、统计；

（四）按照规定管理工伤保险基金的支出；

（五）按照规定核定工伤保险待遇；

（六）为工伤职工或者其近亲属免费提供咨询服务。

第四十七条 经办机构与医疗机构、辅助器具配置机构在平等协商的基础上签订服务协议，并公布签订服务协议的医疗机构、辅助器具配置机构的名单。具体办法由国务院社会保险行政部门分别会同国务院卫生行政部门、民政部门等部门制定。

第四十八条 经办机构按照协议和国家有关目录、标准对工伤职工医疗费用、康复费用、辅助器具费用的使用情况进行核查，并按时足额结算费用。

第四十九条 经办机构应当定期公布工伤保险基金的收支情况，及时向社会保险行政部门提出调整费率的建议。

第五十条 社会保险行政部门、经办机构应当定期听取工伤职工、医疗机构、辅助器具配置机构以及社会各界对改进工伤保险工作的意见。

第五十一条 社会保险行政部门依法对工伤保险费的征缴和工伤保险基金的支付情况进行监督检查。

财政部门和审计机关依法对工伤保险基金的收支、管理情况进行监督。

第五十二条 任何组织和个人对有关工伤保险的违法行为，有权举报。社会保险行政部门对举报应当及时调查，按照规定处理，并为举报人保密。

第五十三条 工会组织依法维护工伤职工的合法权益，对用人单位的工伤保险工作实行监督。

第五十四条 职工与用人单位发生工伤待遇方面的争议，按照处理劳动争议的有关规定处理。

第五十五条 有下列情形之一的，有关单位或者个人可以依法申请行政复议，也可以依法向人民法院提起行政诉讼：

（一）申请工伤认定的职工或者其近亲属、该职工所在单位对工伤认定申请不予受理的决定不服的；

（二）申请工伤认定的职工或者其近亲属、该职工所在单位对工伤认定结论不服的；

（三）用人单位对经办机构确定的单位缴费费率不服的；

（四）签订服务协议的医疗机构、辅助器具配置机构认为经办机构未履行有关协议或者规定的；

(五)工伤职工或者其近亲属对经办机构核定的工伤保险待遇有异议的。

第七章 法律责任

第五十六条 单位或者个人违反本条例第十二条规定挪用工伤保险基金，构成犯罪的，依法追究刑事责任；尚不构成犯罪的，依法给予处分或者纪律处分。被挪用的基金由社会保险行政部门追回，并入工伤保险基金；没收的违法所得依法上缴国库。

第五十七条 社会保险行政部门工作人员有下列情形之一的，依法给予处分；情节严重，构成犯罪的，依法追究刑事责任：

(一)无正当理由不受理工伤认定申请，或者弄虚作假将不符合工伤条件的人员认定为工伤职工的；

(二)未妥善保管申请工伤认定的证据材料，致使有关证据灭失的；

(三)收受当事人财物的。

第五十八条 经办机构有下列行为之一的，由社会保险行政部门责令改正，对直接负责的主管人员和其他责任人员依法给予纪律处分；情节严重，构成犯罪的，依法追究刑事责任；造成当事人经济损失的，由经办机构依法承担赔偿责任：

(一)未按规定保存用人单位缴费和职工享受工伤保险待遇情况记录的；

(二)不按规定核定工伤保险待遇的；

(三)收受当事人财物的。

第五十九条 医疗机构、辅助器具配置机构不按服务协议提供服务的，经办机构可以解除服务协议。

经办机构不按时足额结算费用的，由社会保险行政部门责令改正；医疗机构、辅助器具配置机构可以解除服务协议。

第六十条 用人单位、工伤职工或者其近亲属骗取工伤保险待遇，医疗机构、辅助器具配置机构骗取工伤保险基金支出的，由社会保险行政部门责令退还，处骗取金额2倍以上5倍以下的罚款；情节严重，构成犯罪的，依法追究刑事责任。

第六十一条 从事劳动能力鉴定的组织或者个人有下列情形之一的，由社会保险行政部门责令改正，处 2000 元以上 1 万元以下的罚款；情节严重，构成犯罪的，依法追究刑事责任：

（一）提供虚假鉴定意见的；

（二）提供虚假诊断证明的；

（三）收受当事人财物的。

第六十二条 用人单位依照本条例规定应当参加工伤保险而未参加的，由社会保险行政部门责令限期参加，补缴应当缴纳的工伤保险费，并自欠缴之日起，按日加收万分之五的滞纳金；逾期仍不缴纳的，处欠缴数额 1 倍以上 3 倍以下的罚款。

依照本条例规定应当参加工伤保险而未参加工伤保险的用人单位职工发生工伤的，由该用人单位按照本条例规定的工伤保险待遇项目和标准支付费用。

用人单位参加工伤保险并补缴应当缴纳的工伤保险费、滞纳金后，由工伤保险基金和用人单位依照本条例的规定支付新发生的费用。

第六十三条 用人单位违反本条例第十九条的规定，拒不协助社会保险行政部门对事故进行调查核实的，由社会保险行政部门责令改正，处 2000 元以上 2 万元以下的罚款。

第八章 附　　则

第六十四条 本条例所称工资总额，是指用人单位直接支付给本单位全部职工的劳动报酬总额。

本条例所称本人工资，是指工伤职工因工作遭受事故伤害或者患职业病前 12 个月平均月缴费工资。本人工资高于统筹地区职工平均工资 300% 的，按照统筹地区职工平均工资的 300% 计算；本人工资低于统筹地区职工平均工资 60% 的，按照统筹地区职工平均工资的 60% 计算。

第六十五条 公务员和参照公务员法管理的事业单位、社会团体的工作人员因工作遭受事故伤害或者患职业病的，由所在单位支付费用。具体办法由国务院社会保险行政部门会同国务院财政部门规定。

第六十六条 无营业执照或者未经依法登记、备案的单位以及被依法吊销营业执照或者撤销登记、备案的单位的职工受到事故伤害或者患职业病的，由该单位向伤残职工或者死亡职工的近亲属给予一次性赔偿，赔偿标准不得低于本条例规定的工伤保险待遇；用人单位不得使用童工，用人单位使用童工造成童工伤残、死亡的，由该单位向童工或者童工的近亲属给予一次性赔偿，赔偿标准不得低于本条例规定的工伤保险待遇。具体办法由国务院社会保险行政部门规定。

前款规定的伤残职工或者死亡职工的近亲属就赔偿数额与单位发生争议的，以及前款规定的童工或者童工的近亲属就赔偿数额与单位发生争议的，按照处理劳动争议的有关规定处理。

第六十七条 本条例自2004年1月1日起施行。本条例施行前已受到事故伤害或者患职业病的职工尚未完成工伤认定的，按照本条例的规定执行。

7. 最高人民法院关于审理劳动争议案件适用法律问题的解释(一)

(法释〔2020〕26号　2020年12月29日发布)

为正确审理劳动争议案件,根据《中华人民共和国民法典》《中华人民共和国劳动法》《中华人民共和国劳动合同法》《中华人民共和国劳动争议调解仲裁法》《中华人民共和国民事诉讼法》等相关法律规定,结合审判实践,制定本解释。

第一条　劳动者与用人单位之间发生的下列纠纷,属于劳动争议,当事人不服劳动争议仲裁机构作出的裁决,依法提起诉讼的,人民法院应予受理:

(一)劳动者与用人单位在履行劳动合同过程中发生的纠纷;

(二)劳动者与用人单位之间没有订立书面劳动合同,但已形成劳动关系后发生的纠纷;

(三)劳动者与用人单位因劳动关系是否已经解除或者终止,以及应否支付解除或者终止劳动关系经济补偿金发生的纠纷;

(四)劳动者与用人单位解除或者终止劳动关系后,请求用人单位返还其收取的劳动合同定金、保证金、抵押金、抵押物发生的纠纷,或者办理劳动者的人事档案、社会保险关系等移转手续发生的纠纷;

(五)劳动者以用人单位未为其办理社会保险手续,且社会保险经办机构不能补办导致其无法享受社会保险待遇为由,要求用人单位赔偿损失发生的纠纷;

(六)劳动者退休后,与尚未参加社会保险统筹的原用人单位因追索养老金、医疗费、工伤保险待遇和其他社会保险待遇而发生的纠纷;

(七)劳动者因为工伤、职业病,请求用人单位依法给予工伤保险待遇发生的纠纷;

（八）劳动者依据劳动合同法第八十五条规定，要求用人单位支付加付赔偿金发生的纠纷；

（九）因企业自主进行改制发生的纠纷。

第二条 下列纠纷不属于劳动争议：

（一）劳动者请求社会保险经办机构发放社会保险金的纠纷；

（二）劳动者与用人单位因住房制度改革产生的公有住房转让纠纷；

（三）劳动者对劳动能力鉴定委员会的伤残等级鉴定结论或者对职业病诊断鉴定委员会的职业病诊断鉴定结论的异议纠纷；

（四）家庭或者个人与家政服务人员之间的纠纷；

（五）个体工匠与帮工、学徒之间的纠纷；

（六）农村承包经营户与受雇人之间的纠纷。

第三条 劳动争议案件由用人单位所在地或者劳动合同履行地的基层人民法院管辖。

劳动合同履行地不明确的，由用人单位所在地的基层人民法院管辖。

法律另有规定的，依照其规定。

第四条 劳动者与用人单位均不服劳动争议仲裁机构的同一裁决，向同一人民法院起诉的，人民法院应当并案审理，双方当事人互为原告和被告，对双方的诉讼请求，人民法院应当一并作出裁决。在诉讼过程中，一方当事人撤诉的，人民法院应当根据另一方当事人的诉讼请求继续审理。双方当事人就同一仲裁裁决分别向有管辖权的人民法院起诉的，后受理的人民法院应当将案件移送给先受理的人民法院。

第五条 劳动争议仲裁机构以无管辖权为由对劳动争议案件不予受理，当事人提起诉讼的，人民法院按照以下情形分别处理：

（一）经审查认为该劳动争议仲裁机构对案件确无管辖权的，应当告知当事人向有管辖权的劳动争议仲裁机构申请仲裁；

（二）经审查认为该劳动争议仲裁机构有管辖权的，应当告知当事人申请仲裁，并将审查意见书面通知该劳动争议仲裁机构；劳动争议仲裁机构仍不受理，当事人就该劳动争议事项提起诉讼的，人民法院应予受理。

第六条 劳动争议仲裁机构以当事人申请仲裁的事项不属于劳动争议为由，作出不予受理的书面裁决、决定或者通知，当事人不服依法提起诉讼的，人民法院应当分别情况予以处理：

（一）属于劳动争议案件的，应当受理；

（二）虽不属于劳动争议案件，但属于人民法院主管的其他案件，应当依法受理。

第七条 劳动争议仲裁机构以申请仲裁的主体不适格为由，作出不予受理的书面裁决、决定或者通知，当事人不服依法提起诉讼，经审查确属主体不适格的，人民法院不予受理；已经受理的，裁定驳回起诉。

第八条 劳动争议仲裁机构为纠正原仲裁裁决错误重新作出裁决，当事人不服依法提起诉讼的，人民法院应当受理。

第九条 劳动争议仲裁机构仲裁的事项不属于人民法院受理的案件范围，当事人不服依法提起诉讼的，人民法院不予受理；已经受理的，裁定驳回起诉。

第十条 当事人不服劳动争议仲裁机构作出的预先支付劳动者劳动报酬、工伤医疗费、经济补偿或者赔偿金的裁决，依法提起诉讼的，人民法院不予受理。

用人单位不履行上述裁决中的给付义务，劳动者依法申请强制执行的，人民法院应予受理。

第十一条 劳动争议仲裁机构作出的调解书已经发生法律效力，一方当事人反悔提起诉讼的，人民法院不予受理；已经受理的，裁定驳回起诉。

第十二条 劳动争议仲裁机构逾期未作出受理决定或仲裁裁决，当事人直接提起诉讼的，人民法院应予受理，但申请仲裁的案件存在下列事由的除外：

（一）移送管辖的；

（二）正在送达或者送达延误的；

（三）等待另案诉讼结果、评残结论的；

（四）正在等待劳动争议仲裁机构开庭的；

（五）启动鉴定程序或者委托其他部门调查取证的；

（六）其他正当事由。

当事人以劳动争议仲裁机构逾期未作出仲裁裁决为由提起诉讼的，应当提交该仲裁机构出具的受理通知书或者其他已接受仲裁申请的凭证、证明。

第十三条 劳动者依据劳动合同法第三十条第二款和调解仲裁法第十六条规定向人民法院申请支付令，符合民事诉讼法第十七章督促程序规定的，人民法院应予受理。

依据劳动合同法第三十条第二款规定申请支付令被人民法院裁定终结督促程序后，劳动者就劳动争议事项直接提起诉讼的，人民法院应当告知其先向劳动争议仲裁机构申请仲裁。

依据调解仲裁法第十六条规定申请支付令被人民法院裁定终结督促程序后，劳动者依据调解协议直接提起诉讼的，人民法院应予受理。

第十四条 人民法院受理劳动争议案件后，当事人增加诉讼请求的，如该诉讼请求与讼争的劳动争议具有不可分性，应当合并审理；如属独立的劳动争议，应当告知当事人向劳动争议仲裁机构申请仲裁。

第十五条 劳动者以用人单位的工资欠条为证据直接提起诉讼，诉讼请求不涉及劳动关系其他争议的，视为拖欠劳动报酬争议，人民法院按照普通民事纠纷受理。

第十六条 劳动争议仲裁机构作出仲裁裁决后，当事人对裁决中的部分事项不服，依法提起诉讼的，劳动争议仲裁裁决不发生法律效力。

第十七条 劳动争议仲裁机构对多个劳动者的劳动争议作出仲裁裁决后，部分劳动者对仲裁裁决不服，依法提起诉讼的，仲裁裁决对提起诉讼的劳动者不发生法律效力；对未提起诉讼的部分劳动者，发生法律效力，如其申请执行的，人民法院应当受理。

第十八条 仲裁裁决的类型以仲裁裁决书确定为准。仲裁裁决书未载明该裁决为终局裁决或者非终局裁决，用人单位不服该仲裁裁决向基层人民法院提起诉讼的，应当按照以下情形分别处理：

（一）经审查认为该仲裁裁决为非终局裁决的，基层人民法院应予受理；

（二）经审查认为该仲裁裁决为终局裁决的，基层人民法院不予受理，但应告知用人单位可以自收到不予受理裁定书之日起三十日内向劳动争议仲裁机构所在地的中级人民法院申请撤销该仲裁裁决；已经受理的，裁定驳回起诉。

第十九条 仲裁裁决书未载明该裁决为终局裁决或者非终局裁决，劳动者依据调解仲裁法第四十七条第一项规定，追索劳动报酬、工伤医疗费、经济补偿或者赔偿金，如果仲裁裁决涉及数项，每项确定的数额均不超过当地月最低工资标准十二个月金额的，应当按照终局裁决处理。

第二十条 劳动争议仲裁机构作出的同一仲裁裁决同时包含终局裁决事项和非终局裁决事项，当事人不服该仲裁裁决向人民法院提起诉讼的，应当按照非终局裁决处理。

第二十一条 劳动者依据调解仲裁法第四十八条规定向基层人民法院提起诉讼，用人单位依据调解仲裁法第四十九条规定向劳动争议仲裁机构所在地的中级人民法院申请撤销仲裁裁决的，中级人民法院应当不予受理；已经受理的，应当裁定驳回申请。

被人民法院驳回起诉或者劳动者撤诉的，用人单位可以自收到裁定书之日起三十日内，向劳动争议仲裁机构所在地的中级人民法院申请撤销仲裁裁决。

第二十二条 用人单位依据调解仲裁法第四十九条规定向中级人民法院申请撤销仲裁裁决，中级人民法院作出的驳回申请或者撤销仲裁裁决的裁定为终审裁定。

第二十三条 中级人民法院审理用人单位申请撤销终局裁决的案件，应当组成合议庭开庭审理。经过阅卷、调查和询问当事人，对没有新的事实、证据或者理由，合议庭认为不需要开庭审理的，可以不开庭审理。

中级人民法院可以组织双方当事人调解。达成调解协议的，可以制作调解书。一方当事人逾期不履行调解协议的，另一方可以申请人民法院强制执行。

第二十四条 当事人申请人民法院执行劳动争议仲裁机构作出的发生法律效力的裁决书、调解书，被申请人提出证据证明劳动争议仲裁裁决书、调解书有下列情形之一，并经审查核实的，人民法院可以根据民事诉讼法第二百三十七条规定，裁定不予执行：

（一）裁决的事项不属于劳动争议仲裁范围，或者劳动争议仲裁机构无权仲裁的；

（二）适用法律、法规确有错误的；

（三）违反法定程序的；

（四）裁决所根据的证据是伪造的；

（五）对方当事人隐瞒了足以影响公正裁决的证据的；

（六）仲裁员在仲裁该案时有索贿受贿、徇私舞弊、枉法裁决行为的；

（七）人民法院认定执行该劳动争议仲裁裁决违背社会公共利益的。

人民法院在不予执行的裁定书中，应当告知当事人在收到裁定书之次日起三十日内，可以就该劳动争议事项向人民法院提起诉讼。

第二十五条 劳动争议仲裁机构作出终局裁决，劳动者向人民法院申请执行，用人单位向劳动争议仲裁机构所在地的中级人民法院申请撤销的，人民法院应当裁定中止执行。

用人单位撤回撤销终局裁决申请或者其申请被驳回的，人民法院应当裁定恢复执行。仲裁裁决被撤销的，人民法院应当裁定终结执行。

用人单位向人民法院申请撤销仲裁裁决被驳回后，又在执行程序中以相同理由提出不予执行抗辩的，人民法院不予支持。

第二十六条 用人单位与其他单位合并的，合并前发生的劳动争议，由合并后的单位为当事人；用人单位分立为若干单位的，其分立前发生的劳动争议，由分立后的实际用人单位为当事人。

用人单位分立为若干单位后，具体承受劳动权利义务的单位不明确的，分立后的单位均为当事人。

第二十七条 用人单位招用尚未解除劳动合同的劳动者，原用人单位与劳动者发生的劳动争议，可以列新的用人单位为第三人。

原用人单位以新的用人单位侵权为由提起诉讼的，可以列劳动者为第三人。

原用人单位以新的用人单位和劳动者共同侵权为由提起诉讼的，新的用人单位和劳动者列为共同被告。

第二十八条 劳动者在用人单位与其他平等主体之间的承包经营期间，与发包方和承包方双方或者一方发生劳动争议，依法提起诉讼的，应当将承包方和发包方作为当事人。

第二十九条 劳动者与未办理营业执照、营业执照被吊销或者营业期限届满仍继续经营的用人单位发生争议的，应当将用人单位或者其出资人列为当事人。

第三十条 未办理营业执照、营业执照被吊销或者营业期限届满仍继续经营的用人单位，以挂靠等方式借用他人营业执照经营的，应当将用人单位和营业执照出借方列为当事人。

第三十一条 当事人不服劳动争议仲裁机构作出的仲裁裁决，依法提起诉讼，人民法院审查认为仲裁裁决遗漏了必须共同参加仲裁的当事人的，应当依法追加遗漏的人为诉讼当事人。

被追加的当事人应当承担责任的，人民法院应当一并处理。

第三十二条 用人单位与其招用的已经依法享受养老保险待遇或者领取退

休金的人员发生用工争议而提起诉讼的，人民法院应当按劳务关系处理。

企业停薪留职人员、未达到法定退休年龄的内退人员、下岗待岗人员以及企业经营性停产放长假人员，因与新的用人单位发生用工争议而提起诉讼的，人民法院应当按劳动关系处理。

第三十三条 外国人、无国籍人未依法取得就业证件即与中华人民共和国境内的用人单位签订劳动合同，当事人请求确认与用人单位存在劳动关系的，人民法院不予支持。

持有《外国专家证》并取得《外国人来华工作许可证》的外国人，与中华人民共和国境内的用人单位建立用工关系的，可以认定为劳动关系。

第三十四条 劳动合同期满后，劳动者仍在原用人单位工作，原用人单位未表示异议的，视为双方同意以原条件继续履行劳动合同。一方提出终止劳动关系的，人民法院应予支持。

根据劳动合同法第十四条规定，用人单位应当与劳动者签订无固定期限劳动合同而未签订的，人民法院可以视为双方之间存在无固定期限劳动合同关系，并以原劳动合同确定双方的权利义务关系。

第三十五条 劳动者与用人单位就解除或者终止劳动合同办理相关手续、支付工资报酬、加班费、经济补偿或者赔偿金等达成的协议，不违反法律、行政法规的强制性规定，且不存在欺诈、胁迫或者乘人之危情形的，应当认定有效。

前款协议存在重大误解或者显失公平情形，当事人请求撤销的，人民法院应予支持。

第三十六条 当事人在劳动合同或者保密协议中约定了竞业限制，但未约定解除或者终止劳动合同后给予劳动者经济补偿，劳动者履行了竞业限制义务，要求用人单位按照劳动者在劳动合同解除或者终止前十二个月平均工资的30%按月支付经济补偿的，人民法院应予支持。

前款规定的月平均工资的30%低于劳动合同履行地最低工资标准的，按照劳动合同履行地最低工资标准支付。

第三十七条 当事人在劳动合同或者保密协议中约定了竞业限制和经济补偿，当事人解除劳动合同时，除另有约定外，用人单位要求劳动者履行竞业限制义务，或者劳动者履行了竞业限制义务后要求用人单位支付经济补偿的，人民法院应予支持。

第三十八条 当事人在劳动合同或者保密协议中约定了竞业限制和经济补偿，劳动合同解除或者终止后，因用人单位的原因导致三个月未支付经济补偿，劳动者请求解除竞业限制约定的，人民法院应予支持。

第三十九条 在竞业限制期限内，用人单位请求解除竞业限制协议的，人民法院应予支持。

在解除竞业限制协议时，劳动者请求用人单位额外支付劳动者三个月的竞业限制经济补偿的，人民法院应予支持。

第四十条 劳动者违反竞业限制约定，向用人单位支付违约金后，用人单位要求劳动者按照约定继续履行竞业限制义务的，人民法院应予支持。

第四十一条 劳动合同被确认为无效，劳动者已付出劳动的，用人单位应当按照劳动合同法第二十八条、第四十六条、第四十七条的规定向劳动者支付劳动报酬和经济补偿。

由于用人单位原因订立无效劳动合同，给劳动者造成损害的，用人单位应当赔偿劳动者因合同无效所造成的经济损失。

第四十二条 劳动者主张加班费的，应当就加班事实的存在承担举证责任。但劳动者有证据证明用人单位掌握加班事实存在的证据，用人单位不提供的，由用人单位承担不利后果。

第四十三条 用人单位与劳动者协商一致变更劳动合同，虽未采用书面形式，但已经实际履行了口头变更的劳动合同超过一个月，变更后的劳动合同内容不违反法律、行政法规且不违背公序良俗，当事人以未采用书面形式为由主张劳动合同变更无效的，人民法院不予支持。

第四十四条 因用人单位作出的开除、除名、辞退、解除劳动合同、减少劳动报酬、计算劳动者工作年限等决定而发生的劳动争议，用人单位负举证责任。

第四十五条 用人单位有下列情形之一，迫使劳动者提出解除劳动合同的，用人单位应当支付劳动者的劳动报酬和经济补偿，并可支付赔偿金：

（一）以暴力、威胁或者非法限制人身自由的手段强迫劳动的；

（二）未按照劳动合同约定支付劳动报酬或者提供劳动条件的；

（三）克扣或者无故拖欠劳动者工资的；

（四）拒不支付劳动者延长工作时间工资报酬的；

（五）低于当地最低工资标准支付劳动者工资的。

第四十六条 劳动者非因本人原因从原用人单位被安排到新用人单位工作,原用人单位未支付经济补偿,劳动者依据劳动合同法第三十八条规定与新用人单位解除劳动合同,或者新用人单位向劳动者提出解除、终止劳动合同,在计算支付经济补偿或赔偿金的工作年限时,劳动者请求把在原用人单位的工作年限合并计算为新用人单位工作年限的,人民法院应予支持。

用人单位符合下列情形之一的,应当认定属于"劳动者非因本人原因从原用人单位被安排到新用人单位工作":

(一)劳动者仍在原工作场所、工作岗位工作,劳动合同主体由原用人单位变更为新用人单位;

(二)用人单位以组织委派或任命形式对劳动者进行工作调动;

(三)因用人单位合并、分立等原因导致劳动者工作调动;

(四)用人单位及其关联企业与劳动者轮流订立劳动合同;

(五)其他合理情形。

第四十七条 建立了工会组织的用人单位解除劳动合同符合劳动合同法第三十九条、第四十条规定,但未按照劳动合同法第四十三条规定事先通知工会,劳动者以用人单位违法解除劳动合同为由请求用人单位支付赔偿金的,人民法院应予支持,但起诉前用人单位已经补正有关程序的除外。

第四十八条 劳动合同法施行后,因用人单位经营期限届满不再继续经营导致劳动合同不能继续履行,劳动者请求用人单位支付经济补偿的,人民法院应予支持。

第四十九条 在诉讼过程中,劳动者向人民法院申请采取财产保全措施,人民法院经审查认为申请人经济确有困难,或者有证据证明用人单位存在欠薪逃匿可能的,应当减轻或者免除劳动者提供担保的义务,及时采取保全措施。

人民法院作出的财产保全裁定中,应当告知当事人在劳动争议仲裁机构的裁决书或者在人民法院的裁判文书生效后三个月内申请强制执行。逾期不申请的,人民法院应当裁定解除保全措施。

第五十条 用人单位根据劳动合同法第四条规定,通过民主程序制定的规章制度,不违反国家法律、行政法规及政策规定,并已向劳动者公示的,可以作为确定双方权利义务的依据。

用人单位制定的内部规章制度与集体合同或者劳动合同约定的内容不一

致，劳动者请求优先适用合同约定的，人民法院应予支持。

第五十一条 当事人在调解仲裁法第十条规定的调解组织主持下达成的具有劳动权利义务内容的调解协议，具有劳动合同的约束力，可以作为人民法院裁判的根据。

当事人在调解仲裁法第十条规定的调解组织主持下仅就劳动报酬争议达成调解协议，用人单位不履行调解协议确定的给付义务，劳动者直接提起诉讼的，人民法院可以按照普通民事纠纷受理。

第五十二条 当事人在人民调解委员会主持下仅就给付义务达成的调解协议，双方认为有必要的，可以共同向人民调解委员会所在地的基层人民法院申请司法确认。

第五十三条 用人单位对劳动者作出的开除、除名、辞退等处理，或者因其他原因解除劳动合同确有错误的，人民法院可以依法判决予以撤销。

对于追索劳动报酬、养老金、医疗费以及工伤保险待遇、经济补偿金、培训费及其他相关费用等案件，给付数额不当的，人民法院可以予以变更。

第五十四条 本解释自 2021 年 1 月 1 日起施行。

8. 人力资源和社会保障部、最高人民法院关于劳动人事争议仲裁与诉讼衔接有关问题的意见（一）

（人社部发〔2022〕9号　2022年2月21日发布）

各省、自治区、直辖市人力资源社会保障厅（局）、高级人民法院，解放军军事法院，新疆生产建设兵团人力资源社会保障局、新疆维吾尔自治区高级人民法院生产建设兵团分院：

为贯彻党中央关于健全社会矛盾纠纷多元预防调处化解综合机制的要求，落实《人力资源和社会保障部最高人民法院关于加强劳动人事争议仲裁与诉讼衔接机制建设的意见》（人社部发〔2017〕70号），根据相关法律规定，结合工作实践，现就完善劳动人事争议仲裁与诉讼衔接有关问题，提出如下意见。

一、劳动人事争议仲裁委员会对调解协议仲裁审查申请不予受理或者经仲裁审查决定不予制作调解书的，当事人可依法就协议内容中属于劳动人事争议仲裁受理范围的事项申请仲裁。当事人直接向人民法院提起诉讼的，人民法院不予受理，但下列情形除外：

（一）依据《中华人民共和国劳动争议调解仲裁法》第十六条规定申请支付令被人民法院裁定终结督促程序后，劳动者依据调解协议直接提起诉讼的；

（二）当事人在《中华人民共和国劳动争议调解仲裁法》第十条规定的调解组织主持下仅就劳动报酬争议达成调解协议，用人单位不履行调解协议约定的给付义务，劳动者直接提起诉讼的；

（三）当事人在经依法设立的调解组织主持下就支付拖欠劳动报酬、工伤医疗费、经济补偿或者赔偿金事项达成调解协议，双方当事人依据《中华人民共和国民事诉讼法》第二百零一条规定共同向人民法院申请司法确认，人民法院不予确认，劳动者依据调解协议直接提起诉讼的。

二、经依法设立的调解组织调解达成的调解协议生效后，当事人可以共同向有管辖权的人民法院申请确认调解协议效力。

三、用人单位依据《中华人民共和国劳动合同法》第九十条规定，要求劳动者承担赔偿责任的，劳动人事争议仲裁委员会应当依法受理。

四、申请人撤回仲裁申请后向人民法院起诉的，人民法院应当裁定不予受理；已经受理的，应当裁定驳回起诉。

申请人再次申请仲裁的，劳动人事争议仲裁委员会应当受理。

五、劳动者请求用人单位支付违法解除或者终止劳动合同赔偿金，劳动人事争议仲裁委员会、人民法院经审查认为用人单位系合法解除劳动合同应当支付经济补偿的，可以依法裁决或者判决用人单位支付经济补偿。

劳动者基于同一事实在仲裁辩论终结前或者人民法院一审辩论终结前将仲裁请求、诉讼请求由要求用人单位支付经济补偿变更为支付赔偿金的，劳动人事争议仲裁委员会、人民法院应予准许。

六、当事人在仲裁程序中认可的证据，经审判人员在庭审中说明后，视为质证过的证据。

七、依法负有举证责任的当事人，在诉讼期间提交仲裁中未提交的证据的，人民法院应当要求其说明理由。

八、在仲裁或者诉讼程序中，一方当事人陈述的于己不利的事实，或者对于己不利的事实明确表示承认的，另一方当事人无需举证证明，但下列情形不适用有关自认的规定：

（一）涉及可能损害国家利益、社会公共利益的；

（二）涉及身份关系的；

（三）当事人有恶意串通损害他人合法权益可能的；

（四）涉及依职权追加当事人、中止仲裁或者诉讼、终结仲裁或者诉讼、回避等程序性事项的。

当事人自认的事实与已经查明的事实不符的，劳动人事争议仲裁委员会、人民法院不予确认。

九、当事人在诉讼程序中否认在仲裁程序中自认事实的，人民法院不予支持，但下列情形除外：

（一）经对方当事人同意的；

（二）自认是在受胁迫或者重大误解情况下作出的。

十、仲裁裁决涉及下列事项，对单项裁决金额不超过当地月最低工资标准十二个月金额的，劳动人事争议仲裁委员会应当适用终局裁决：

（一）劳动者在法定标准工作时间内提供正常劳动的工资；

（二）停工留薪期工资或者病假工资；

（三）用人单位未提前通知劳动者解除劳动合同的一个月工资；

（四）工伤医疗费；

（五）竞业限制的经济补偿；

（六）解除或者终止劳动合同的经济补偿；

（七）《中华人民共和国劳动合同法》第八十二条规定的第二倍工资；

（八）违法约定试用期的赔偿金；

（九）违法解除或者终止劳动合同的赔偿金；

（十）其他劳动报酬、经济补偿或者赔偿金。

十一、裁决事项涉及确认劳动关系的，劳动人事争议仲裁委员会就同一案件应当作出非终局裁决。

十二、劳动人事争议仲裁委员会按照《劳动人事争议仲裁办案规则》第五十条第四款规定对不涉及确认劳动关系的案件分别作出终局裁决和非终局裁决，劳动者对终局裁决向基层人民法院提起诉讼、用人单位向中级人民法院申请撤销终局裁决、劳动者或者用人单位对非终局裁决向基层人民法院提起诉讼的，有管辖权的人民法院应当依法受理。

审理申请撤销终局裁决案件的中级人民法院认为该案件必须以非终局裁决案件的审理结果为依据，另案尚未审结的，可以中止诉讼。

十三、劳动者不服终局裁决向基层人民法院提起诉讼，中级人民法院对用人单位撤销终局裁决的申请不予受理或者裁定驳回申请，用人单位主张终局裁决存在《中华人民共和国劳动争议调解仲裁法》第四十九条第一款规定情形的，基层人民法院应当一并审理。

十四、用人单位申请撤销终局裁决，当事人对部分终局裁决事项达成调解协议的，中级人民法院可以对达成调解协议的事项出具调解书；对未达成调解协议的事项进行审理，作出驳回申请或者撤销仲裁裁决的裁定。

十五、当事人就部分裁决事项向人民法院提起诉讼的，仲裁裁决不发生法律效力。当事人提起诉讼的裁决事项属于人民法院受理的案件范围的，人民法院应当进行审理。当事人未提起诉讼的裁决事项属于人民法院受理的案件范围的，人民法院应当在判决主文中予以确认。

十六、人民法院根据案件事实对劳动关系是否存在及相关合同效力的认定与当事人主张、劳动人事争议仲裁委员会裁决不一致的，人民法院应当将法律关系性质或者民事行为效力作为焦点问题进行审理，但法律关系性质对裁判理由及结果没有影响，或者有关问题已经当事人充分辩论的除外。

当事人根据法庭审理情况变更诉讼请求的，人民法院应当准许并可以根据案件的具体情况重新指定举证期限。

不存在劳动关系且当事人未变更诉讼请求的，人民法院应当判决驳回诉讼请求。

十七、对符合简易处理情形的案件，劳动人事争议仲裁委员会按照《劳动人事争议仲裁办案规则》第六十条规定，已经保障当事人陈述意见的权利，根据案件情况确定举证期限、开庭日期、审理程序、文书制作等事项，作出终局裁决，用人单位以违反法定程序为由申请撤销终局裁决的，人民法院不予支持。

十八、劳动人事争议仲裁委员会认为已经生效的仲裁处理结果确有错误，可以依法启动仲裁监督程序，但当事人提起诉讼，人民法院已经受理的除外。

劳动人事争议仲裁委员会重新作出处理结果后，当事人依法提起诉讼的，人民法院应当受理。

十九、用人单位因劳动者违反诚信原则，提供虚假学历证书、个人履历等与订立劳动合同直接相关的基本情况构成欺诈解除劳动合同，劳动者主张解除劳动合同经济补偿或者赔偿金的，劳动人事争议仲裁委员会、人民法院不予支持。

二十、用人单位自用工之日起满一年未与劳动者订立书面劳动合同，视为自用工之日起满一年的当日已经与劳动者订立无固定期限劳动合同。

存在前款情形，劳动者以用人单位未订立书面劳动合同为由要求用人单位支付自用工之日起满一年之后的第二倍工资的，劳动人事争议仲裁委员会、人民法院不予支持。

二十一、当事人在劳动合同或者保密协议中约定了竞业限制和经济补偿，劳动合同解除或者终止后,因用人单位的原因导致三个月未支付经济补偿,劳动者请求解除竞业限制约定的,劳动人事争议仲裁委员会、人民法院应予支持。

人力资源和社会保障部

最高人民法院

2022 年 2 月 21 日

9. 劳动部[*]关于企业实行不定时工作制和综合计算工时工作制的审批办法

(劳部发〔1994〕503号　1994年12月14日发布)

第一条　根据《中华人民共和国劳动法》第三十九条的规定,制定本办法。

第二条　本办法适用于中华人民共和国境内的企业。

第三条　企业因生产特点不能实行《中华人民共和国劳动法》第三十六条、第三十八条规定的,可以实行不定时工作制或综合计算工时工作制等其他工作和休息办法。

第四条　企业对符合下列条件之一的职工,可以实行不定时工作制。

(一)企业中的高级管理人员、外勤人员、推销人员、部分值班人员和其他因工作无法按标准工作时间衡量的职工;

(二)企业中的长途运输人员、出租汽车司机和铁路、港口、仓库的部分装卸人员以及因工作性质特殊,需机动作业的职工;

(三)其他因生产特点、工作特殊需要或职责范围的关系,适合实行不定时工作制的职工。

第五条　企业对符合下列条件之一的职工,可实行综合计算工时工作制,即分别以周、月、季、年等为周期,综合计算工作时间,但其平均日工作时间和平均周工作时间应与法定标准工作时间基本相同。

(一)交通、铁路、邮电、水运、航空、渔业等行业中因工作性质特殊,需连续

---

* 现已撤销。

作业的职工;

(二)地质及资源勘探、建筑、制盐、制糖、旅游等受季节和自然条件限制的行业的部分职工;

(三)其他适合实行综合计算工时工作制的职工。

第六条 对于实行不定时工作制和综合计算工时工作制等其他工作和休息办法的职工,企业应根据《中华人民共和国劳动法》第一章、第四章有关规定,在保障职工身体健康并充分听取职工意见的基础上,采用集中工作、集中休息、轮休调休、弹性工作时间等适当方式,确保职工的休息休假权利和生产、工作任务的完成。

第七条 中央直属企业实行不定时工作制和综合计算工时工作制等其他工作和休息办法的,经国务院行业主管部门审核,报国务院劳动行政部门批准。

地方企业实行不定时工作制和综合计算工时工作制等其他工作和休息办法的审批办法,由各省、自治区、直辖市人民政府劳动行政部门制定,报国务院劳动行政部门备案。

第八条 本办法自一九九五年一月一日起实行。

10. 劳动部[*]关于印发工资支付暂行规定的通知

（劳部发〔1994〕489 号　1994 年 12 月 6 日发布）

各省、自治区、直辖市及计划单列市劳动（劳动人事）厅（局），国务院有关部委、直属机构劳动人事司，解放军总后勤部劳动工资局，国家计划单列企业集团：

为配合《劳动法》的贯彻实施，充分保障劳动者通过劳动获得劳动报酬的合法权益，规范用人单位的工资支付行为，特制定《工资支付暂行规定》。现印发给你们，请结合实际情况贯彻执行。

附

工资支付暂行规定

第一条　为维护劳动者通过劳动获得劳动报酬的权利，规范用人单位的工资支付行为，根据《中华人民共和国劳动法》有关规定，制定本规定。

第二条　本规定适用于在中华人民共和国境内的企业、个体经济组织（以下统称用人单位）和与之形成劳动关系的劳动者。

国家机关、事业组织、社会团体和与之建立劳动合同关系的劳动者，依照本规定执行。

第三条　本规定所称工资是指用人单位依据劳动合同的规定，以各种形式支付给劳动者的工资报酬。

---

* 现已撤销。

第四条 工资支付主要包括:工资支付项目、工资支付水平、工资支付形式、工资支付对象、工资支付时间以及特殊情况下的工资支付。

第五条 工资应当以法定货币支付。不得以实物及有价证券替代货币支付。

第六条 用人单位应将工资支付给劳动者本人。劳动者本人因故不能领取工资时,可由其亲属或委托他人代领。

用人单位可委托银行代发工资。

用人单位必须书面记录支付劳动者工资的数额、时间、领取者的姓名以及签字,并保存两年以上备查。用人单位在支付工资时应向劳动者提供一份其个人的工资清单。

第七条 工资必须在用人单位与劳动者约定的日期支付。如遇节假日或休息日,则应提前在最近的工作日支付。工资至少每月支付一次,实行周、日、小时工资制的可按周、日、小时支付工资。

第八条 对完成一次性临时劳动或某项具体工作的劳动者,用人单位应按有关协议或合同规定在其完成劳动任务后即支付工资。

第九条 劳动关系双方依法解除或终止劳动合同时,用人单位应在解除或终止劳动合同时一次付清劳动者工资。

第十条 劳动者在法定工作时间内依法参加社会活动期间,用人单位应视同其提供了正常劳动而支付工资。社会活动包括:依法行使选举权或被选举权;当选代表出席乡(镇)、区以上政府、党派、工会、青年团、妇女联合会等组织召开的会议;出任人民法庭证明人;出席劳动模范、先进工作者大会;《工会法》规定的不脱产工会基层委员会委员因工会活动占用的生产或工作时间;其他依法参加的社会活动。

第十一条 劳动者依法享受年休假、探亲假、婚假、丧假期间,用人单位应按劳动合同规定的标准支付劳动者工资。

第十二条 非因劳动者原因造成单位停工、停产在一个工资支付周期内的,用人单位应按劳动合同规定的标准支付劳动者工资。超过一个工资支付周期的,若劳动者提供了正常劳动,则支付给劳动者的劳动报酬不得低于当地的最低工资标准;若劳动者没有提供正常劳动,应按国家有关规定办理。

第十三条 用人单位在劳动者完成劳动定额或规定的工作任务后,根据实际需要安排劳动者在法定标准工作时间以外工作的，应按以下标准支付工资：

（一）用人单位依法安排劳动者在日法定标准工作时间以外延长工作时间的，按照不低于劳动合同规定的劳动者本人小时工资标准的150%支付劳动者工资；

（二）用人单位依法安排劳动者在休息日工作，而又不能安排补休的，按照不低于劳动合同规定的劳动者本人日或小时工资标准的200%支付劳动者工资；

（三）用人单位依法安排劳动者在法定休假节日工作的，按照不低于劳动合同规定的劳动者本人日或小时工资标准的300%支付劳动者工资。

实行计件工资的劳动者，在完成计件定额任务后，由用人单位安排延长工作时间的，应根据上述规定的原则，分别按照不低于其本人法定工作时间计件单价的150%、200%、300%支付其工资。

经劳动行政部门批准实行综合计算工时工作制的，其综合计算工作时间超过法定标准工作时间的部分，应视为延长工作时间，并应按本规定支付劳动者延长工作时间的工资。

实行不定时工时制度的劳动者，不执行上述规定。

第十四条 用人单位依法破产时，劳动者有权获得其工资。在破产清偿中用人单位应按《中华人民共和国企业破产法》规定的清偿顺序，首先支付欠付本单位劳动者的工资。

第十五条 用人单位不得克扣劳动者工资。有下列情况之一的，用人单位可以代扣劳动者工资：

（1）用人单位代扣代缴的个人所得税；

（2）用人单位代扣代缴的应由劳动者个人负担的各项社会保险费用；

（3）法院判决、裁定中要求代扣的抚养费、赡养费；

（4）法律、法规规定可以从劳动者工资中扣除的其他费用。

第十六条 因劳动者本人原因给用人单位造成经济损失的，用人单位可按照劳动合同的约定要求其赔偿经济损失。经济损失的赔偿，可从劳动者本人的工资中扣除。但每月扣除的部分不得超过劳动者当月工资的20%。若扣除后的剩余工资部分低于当地月最低工资标准，则按最低工资标准支付。

第十七条 用人单位应根据本规定，通过与职工大会、职工代表大会或者其他形式协商制定内部的工资支付制度,并告知本单位全体劳动者,同时抄报当地劳动行政部门备案。

第十八条 各级劳动行政部门有权监察用人单位工资支付的情况。用人单位有下列侵害劳动者合法权益行为的,由劳动行政部门责令其支付劳动者工资和经济补偿,并可责令其支付赔偿金:

(一)克扣或者无故拖欠劳动者工资的;

(二)拒不支付劳动者延长工作时间工资的;

(三)低于当地最低工资标准支付劳动者工资的。

经济补偿和赔偿金的标准,按国家有关规定执行。

第十九条 劳动者与用人单位因工资支付发生劳动争议的,当事人可依法向劳动争议仲裁机关申请仲裁。对仲裁裁决不服的,可以向人民法院提起诉讼。

第二十条 本规定自一九九五年一月一日起施行。

11. 劳动部*关于印发《对〈工资支付暂行规定〉有关问题的补充规定》的通知

（劳部发〔1995〕226 号　1995 年 5 月 12 日发布）

各省、自治区、直辖市及计划单列市劳动（劳动人事）厅（局），国务院有关部委、直属机构劳动人事司，解放军总后勤部劳动工资局，国家计划单列企业集团：

劳动部“关于印发《工资支付暂行规定》的通知”（劳部发〔1994〕489 号）发布后，各地区、各部门在贯彻执行中遇到一些具体问题。为此，经研究，我们制定了《对〈工资支付暂行规定〉有关问题的补充规定》，现印发你们，请结合实际情况贯彻执行。

一九九五年五月十二日

对《工资支付暂行规定》有关问题的补充规定

根据《工资支付暂行规定》（劳部发〔1994〕489 号，以下简称《规定》）确定的原则，现就有关问题作出如下补充规定：

一、《规定》第十一条、第十二条、第十三条所称“按劳动合同规定的标准”，系指劳动合同规定的劳动者本人所在的岗位（职位）相对应的工资标准。

因劳动合同制度尚处于推进的过程中，按上述条款规定执行确有困难的，地方或行业劳动行政部门可在不违反《规定》所确定的总的原则基础上，制定过渡措施。

---

* 现已撤销。

二、关于加班加点的工资支付问题

1.《规定》第十三条第(一)、(二)、(三)款规定的在符合法定标准工作时间的制度工时以外延长工作时间及安排休息日和法定休假节日工作应支付的工资,是根据加班加点的多少,以劳动合同确定的正常工作时间工资标准的一定倍数所支付的劳动报酬,即凡是安排劳动者在法定工作日延长工作时间或安排在休息日工作而又不能补休的,均应支付给劳动者不低于劳动合同规定的劳动者本人小时或日工资标准150%、200%的工资;安排在法定休假节日工作的,应另外支付给劳动者不低于劳动合同规定的劳动者本人小时或日工资标准300%的工资。

2.关于劳动者日工资的折算。由于劳动定额等劳动标准都与制度工时相联系,因此,劳动者日工资可统一按劳动者本人的月工资标准除以每月制度工作天数进行折算。

根据国家关于职工每日工作8小时,每周工作时间40小时的规定,每月制度工时天数为21.5天。考虑到国家允许施行每周40小时工时制度有困难的企业最迟可以延期到1997年5月1日施行,因此,在过渡期内,实行每周44小时工时制度的企业,其日工资折算可仍按每月制度工作天数23.5天执行。

三、《规定》第十五条中所称"克扣"系指用人单位无正当理由扣减劳动者应得工资(即在劳动者已提供正常劳动的前提下用人单位按劳动合同规定的标准应当支付给劳动者的全部劳动报酬)。不包括以下减发工资的情况:(1)国家的法律、法规中有明确规定的;(2)依法签订的劳动合同中有明确规定的;(3)用人单位依法制定并经职代会批准的厂规、厂纪中有明确规定的;(4)企业工资总额与经济效益相联系,经济效益下浮时,工资必须下浮的(但支付给劳动者工资不得低于当地最低工资标准);(5)因劳动者请事假等相应减发工资等。

四、《规定》第十八条所称"无故拖欠"系指用人单位无正当理由超过规定付薪时间未支付劳动者工资。不包括:(1)用人单位遇到非人力所能抗拒的自然灾害、战争等原因,无法按时支付工资;(2)用人单位确因生产经营困难、资金周转受到影响,在征得本单位工会同意后,可暂时延期支付劳动者工资,延期时间的最长限制可由各省、自治区、直辖市劳动行政部门根据各地情况确定。其他情况下拖欠工资均属无故拖欠。

五、关于特殊人员的工资支付问题

1.劳动者受处分后的工资支付:(1)劳动者受行政处分后仍在原单位工作

(如留用察看、降级等)或受刑事处分后重新就业的,应主要由用人单位根据具体情况自主确定其工资报酬;(2)劳动者受刑事处分期间,如收容审查、拘留(羁押)、缓刑、监外执行或劳动教养期间,其待遇按国家有关规定执行。

2. 学徒工、熟练工、大中专毕业生在学徒期、熟练期、见习期、试用期及转正定级后的工资待遇由用人单位自主确定。

3. 新就业复员军人的工资待遇由用人单位自主确定;分配到企业的军队转业干部的工资待遇,按国家有关规定执行。

12. 最低工资规定

（中华人民共和国劳动和社会保障部令第21号
2004年1月20日发布）

第一条　为了维护劳动者取得劳动报酬的合法权益，保障劳动者个人及其家庭成员的基本生活，根据劳动法和国务院有关规定，制定本规定。

第二条　本规定适用于在中华人民共和国境内的企业、民办非企业单位、有雇工的个体工商户（以下统称用人单位）和与之形成劳动关系的劳动者。

国家机关、事业单位、社会团体和与之建立劳动合同关系的劳动者，依照本规定执行。

第三条　本规定所称最低工资标准，是指劳动者在法定工作时间或依法签订的劳动合同约定的工作时间内提供了正常劳动的前提下，用人单位依法应支付的最低劳动报酬。

本规定所称正常劳动，是指劳动者按依法签订的劳动合同约定，在法定工作时间或劳动合同约定的工作时间内从事的劳动。劳动者依法享受带薪年休假、探亲假、婚丧假、生育（产）假、节育手术假等国家规定的假期间，以及法定工作时间内依法参加社会活动期间，视为提供了正常劳动。

第四条　县级以上地方人民政府劳动保障行政部门负责对本行政区域内用人单位执行本规定情况进行监督检查。

各级工会组织依法对本规定执行情况进行监督，发现用人单位支付劳动者工资违反本规定的，有权要求当地劳动保障行政部门处理。

第五条　最低工资标准一般采取月最低工资标准和小时最低工资标准的形式。月最低工资标准适用于全日制就业劳动者，小时最低工资标准适用于非全日制就业劳动者。

第六条 确定和调整月最低工资标准，应参考当地就业者及其赡养人口的最低生活费用、城镇居民消费价格指数、职工个人缴纳的社会保险费和住房公积金、职工平均工资、经济发展水平、就业状况等因素。

确定和调整小时最低工资标准，应在颁布的月最低工资标准的基础上，考虑单位应缴纳的基本养老保险费和基本医疗保险费因素，同时还应适当考虑非全日制劳动者在工作稳定性、劳动条件和劳动强度、福利等方面与全日制就业人员之间的差异。

月最低工资标准和小时最低工资标准具体测算方法见附件。

第七条 省、自治区、直辖市范围内的不同行政区域可以有不同的最低工资标准。

第八条 最低工资标准的确定和调整方案，由省、自治区、直辖市人民政府劳动保障行政部门会同同级工会、企业联合会/企业家协会研究拟订，并将拟订的方案报送劳动保障部。方案内容包括最低工资确定和调整的依据、适用范围、拟订标准和说明。劳动保障部在收到拟订方案后，应征求全国总工会、中国企业联合会、企业家协会的意见。

劳动保障部对方案可以提出修订意见，若在方案收到后 14 日内未提出修订意见的，视为同意。

第九条 省、自治区、直辖市劳动保障行政部门应将本地区最低工资标准方案报省、自治区、直辖市人民政府批准，并在批准后 7 日内在当地政府公报上和至少一种全地区性报纸上发布。省、自治区、直辖市劳动保障行政部门应在发布后 10 日内将最低工资标准报劳动保障部。

第十条 最低工资标准发布实施后，如本规定第六条所规定的相关因素发生变化，应当适时调整。最低工资标准每两年至少调整一次。

第十一条 用人单位应在最低工资标准发布后 10 日内将该标准向本单位全体劳动者公示。

第十二条 在劳动者提供正常劳动的情况下，用人单位应支付给劳动者的工资在剔除下列各项以后，不得低于当地最低工资标准：

（一）延长工作时间工资；

（二）中班、夜班、高温、低温、井下、有毒有害等特殊工作环境、条件下的津贴；

（三）法律、法规和国家规定的劳动者福利待遇等。

实行计件工资或提成工资等工资形式的用人单位，在科学合理的劳动定额基础上，其支付劳动者的工资不得低于相应的最低工资标准。

劳动者由于本人原因造成在法定工作时间内或依法签订的劳动合同约定的工作时间内未提供正常劳动的，不适用于本条规定。

第十三条 用人单位违反本规定第十一条规定的，由劳动保障行政部门责令其限期改正；违反本规定第十二条规定的，由劳动保障行政部门责令其限期补发所欠劳动者工资，并可责令其按所欠工资的1至5倍支付劳动者赔偿金。

第十四条 劳动者与用人单位之间就执行最低工资标准发生争议，按劳动争议处理有关规定处理。

第十五条 本规定自2004年3月1日起实施。1993年11月24日原劳动部发布的《企业最低工资规定》同时废止。

附件：最低工资标准测算方法

最低工资标准测算方法

一、确定最低工资标准应考虑的因素

确定最低工资标准一般考虑城镇居民生活费用支出、职工个人缴纳社会保险费、住房公积金、职工平均工资、失业率、经济发展水平等因素。可用公式表示为：

M＝f（C、S、A、U、E、a）

M 最低工资标准；

C 城镇居民人均生活费用；

S 职工个人缴纳社会保险费、住房公积金；

A 职工平均工资；

U 失业率；

E 经济发展水平；

a 调整因素。

二、确定最低工资标准的通用方法

1. 比重法 即根据城镇居民家计调查资料，确定一定比例的最低人均收入户为贫困户，统计出贫困户的人均生活费用支出水平，乘以每一就业者的赡养系数，再加上一个调整数。

2. 恩格尔系数法　即根据国家营养学会提供的年度标准食物谱及标准食物摄取量，结合标准食物的市场价格，计算出最低食物支出标准，除以恩格尔系数，得出最低生活费用标准，再乘以每一就业者的赡养系数，再加上一个调整数。

以上方法计算出月最低工资标准后，再考虑职工个人缴纳社会保险费、住房公积金、职工平均工资水平、社会救济金和失业保险金标准、就业状况、经济发展水平等进行必要的修正。

举例：某地区最低收入组人均每月生活费支出为210元，每一就业者赡养系数为1.87，最低食物费用为127元，恩格尔系数为0.604，平均工资为900元。

1. 按比重法计算得出该地区月最低工资标准为：

月最低工资标准 $=210\times1.87+a=393+a$（元）（1）

2. 按恩格尔系数法计算得出该地区月最低工资标准为：

月最低工资标准 $=127\div0.604\times1.87+a=393+a$（元）（2）

公式（1）与（2）中a的调整因素主要考虑当地个人缴纳养老、失业、医疗保险费和住房公积金等费用。

另，按照国际上一般月最低工资标准相当于月平均工资的40—60%，则该地区月最低工资标准范围应在360元—540元之间。

小时最低工资标准＝〔（月最低工资标准÷20.92÷8）×（1＋单位应当缴纳的基本养老保险费、基本医疗保险费比例之和）〕×（1＋浮动系数）

浮动系数的确定主要考虑非全日制就业劳动者工作稳定性、劳动条件和劳动强度、福利等方面与全日制就业人员之间的差异。

各地可参照以上测算办法，根据当地实际情况合理确定月、小时最低工资标准。

13. 实施《中华人民共和国社会保险法》若干规定

（中华人民共和国人力资源和社会保障部令第13号
2011年6月29日发布）

第一章　关于基本养老保险

第一条　社会保险法第十五条规定的统筹养老金，按照国务院规定的基础养老金计发办法计发。

第二条　参加职工基本养老保险的个人达到法定退休年龄时，累计缴费不足十五年的，可以延长缴费至满十五年。社会保险法实施前参保、延长缴费五年后仍不足十五年的，可以一次性缴费至满十五年。

第三条　参加职工基本养老保险的个人达到法定退休年龄后，累计缴费不足十五年（含依照第二条规定延长缴费）的，可以申请转入户籍所在地新型农村社会养老保险或者城镇居民社会养老保险，享受相应的养老保险待遇。

参加职工基本养老保险的个人达到法定退休年龄后，累计缴费不足十五年（含依照第二条规定延长缴费），且未转入新型农村社会养老保险或者城镇居民社会养老保险的，个人可以书面申请终止职工基本养老保险关系。社会保险经办机构收到申请后，应当书面告知其转入新型农村社会养老保险或者城镇居民社会养老保险的权利以及终止职工基本养老保险关系的后果，经本人书面确认后，终止其职工基本养老保险关系，并将个人账户储存额一次性支付给本人。

第四条　参加职工基本养老保险的个人跨省流动就业，达到法定退休年龄时累计缴费不足十五年的，按照《国务院办公厅关于转发人力资源和社会保障部财政部城镇企业职工基本养老保险关系转移接续暂行办法的通知》（国办发

〔2009〕66 号)有关待遇领取地的规定确定继续缴费地后,按照本规定第二条办理。

第五条 参加职工基本养老保险的个人跨省流动就业,符合按月领取基本养老金条件时,基本养老金分段计算、统一支付的具体办法,按照《国务院办公厅关于转发人力资源和社会保障部财政部城镇企业职工基本养老保险关系转移接续暂行办法的通知》(国办发〔2009〕66 号)执行。

第六条 职工基本养老保险个人账户不得提前支取。个人在达到法定的领取基本养老金条件前离境定居的,其个人账户予以保留,达到法定领取条件时,按照国家规定享受相应的养老保险待遇。其中,丧失中华人民共和国国籍的,可以在其离境时或者离境后书面申请终止职工基本养老保险关系。社会保险经办机构收到申请后,应当书面告知其保留个人账户的权利以及终止职工基本养老保险关系的后果,经本人书面确认后,终止其职工基本养老保险关系,并将个人账户储存额一次性支付给本人。

参加职工基本养老保险的个人死亡后,其个人账户中的余额可以全部依法继承。

第二章　关于基本医疗保险

第七条 社会保险法第二十七条规定的退休人员享受基本医疗保险待遇的缴费年限按照各地规定执行。

参加职工基本医疗保险的个人,基本医疗保险关系转移接续时,基本医疗保险缴费年限累计计算。

第八条 参保人员在协议医疗机构发生的医疗费用,符合基本医疗保险药品目录、诊疗项目、医疗服务设施标准的,按照国家规定从基本医疗保险基金中支付。

参保人员确需急诊、抢救的,可以在非协议医疗机构就医;因抢救必须使用的药品可以适当放宽范围。参保人员急诊、抢救的医疗服务具体管理办法由统筹地区根据当地实际情况制定。

第三章　关于工伤保险

第九条　职工(包括非全日制从业人员)在两个或者两个以上用人单位同时就业的,各用人单位应当分别为职工缴纳工伤保险费。职工发生工伤,由职工受到伤害时工作的单位依法承担工伤保险责任。

第十条　社会保险法第三十七条第二项中的醉酒标准,按照《车辆驾驶人员血液、呼气酒精含量阈值与检验》(GB 19522—2004)执行。公安机关交通管理部门、医疗机构等有关单位依法出具的检测结论、诊断证明等材料,可以作为认定醉酒的依据。

第十一条　社会保险法第三十八条第八项中的因工死亡补助金是指《工伤保险条例》第三十九条的一次性工亡补助金,标准为工伤发生时上一年度全国城镇居民人均可支配收入的20倍。

上一年度全国城镇居民人均可支配收入以国家统计局公布的数据为准。

第十二条　社会保险法第三十九条第一项治疗工伤期间的工资福利,按照《工伤保险条例》第三十三条有关职工在停工留薪期内应当享受的工资福利和护理等待遇的规定执行。

第四章　关于失业保险

第十三条　失业人员符合社会保险法第四十五条规定条件的,可以申请领取失业保险金并享受其他失业保险待遇。其中,非因本人意愿中断就业包括下列情形:

(一)依照劳动合同法第四十四条第一项、第四项、第五项规定终止劳动合同的;

(二)由用人单位依照劳动合同法第三十九条、第四十条、第四十一条规定解除劳动合同的;

(三)用人单位依照劳动合同法第三十六条规定向劳动者提出解除劳动合

同并与劳动者协商一致解除劳动合同的；

（四）由用人单位提出解除聘用合同或者被用人单位辞退、除名、开除的；

（五）劳动者本人依照劳动合同法第三十八条规定解除劳动合同的；

（六）法律、法规、规章规定的其他情形。

第十四条 失业人员领取失业保险金后重新就业的，再次失业时，缴费时间重新计算。失业人员因当期不符合失业保险金领取条件的，原有缴费时间予以保留，重新就业并参保的，缴费时间累计计算。

第十五条 失业人员在领取失业保险金期间，应当积极求职，接受职业介绍和职业培训。失业人员接受职业介绍、职业培训的补贴由失业保险基金按照规定支付。

第五章 关于基金管理和经办服务

第十六条 社会保险基金预算、决算草案的编制、审核和批准，依照《国务院关于试行社会保险基金预算的意见》（国发〔2010〕2号）的规定执行。

第十七条 社会保险经办机构应当每年至少一次将参保人员个人权益记录单通过邮寄方式寄送本人。同时，社会保险经办机构可以通过手机短信或者电子邮件等方式向参保人员发送个人权益记录。

第十八条 社会保险行政部门、社会保险经办机构及其工作人员应当依法为用人单位和个人的信息保密，不得违法向他人泄露下列信息：

（一）涉及用人单位商业秘密或者公开后可能损害用人单位合法利益的信息；

（二）涉及个人权益的信息。

第六章 关于法律责任

第十九条 用人单位在终止或者解除劳动合同时拒不向职工出具终止或者解除劳动关系证明，导致职工无法享受社会保险待遇的，用人单位应当依法承担赔偿责任。

第二十条 职工应当缴纳的社会保险费由用人单位代扣代缴。用人单位未依法代扣代缴的,由社会保险费征收机构责令用人单位限期代缴,并自欠缴之日起向用人单位按日加收万分之五的滞纳金。用人单位不得要求职工承担滞纳金。

第二十一条 用人单位因不可抗力造成生产经营出现严重困难的,经省级人民政府社会保险行政部门批准后,可以暂缓缴纳一定期限的社会保险费,期限一般不超过一年。暂缓缴费期间,免收滞纳金。到期后,用人单位应当缴纳相应的社会保险费。

第二十二条 用人单位按照社会保险法第六十三条的规定,提供担保并与社会保险费征收机构签订缓缴协议的,免收缓缴期间的滞纳金。

第二十三条 用人单位按照本规定第二十一条、第二十二条缓缴社会保险费期间,不影响其职工依法享受社会保险待遇。

第二十四条 用人单位未按月将缴纳社会保险费的明细情况告知职工本人的,由社会保险行政部门责令改正;逾期不改的,按照《劳动保障监察条例》第三十条的规定处理。

第二十五条 医疗机构、药品经营单位等社会保险服务机构以欺诈、伪造证明材料或者其他手段骗取社会保险基金支出的,由社会保险行政部门责令退回骗取的社会保险金,处骗取金额二倍以上五倍以下的罚款。对与社会保险经办机构签订服务协议的医疗机构、药品经营单位,由社会保险经办机构按照协议追究责任,情节严重的,可以解除与其签订的服务协议。对有执业资格的直接负责的主管人员和其他直接责任人员,由社会保险行政部门建议授予其执业资格的有关主管部门依法吊销其执业资格。

第二十六条 社会保险经办机构、社会保险费征收机构、社会保险基金投资运营机构、开设社会保险基金专户的机构和专户管理银行及其工作人员有下列违法情形的,由社会保险行政部门按照社会保险法第九十一条的规定查处:

(一)将应征和已征的社会保险基金,采取隐藏、非法放置等手段,未按规定征缴、入账的;

(二)违规将社会保险基金转入社会保险基金专户以外的账户的;

(三)侵吞社会保险基金的;

（四）将各项社会保险基金互相挤占或者其他社会保障基金挤占社会保险基金的；

（五）将社会保险基金用于平衡财政预算，兴建、改建办公场所和支付人员经费、运行费用、管理费用的；

（六）违反国家规定的投资运营政策的。

第七章 其　　他

第二十七条 职工与所在用人单位发生社会保险争议的，可以依照《中华人民共和国劳动争议调解仲裁法》、《劳动人事争议仲裁办案规则》的规定，申请调解、仲裁，提起诉讼。

职工认为用人单位有未按时足额为其缴纳社会保险费等侵害其社会保险权益行为的，也可以要求社会保险行政部门或者社会保险费征收机构依法处理。社会保险行政部门或者社会保险费征收机构应当按照社会保险法和《劳动保障监察条例》等相关规定处理。在处理过程中，用人单位对双方的劳动关系提出异议的，社会保险行政部门应当依法查明相关事实后继续处理。

第二十八条 在社会保险经办机构征收社会保险费的地区，社会保险行政部门应当依法履行社会保险法第六十三条所规定的有关行政部门的职责。

第二十九条 2011 年 7 月 1 日后对用人单位未按时足额缴纳社会保险费的处理，按照社会保险法和本规定执行；对 2011 年 7 月 1 日前发生的用人单位未按时足额缴纳社会保险费的行为，按照国家和地方人民政府的有关规定执行。

第三十条 本规定自 2011 年 7 月 1 日起施行。

14. 企业劳动争议协商调解规定

（中华人民共和国人力资源和社会保障部令第17号
2011年11月30日发布）

第一章　总　　则

第一条　为规范企业劳动争议协商、调解行为，促进劳动关系和谐稳定，根据《中华人民共和国劳动争议调解仲裁法》，制定本规定。

第二条　企业劳动争议协商、调解，适用本规定。

第三条　企业应当依法执行职工大会、职工代表大会、厂务公开等民主管理制度，建立集体协商、集体合同制度，维护劳动关系和谐稳定。

第四条　企业应当建立劳资双方沟通对话机制，畅通劳动者利益诉求表达渠道。

劳动者认为企业在履行劳动合同、集体合同，执行劳动保障法律、法规和企业劳动规章制度等方面存在问题的，可以向企业劳动争议调解委员会（以下简称调解委员会）提出。调解委员会应当及时核实情况，协调企业进行整改或者向劳动者做出说明。

劳动者也可以通过调解委员会向企业提出其他合理诉求。调解委员会应当及时向企业转达，并向劳动者反馈情况。

第五条　企业应当加强对劳动者的人文关怀，关心劳动者的诉求，关注劳动者的心理健康，引导劳动者理性维权，预防劳动争议发生。

第六条　协商、调解劳动争议，应当根据事实和有关法律法规的规定，遵循平等、自愿、合法、公正、及时的原则。

第七条　人力资源和社会保障行政部门应当指导企业开展劳动争议预防调

解工作，具体履行下列职责：

（一）指导企业遵守劳动保障法律、法规和政策；

（二）督促企业建立劳动争议预防预警机制；

（三）协调工会、企业代表组织建立企业重大集体性劳动争议应急调解协调机制，共同推动企业劳动争议预防调解工作；

（四）检查辖区内调解委员会的组织建设、制度建设和队伍建设情况。

第二章　协　　商

第八条　发生劳动争议，一方当事人可以通过与另一方当事人约见、面谈等方式协商解决。

第九条　劳动者可以要求所在企业工会参与或者协助其与企业进行协商。工会也可以主动参与劳动争议的协商处理，维护劳动者合法权益。

劳动者可以委托其他组织或者个人作为其代表进行协商。

第十条　一方当事人提出协商要求后，另一方当事人应当积极做出口头或者书面回应。5日内不做出回应的，视为不愿协商。

协商的期限由当事人书面约定，在约定的期限内没有达成一致的，视为协商不成。当事人可以书面约定延长期限。

第十一条　协商达成一致，应当签订书面和解协议。和解协议对双方当事人具有约束力，当事人应当履行。

经仲裁庭审查，和解协议程序和内容合法有效的，仲裁庭可以将其作为证据使用。但是，当事人为达成和解的目的作出妥协所涉及的对争议事实的认可，不得在其后的仲裁中作为对其不利的证据。

第十二条　发生劳动争议，当事人不愿协商、协商不成或者达成和解协议后，一方当事人在约定的期限内不履行和解协议的，可以依法向调解委员会或者乡镇、街道劳动就业社会保障服务所（中心）等其他依法设立的调解组织申请调解，也可以依法向劳动人事争议仲裁委员会（以下简称仲裁委员会）申请仲裁。

第三章 调 解

第十三条 大中型企业应当依法设立调解委员会,并配备专职或者兼职工作人员。

有分公司、分店、分厂的企业,可以根据需要在分支机构设立调解委员会。总部调解委员会指导分支机构调解委员会开展劳动争议预防调解工作。

调解委员会可以根据需要在车间、工段、班组设立调解小组。

第十四条 小微型企业可以设立调解委员会,也可以由劳动者和企业共同推举人员,开展调解工作。

第十五条 调解委员会由劳动者代表和企业代表组成,人数由双方协商确定,双方人数应当对等。劳动者代表由工会委员会成员担任或者由全体劳动者推举产生,企业代表由企业负责人指定。调解委员会主任由工会委员会成员或者双方推举的人员担任。

第十六条 调解委员会履行下列职责:

(一)宣传劳动保障法律、法规和政策;

(二)对本企业发生的劳动争议进行调解;

(三)监督和解协议、调解协议的履行;

(四)聘任、解聘和管理调解员;

(五)参与协调履行劳动合同、集体合同、执行企业劳动规章制度等方面出现的问题;

(六)参与研究涉及劳动者切身利益的重大方案;

(七)协助企业建立劳动争议预防预警机制。

第十七条 调解员履行下列职责:

(一)关注本企业劳动关系状况,及时向调解委员会报告;

(二)接受调解委员会指派,调解劳动争议案件;

(三)监督和解协议、调解协议的履行;

(四)完成调解委员会交办的其他工作。

第十八条 调解员应当公道正派、联系群众、热心调解工作,具有一定劳动保障法律政策知识和沟通协调能力。调解员由调解委员会聘任的本企业工作人员担任,调解委员会成员均为调解员。

第十九条 调解员的聘期至少为 1 年,可以续聘。调解员不能履行调解职责时,调解委员会应当及时调整。

第二十条 调解员依法履行调解职责,需要占用生产或者工作时间的,企业应当予以支持,并按照正常出勤对待。

第二十一条 发生劳动争议,当事人可以口头或者书面形式向调解委员会提出调解申请。

申请内容应当包括申请人基本情况、调解请求、事实与理由。

口头申请的,调解委员会应当当场记录。

第二十二条 调解委员会接到调解申请后,对属于劳动争议受理范围且双方当事人同意调解的,应当在 3 个工作日内受理。对不属于劳动争议受理范围或者一方当事人不同意调解的,应当做好记录,并书面通知申请人。

第二十三条 发生劳动争议,当事人没有提出调解申请,调解委员会可以在征得双方当事人同意后主动调解。

第二十四条 调解委员会调解劳动争议一般不公开进行。但是,双方当事人要求公开调解的除外。

第二十五条 调解委员会根据案件情况指定调解员或者调解小组进行调解,在征得当事人同意后,也可以邀请有关单位和个人协助调解。

调解员应当全面听取双方当事人的陈述,采取灵活多样的方式方法,开展耐心、细致的说服疏导工作,帮助当事人自愿达成调解协议。

第二十六条 经调解达成调解协议的,由调解委员会制作调解协议书。调解协议书应当写明双方当事人基本情况、调解请求事项、调解的结果和协议履行期限、履行方式等。

调解协议书由双方当事人签名或者盖章,经调解员签名并加盖调解委员会印章后生效。

调解协议书一式三份,双方当事人和调解委员会各执一份。

第二十七条 生效的调解协议对双方当事人具有约束力,当事人应当履行。

双方当事人可以自调解协议生效之日起 15 日内共同向仲裁委员会提出仲裁审查申请。仲裁委员会受理后,应当对调解协议进行审查,并根据《劳动人事争议仲裁办案规则》第五十四条规定,对程序和内容合法有效的调解协议,出具调解书。

第二十八条 双方当事人未按前条规定提出仲裁审查申请,一方当事人在约定的期限内不履行调解协议的,另一方当事人可以依法申请仲裁。

仲裁委员会受理仲裁申请后,应当对调解协议进行审查,调解协议合法有效且不损害公共利益或者第三人合法利益的,在没有新证据出现的情况下,仲裁委员会可以依据调解协议作出仲裁裁决。

第二十九条 调解委员会调解劳动争议,应当自受理调解申请之日起15日内结束。但是,双方当事人同意延期的可以延长。

在前款规定期限内未达成调解协议的,视为调解不成。

第三十条 当事人不愿调解、调解不成或者达成调解协议后,一方当事人在约定的期限内不履行调解协议的,调解委员会应当做好记录,由双方当事人签名或者盖章,并书面告知当事人可以向仲裁委员会申请仲裁。

第三十一条 有下列情形之一的,按照《劳动人事争议仲裁办案规则》第十条的规定属于仲裁时效中断,从中断时起,仲裁时效期间重新计算:

(一)一方当事人提出协商要求后,另一方当事人不同意协商或者在5日内不做出回应的;

(二)在约定的协商期限内,一方或者双方当事人不同意继续协商的;

(三)在约定的协商期限内未达成一致的;

(四)达成和解协议后,一方或者双方当事人在约定的期限内不履行和解协议的;

(五)一方当事人提出调解申请后,另一方当事人不同意调解的;

(六)调解委员会受理调解申请后,在第二十九条规定的期限内一方或者双方当事人不同意调解的;

(七)在第二十九条规定的期限内未达成调解协议的;

(八)达成调解协议后,一方当事人在约定期限内不履行调解协议的。

第三十二条 调解委员会应当建立健全调解登记、调解记录、督促履行、档案管理、业务培训、统计报告、工作考评等制度。

第三十三条 企业应当支持调解委员会开展调解工作,提供办公场所,保障工作经费。

第三十四条 企业未按照本规定成立调解委员会,劳动争议或者群体性事件频发,影响劳动关系和谐,造成重大社会影响的,由县级以上人力资源和社会保障行政部门予以通报;违反法律法规规定的,依法予以处理。

第三十五条 调解员在调解过程中存在严重失职或者违法违纪行为,侵害当事人合法权益的,调解委员会应当予以解聘。

第四章 附 则

第三十六条 民办非企业单位、社会团体开展劳动争议协商、调解工作参照本规定执行。

第三十七条 本规定自 2012 年 1 月 1 日起施行。

15. 人力资源和社会保障部关于执行《工伤保险条例》若干问题的意见

（人社部发〔2013〕34 号　2013 年 4 月 25 日发布）

各省、自治区、直辖市及新疆生产建设兵团人力资源社会保障厅（局）：

《国务院关于修改〈工伤保险条例〉的决定》（国务院令第 586 号）已经于 2011 年 1 月 1 日实施。为贯彻执行新修订的《工伤保险条例》，妥善解决实际工作中的问题，更好地保障职工和用人单位的合法权益，现提出如下意见。

一、《工伤保险条例》（以下简称《条例》）第十四条第（五）项规定的“因工外出期间”的认定，应当考虑职工外出是否属于用人单位指派的因工作外出，遭受的事故伤害是否因工作原因所致。

二、《条例》第十四条第（六）项规定的“非本人主要责任”的认定，应当以有关机关出具的法律文书或者人民法院的生效裁决为依据。

三、《条例》第十六条第（一）项“故意犯罪”的认定，应当以司法机关的生效法律文书或者结论性意见为依据。

四、《条例》第十六条第（二）项“醉酒或者吸毒”的认定，应当以有关机关出具的法律文书或者人民法院的生效裁决为依据。无法获得上述证据的，可以结合相关证据认定。

五、社会保险行政部门受理工伤认定申请后，发现劳动关系存在争议且无法确认的，应告知当事人可以向劳动人事争议仲裁委员会申请仲裁。在此期间，作出工伤认定决定的时限中止，并书面通知申请工伤认定的当事人。劳动关系依法确认后，当事人应将有关法律文书送交受理工伤认定申请的社会保险行政部门，该部门自收到生效法律文书之日起恢复工伤认定程序。

六、符合《条例》第十五条第（一）项情形的，职工所在用人单位原则上应自职工死亡之日起 5 个工作日内向用人单位所在统筹地区社会保险行政部门报告。

七、具备用工主体资格的承包单位违反法律、法规规定，将承包业务转包、分包给不具备用工主体资格的组织或者自然人，该组织或者自然人招用的劳动者从事承包业务时因工伤亡的，由该具备用工主体资格的承包单位承担用人单位依法应承担的工伤保险责任。

八、曾经从事接触职业病危害作业、当时没有发现罹患职业病、离开工作岗位后被诊断或鉴定为职业病的符合下列条件的人员，可以自诊断、鉴定为职业病之日起一年内申请工伤认定，社会保险行政部门应当受理：

（一）办理退休手续后，未再从事接触职业病危害作业的退休人员；

（二）劳动或聘用合同期满后或者本人提出而解除劳动或聘用合同后，未再从事接触职业病危害作业的人员。

经工伤认定和劳动能力鉴定，前款第（一）项人员符合领取一次性伤残补助金条件的，按就高原则以本人退休前 12 个月平均月缴费工资或者确诊职业病前 12 个月的月平均养老金为基数计发。前款第（二）项人员被鉴定为一级至十级伤残、按《条例》规定应以本人工资作为基数享受相关待遇的，按本人终止或者解除劳动、聘用合同前 12 个月平均月缴费工资计发。

九、按照本意见第八条规定被认定为工伤的职业病人员，职业病诊断证明书（或职业病诊断鉴定书）中明确的用人单位，在该职工从业期间依法为其缴纳工伤保险费的，按《条例》的规定，分别由工伤保险基金和用人单位支付工伤保险待遇；未依法为该职工缴纳工伤保险费的，由用人单位按照《条例》规定的相关项目和标准支付待遇。

十、职工在同一用人单位连续工作期间多次发生工伤的，符合《条例》第三十六、第三十七条规定领取相关待遇时，按照其在同一用人单位发生工伤的最高伤残级别，计发一次性伤残就业补助金和一次性工伤医疗补助金。

十一、依据《条例》第四十二条的规定停止支付工伤保险待遇的，在停止支付待遇的情形消失后，自下月起恢复工伤保险待遇，停止支付的工伤保险待遇不予补发。

十二、《条例》第六十二条第三款规定的“新发生的费用”，是指用人单位职工参加工伤保险前发生工伤的，在参加工伤保险后新发生的费用。

十三、由工伤保险基金支付的各项待遇应按《条例》相关规定支付,不得采取将长期待遇改为一次性支付的办法。

十四、核定工伤职工工伤保险待遇时,若上一年度相关数据尚未公布,可暂按前一年度的全国城镇居民人均可支配收入、统筹地区职工月平均工资核定和计发,待相关数据公布后再重新核定,社会保险经办机构或者用人单位予以补发差额部分。

本意见自发文之日起执行,此前有关规定与本意见不一致的,按本意见执行。执行中有重大问题,请及时报告我部。

人力资源和社会保障部

2013 年 4 月 25 日

16. 人力资源和社会保障部关于执行《工伤保险条例》若干问题的意见(二)

(人社部发〔2016〕29号　2016年3月28日发布)

各省、自治区、直辖市及新疆生产建设兵团人力资源社会保障厅(局):

为更好地贯彻执行新修订的《工伤保险条例》,提高依法行政能力和水平,妥善解决实际工作中的问题,保障职工和用人单位合法权益,现提出如下意见:

一、一级至四级工伤职工死亡,其近亲属同时符合领取工伤保险丧葬补助金、供养亲属抚恤金待遇和职工基本养老保险丧葬补助金、抚恤金待遇条件的,由其近亲属选择领取工伤保险或职工基本养老保险其中一种。

二、达到或超过法定退休年龄,但未办理退休手续或者未依法享受城镇职工基本养老保险待遇,继续在原用人单位工作期间受到事故伤害或患职业病的,用人单位依法承担工伤保险责任。

用人单位招用已经达到、超过法定退休年龄或已经领取城镇职工基本养老保险待遇的人员,在用工期间因工作原因受到事故伤害或患职业病的,如招用单位已按项目参保等方式为其缴纳工伤保险费的,应适用《工伤保险条例》。

三、《工伤保险条例》第六十二条规定的"新发生的费用",是指用人单位参加工伤保险前发生工伤的职工,在参加工伤保险后新发生的费用。其中由工伤保险基金支付的费用,按不同情况予以处理:

(一)因工受伤的,支付参保后新发生的工伤医疗费、工伤康复费、住院伙食补助费、统筹地区以外就医交通食宿费、辅助器具配置费、生活护理费、一级至四级伤残职工伤残津贴,以及参保后解除劳动合同时的一次性工伤医疗补助金;

(二)因工死亡的,支付参保后新发生的符合条件的供养亲属抚恤金。

四、职工在参加用人单位组织或者受用人单位指派参加其他单位组织的活动中受到事故伤害的,应当视为工作原因,但参加与工作无关的活动除外。

五、职工因工作原因驻外,有固定的住所、有明确的作息时间,工伤认定时按照在驻在地当地正常工作的情形处理。

六、职工以上下班为目的、在合理时间内往返于工作单位和居住地之间的合理路线,视为上下班途中。

七、用人单位注册地与生产经营地不在同一统筹地区的,原则上应在注册地为职工参加工伤保险;未在注册地参加工伤保险的职工,可由用人单位在生产经营地为其参加工伤保险。

劳务派遣单位跨地区派遣劳动者,应根据《劳务派遣暂行规定》参加工伤保险。建筑施工企业按项目参保的,应在施工项目所在地参加工伤保险。

职工受到事故伤害或者患职业病后,在参保地进行工伤认定、劳动能力鉴定,并按照参保地的规定依法享受工伤保险待遇;未参加工伤保险的职工,应当在生产经营地进行工伤认定、劳动能力鉴定,并按照生产经营地的规定依法由用人单位支付工伤保险待遇。

八、有下列情形之一的,被延误的时间不计算在工伤认定申请时限内。

(一)受不可抗力影响的;

(二)职工由于被国家机关依法采取强制措施等人身自由受到限制不能申请工伤认定的;

(三)申请人正式提交了工伤认定申请,但因社会保险机构未登记或者材料遗失等原因造成申请超时限的;

(四)当事人就确认劳动关系申请劳动仲裁或提起民事诉讼的;

(五)其他符合法律法规规定的情形。

九、《工伤保险条例》第六十七条规定的"尚未完成工伤认定的",是指在《工伤保险条例》施行前遭受事故伤害或被诊断鉴定为职业病,且在工伤认定申请法定时限内(从《工伤保险条例》施行之日起算)提出工伤认定申请,尚未做出工伤认定的情形。

十、因工伤认定申请人或者用人单位隐瞒有关情况或者提供虚假材料,导致工伤认定决定错误的,社会保险行政部门发现后,应当及时予以更正。

本意见自发文之日起执行,此前有关规定与本意见不一致的,按本意见执行。执行中有重大问题,请及时报告我部。

人力资源和社会保障部

2016 年 3 月 28 日

17. 外国人在中国就业管理规定

（中华人民共和国人力资源和社会保障部令第32号
1996年1月22日发布　2017年3月13日修正）

第一章　总　　则

第一条　为加强外国人在中国就业的管理，根据有关法律、法规的规定，制定本规定。

第二条　本规定所称外国人，指依照《中华人民共和国国籍法》规定不具有中国国籍的人员。本规定所称外国人在中国就业，指没有取得定居权的外国人在中国境内依法从事社会劳动并获取劳动报酬的行为。

第三条　本规定适用于在中国境内就业的外国人和聘用外国人的用人单位。本规定不适用于外国驻华使、领馆和联合国驻华代表机构、其他国际组织中享有外交特权与豁免的人员。

第四条　各省、自治区、直辖市人民政府劳动行政部门及其授权的地市级劳动行政部门负责外国人在中国就业的管理。

第二章　就业许可

第五条　用人单位聘用外国人须为该外国人申请就业许可，经获准并取得《中华人民共和国外国人就业许可证书》（以下简称许可证书）后方可聘用。

第六条　用人单位聘用外国人从事的岗位应是有特殊需要，国内暂缺适当人选，且不违反国家有关规定的岗位。用人单位不得聘用外国人从事营业性文艺演出,但符合本规定第九条第三项规定的人员除外。

第七条 外国人在中国就业须具备下列条件:

(一)年满18周岁,身体健康;

(二)具有从事其工作所必须的专业技能和相应的工作经历;

(三)无犯罪记录;

(四)有确定的聘用单位;

(五)持有有效护照或能代替护照的其他国际旅行证件(以下简称代替护照的证件)。

第八条 在中国就业的外国人应持Z字签证入境(有互免签证协议的,按协议办理),入境后取得《外国人就业证》(以下简称就业证)和外国人居留证件,方可在中国境内就业。

未取得居留证件的外国人(即持F、L、C、G字签证者)、在中国留学、实习的外国人及持职业签证外国人的随行家属不得在中国就业。特殊情况,应由用人单位按本规定规定的审批程序申领许可证书,被聘用的外国人凭许可证书到公安机关改变身份,办理就业证、居留证后方可就业。

外国驻中国使、领馆和联合国系统、其他国际组织驻中国代表机构人员的配偶在中国就业,应按《中华人民共和国外交部关于外国驻中国使领馆和联合国系统组织驻中国代表机构人员的配偶在中国任职的规定》执行,并按本条第二款规定的审批程序办理有关手续。

许可证书和就业证由劳动部统一制作。

第九条 凡符合下列条件之一的外国人可免办就业许可和就业证:

(一)由我国政府直接出资聘请的外籍专业技术和管理人员,或由国家机关和事业单位出资聘请,具有本国或国际权威技术管理部门或行业协会确认的高级技术职称或特殊技能资格证书的外籍专业技术和管理人员,并持有外国专家局签发的《外国专家证》的外国人;

(二)持有《外国人在中华人民共和国从事海上石油作业工作准证》从事海上石油作业、不需登陆、有特殊技能的外籍劳务人员;

(三)经文化部批准持《临时营业演出许可证》进行营业性文艺演出的外国人。

第十条 凡符合下列条件之一的外国人可免办许可证书,入境后凭Z字签证及有关证明直接办理就业证：

（一）按照我国与外国政府间、国际组织间协议、协定，执行中外合作交流项目受聘来中国工作的外国人；

（二）外国企业常驻中国代表机构中的首席代表、代表。

第三章 申请与审批

第十一条 用人单位聘用外国人，须填写《聘用外国人就业申请表》（以下简称申请表），向其与劳动行政主管部门同级的行业主管部门（以下简称行业主管部门）提出申请，并提供下列有效文件：

（一）拟聘用外国人履历证明；

（二）聘用意向书；

（三）拟聘用外国人原因的报告；

（四）拟聘用的外国人从事该项工作的资格证明；

（五）拟聘用的外国人健康状况证明；

（六）法律、法规规定的其他文件。

行业主管部门应按照本规定第六条、第七条及有关法律、法规的规定进行审批。

第十二条 经行业主管部门批准后，用人单位应持申请表到本单位所在地区的省、自治区、直辖市劳动行政部门或其授权的地市级劳动行政部门办理核准手续。省、自治区、直辖市劳动行政部门或授权的地市级劳动行政部门应指定专门机构（以下简称发证机关）具体负责签发许可证书工作。发证机关应根据行业主管部门的意见和劳动力市场的需求状况进行核准，并在核准后向用人单位签发许可证书。

第十三条 中央级用人单位、无行业主管部门的用人单位聘用外国人，可直接到劳动行政部门发证机关提出申请和办理就业许可手续。

外商投资企业聘雇外国人，无须行业主管部门审批，可凭合同、章程、批准证书、营业执照和本规定第十一条所规定的文件直接到劳动行政部门发证机关申领许可证书。

第十四条 获准来中国工作的外国人，应凭许可证书及本国有效护照或能代替护照的证件，到中国驻外使、领馆、处申请Z字签证。

凡符合第九条第二项规定的人员，应凭中国海洋石油总公司签发的通知函电申请Z字签证；凡符合第九条第三项规定的人员，应凭文化部的批件申请Z字签证。

凡符合本规定第十条第一款规定的人员，应凭合作交流项目书申请Z字签证；凡符合第十条第二项规定的人员，应凭工商行政管理部门的登记证明申请Z字签证。

第十五条 用人单位应在被聘用的外国人入境后15日内，持许可证书、与被聘用的外国人签订的劳动合同及其有效护照或能代替护照的证件到原发证机关为外国人办理就业证，并填写《外国人就业登记表》。

就业证只在发证机关规定的区域内有效。

第十六条 已办理就业证的外国人，应在入境后30日内，持就业证到公安机关申请办理居留证。居留证件的有效期限可根据就业证的有效期确定。

第四章 劳动管理

第十七条 用人单位与被聘用的外国人应依法订立劳动合同。劳动合同的期限最长不得超过五年。劳动合同期限届满即行终止，但按本规定第十八条的规定履行审批手续后可以续订。

第十八条 被聘用的外国人与用人单位签订的劳动合同期满时，其就业证即行失效。如需续订，该用人单位应在原合同期满前30日内，向劳动行政部门提出延长聘用时间的申请，经批准并办理就业证延期手续。

第十九条 外国人被批准延长在中国就业期限或变更就业区域、单位后，应在10日内到当地公安机关办理居留证件延期或变更手续。

第二十条 被聘用的外国人与用人单位的劳动合同被解除后，该用人单位应及时报告劳动、公安部门，交还该外国人的就业证和居留证件，并到公安机关办理出境手续。

第二十一条 用人单位支付所聘用外国人的工资不得低于当地最低工资

标准。

第二十二条 在中国就业的外国人的工作时间、休息、休假劳动安全卫生以及社会保险按国家有关规定执行。

第二十三条 外国人在中国就业的用人单位必须与其就业证所注明的单位相一致。

外国人在发证机关规定的区域内变更用人单位但仍从事原职业的,须经原发证机关批准,并办理就业证变更手续。

外国人离开发证机关规定的区域就业或在原规定的区域内变更用人单位且从事不同职业的,须重新办理就业许可手续。

第二十四条 因违反中国法律被中国公安机关取消居留资格的外国人,用人单位应解除劳动合同,劳动部门应吊销就业证。

第二十五条 用人单位与被聘用的外国人发生劳动争议,应按照《中华人民共和国劳动法》和《中华人民共和国企业劳动争议调解仲裁法》处理。

第二十六条 劳动行政部门对就业证实行年检。用人单位聘用外国人就业每满1年,应在期满前30日内到劳动行政部门发证机关为被聘用的外国人办理就业证年检手续。逾期未办的,就业证自行失效。

外国人在中国就业期间遗失或损坏其就业证的,应立即到原发证机关办理挂失、补办或换证手续。

第五章 罚 则

第二十七条 对违反本规定未申领就业证擅自就业的外国人和未办理许可证书擅自聘用外国人的用人单位,由公安机关按《中华人民共和国外国人入境出境管理法实施细则》第四十四条处理。

第二十八条 对拒绝劳动行政部门检查就业证、擅自变更用人单位、擅自更换职业、擅自延长就业期限的外国人,由劳动行政部门收回其就业证,并提请公安机关取消其居留资格。对需该机关遣送出境的,遣送费用由聘用单位或该外国人承担。

第二十九条 对伪造、涂改、冒用、转让、买卖就业证和许可证书的外国人和用人单位，由劳动行政部门收缴就业证和许可证书，没收其非法所得，并处以1万元以上10万元以下的罚款；情节严重构成犯罪的，移送司法机关依法追究刑事责任。

第三十条 发证机关或者有关部门的工作人员滥用职权、非法收费、徇私舞弊，构成犯罪的，依法追究刑事责任；不构成犯罪的，给予行政处分。

第六章 附　　则

第三十一条 中国的台湾和香港、澳门地区居民在内地就业按《台湾和香港、澳门居民在内地就业管理规定》执行。

第三十二条 外国人在中国的台湾和香港、澳门地区就业不适用本规定。

第三十三条 禁止个体经济组织和公民个人聘用外国人。

第三十四条 省、自治区、直辖市劳动行政部门可会同公安等部门依据本规定制定本地区的实施细则，并报劳动部、公安部、外交部、对外贸易经济合作部备案。

第三十五条 本规定由劳动部解释。

第三十六条 本规定自1996年5月1日起施行。原劳动人事部和公安部1987年10月5日发布的《关于未取得居留证件的外国人和来中国留学的外国人在中国就业的若干规定》同时废止。

18. 劳动人事争议仲裁办案规则

（中华人民共和国人力资源和社会保障部令第33号
2017年5月8日发布）

第一章　总　　则

第一条　为公正及时处理劳动人事争议（以下简称争议），规范仲裁办案程序，根据《中华人民共和国劳动争议调解仲裁法》（以下简称调解仲裁法）以及《中华人民共和国公务员法》（以下简称公务员法）、《事业单位人事管理条例》、《中国人民解放军文职人员条例》和有关法律、法规、国务院有关规定，制定本规则。

第二条　本规则适用下列争议的仲裁：

（一）企业、个体经济组织、民办非企业单位等组织与劳动者之间，以及机关、事业单位、社会团体与其建立劳动关系的劳动者之间，因确认劳动关系，订立、履行、变更、解除和终止劳动合同，工作时间、休息休假、社会保险、福利、培训以及劳动保护，劳动报酬、工伤医疗费、经济补偿或者赔偿金等发生的争议；

（二）实施公务员法的机关与聘任制公务员之间、参照公务员法管理的机关（单位）与聘任工作人员之间因履行聘任合同发生的争议；

（三）事业单位与其建立人事关系的工作人员之间因终止人事关系以及履行聘用合同发生的争议；

（四）社会团体与其建立人事关系的工作人员之间因终止人事关系以及履行聘用合同发生的争议；

（五）军队文职人员用人单位与聘用制文职人员之间因履行聘用合同发生的争议；

（六）法律、法规规定由劳动人事争议仲裁委员会（以下简称仲裁委员会）处理的其他争议。

第三条 仲裁委员会处理争议案件，应当遵循合法、公正的原则，先行调解，及时裁决。

第四条 仲裁委员会下设实体化的办事机构，称为劳动人事争议仲裁院（以下简称仲裁院）。

第五条 劳动者一方在十人以上并有共同请求的争议，或者因履行集体合同发生的劳动争议，仲裁委员会应当优先立案，优先审理。

第二章　一般规定

第六条 发生争议的用人单位未办理营业执照、被吊销营业执照、营业执照到期继续经营、被责令关闭、被撤销以及用人单位解散、歇业，不能承担相关责任的，应当将用人单位和其出资人、开办单位或者主管部门作为共同当事人。

第七条 劳动者与个人承包经营者发生争议，依法向仲裁委员会申请仲裁的，应当将发包的组织和个人承包经营者作为共同当事人。

第八条 劳动合同履行地为劳动者实际工作场所地，用人单位所在地为用人单位注册、登记地或者主要办事机构所在地。用人单位未经注册、登记的，其出资人、开办单位或者主管部门所在地为用人单位所在地。

双方当事人分别向劳动合同履行地和用人单位所在地的仲裁委员会申请仲裁的，由劳动合同履行地的仲裁委员会管辖。有多个劳动合同履行地的，由最先受理的仲裁委员会管辖。劳动合同履行地不明确的，由用人单位所在地的仲裁委员会管辖。

案件受理后，劳动合同履行地或者用人单位所在地发生变化的，不改变争议仲裁的管辖。

第九条 仲裁委员会发现已受理案件不属于其管辖范围的，应当移送至有管辖权的仲裁委员会，并书面通知当事人。

对上述移送案件，受移送的仲裁委员会应当依法受理。受移送的仲裁委员会认为移送的案件按照规定不属于其管辖，或者仲裁委员会之间因管辖争议协商不成的，应当报请共同的上一级仲裁委员会主管部门指定管辖。

第十条 当事人提出管辖异议的，应当在答辩期满前书面提出。仲裁委员会应当审查当事人提出的管辖异议，异议成立的，将案件移送至有管辖权的仲裁委员会并书面通知当事人；异议不成立的，应当书面决定驳回。

当事人逾期提出的，不影响仲裁程序的进行。

第十一条 当事人申请回避，应当在案件开庭审理前提出，并说明理由。回避事由在案件开庭审理后知晓的，也可以在庭审辩论终结前提出。

当事人在庭审辩论终结后提出回避申请的，不影响仲裁程序的进行。

仲裁委员会应当在回避申请提出的三日内，以口头或者书面形式作出决定。以口头形式作出的，应当记入笔录。

第十二条 仲裁员、记录人员是否回避，由仲裁委员会主任或者其委托的仲裁院负责人决定。仲裁委员会主任担任案件仲裁员是否回避，由仲裁委员会决定。

在回避决定作出前，被申请回避的人员应当暂停参与该案处理，但因案件需要采取紧急措施的除外。

第十三条 当事人对自己提出的主张有责任提供证据。与争议事项有关的证据属于用人单位掌握管理的，用人单位应当提供；用人单位不提供的，应当承担不利后果。

第十四条 法律没有具体规定、按照本规则第十三条规定无法确定举证责任承担的，仲裁庭可以根据公平原则和诚实信用原则，综合当事人举证能力等因素确定举证责任的承担。

第十五条 承担举证责任的当事人应当在仲裁委员会指定的期限内提供有关证据。当事人在该期限内提供证据确有困难的，可以向仲裁委员会申请延长期限，仲裁委员会根据当事人的申请适当延长。当事人逾期提供证据的，仲裁委员会应当责令其说明理由；拒不说明理由或者理由不成立的，仲裁委员会可以根据不同情形不予采纳该证据，或者采纳该证据但予以训诫。

第十六条 当事人因客观原因不能自行收集的证据，仲裁委员会可以根据当事人的申请，参照民事诉讼有关规定予以收集；仲裁委员会认为有必要的，也可以决定参照民事诉讼有关规定予以收集。

第十七条 仲裁委员会依法调查取证时，有关单位和个人应当协助配合。

仲裁委员会调查取证时，不得少于两人，并应当向被调查对象出示工作证件和仲裁委员会出具的介绍信。

第十八条 争议处理中涉及证据形式、证据提交、证据交换、证据质证、证据认定等事项，本规则未规定的，可以参照民事诉讼证据规则的有关规定执行。

第十九条 仲裁期间包括法定期间和仲裁委员会指定期间。

仲裁期间的计算，本规则未规定的，仲裁委员会可以参照民事诉讼关于期间计算的有关规定执行。

第二十条 仲裁委员会送达仲裁文书必须有送达回证，由受送达人在送达回证上记明收到日期，并签名或者盖章。受送达人在送达回证上的签收日期为送达日期。

因企业停业等原因导致无法送达且劳动者一方在十人以上的，或者受送达人拒绝签收仲裁文书的，通过在受送达人住所留置、张贴仲裁文书，并采用拍照、录像等方式记录的，自留置、张贴之日起经过三日即视为送达，不受本条第一款的限制。

仲裁文书的送达方式，本规则未规定的，仲裁委员会可以参照民事诉讼关于送达方式的有关规定执行。

第二十一条 案件处理终结后，仲裁委员会应当将处理过程中形成的全部材料立卷归档。

第二十二条 仲裁案卷分正卷和副卷装订。

正卷包括：仲裁申请书、受理（不予受理）通知书、答辩书、当事人及其他仲裁参加人的身份证明材料、授权委托书、调查证据、勘验笔录、当事人提供的证据材料、委托鉴定材料、开庭通知、庭审笔录、延期通知书、撤回仲裁申请书、调解书、裁决书、决定书、案件移送函、送达回证等。

副卷包括：立案审批表、延期审理审批表、中止审理审批表、调查提纲、阅卷笔录、会议笔录、评议记录、结案审批表等。

第二十三条 仲裁委员会应当建立案卷查阅制度。对案卷正卷材料，应当允许当事人及其代理人依法查阅、复制。

第二十四条 仲裁裁决结案的案卷，保存期不少于十年；仲裁调解和其他方式结案的案卷，保存期不少于五年；国家另有规定的，从其规定。

保存期满后的案卷，应当按照国家有关档案管理的规定处理。

第二十五条 在仲裁活动中涉及国家秘密或者军事秘密的,按照国家或者军队有关保密规定执行。

当事人协议不公开或者涉及商业秘密和个人隐私的,经相关当事人书面申请,仲裁委员会应当不公开审理。

第三章 仲裁程序

第一节 申请和受理

第二十六条 本规则第二条第(一)、(三)、(四)、(五)项规定的争议,申请仲裁的时效期间为一年。仲裁时效期间从当事人知道或者应当知道其权利被侵害之日起计算。

本规则第二条第(二)项规定的争议,申请仲裁的时效期间适用公务员法有关规定。

劳动人事关系存续期间因拖欠劳动报酬发生争议的,劳动者申请仲裁不受本条第一款规定的仲裁时效期间的限制;但是,劳动人事关系终止的,应当自劳动人事关系终止之日起一年内提出。

第二十七条 在申请仲裁的时效期间内,有下列情形之一的,仲裁时效中断:

(一)一方当事人通过协商、申请调解等方式向对方当事人主张权利的;

(二)一方当事人通过向有关部门投诉,向仲裁委员会申请仲裁,向人民法院起诉或者申请支付令等方式请求权利救济的;

(三)对方当事人同意履行义务的。

从中断时起,仲裁时效期间重新计算。

第二十八条 因不可抗力,或者有无民事行为能力或者限制民事行为能力劳动者的法定代理人未确定等其他正当理由,当事人不能在规定的仲裁时效期间申请仲裁的,仲裁时效中止。从中止时效的原因消除之日起,仲裁时效期间继续计算。

第二十九条 申请人申请仲裁应当提交书面仲裁申请,并按照被申请人人数提交副本。

仲裁申请书应当载明下列事项：

（一）劳动者的姓名、性别、出生日期、身份证件号码、住所、通讯地址和联系电话，用人单位的名称、住所、通讯地址、联系电话和法定代表人或者主要负责人的姓名、职务；

（二）仲裁请求和所根据的事实、理由；

（三）证据和证据来源，证人姓名和住所。

书写仲裁申请确有困难的，可以口头申请，由仲裁委员会记入笔录，经申请人签名、盖章或者捺印确认。

对于仲裁申请书不规范或者材料不齐备的，仲裁委员会应当当场或者在五日内一次性告知申请人需要补正的全部材料。

仲裁委员会收取当事人提交的材料应当出具收件回执。

第三十条 仲裁委员会对符合下列条件的仲裁申请应当予以受理，并在收到仲裁申请之日起五日内向申请人出具受理通知书：

（一）属于本规则第二条规定的争议范围；

（二）有明确的仲裁请求和事实理由；

（三）申请人是与本案有直接利害关系的自然人、法人或者其他组织，有明确的被申请人；

（四）属于本仲裁委员会管辖范围。

第三十一条 对不符合本规则第三十条第（一）、（二）、（三）项规定之一的仲裁申请，仲裁委员会不予受理，并在收到仲裁申请之日起五日内向申请人出具不予受理通知书；对不符合本规则第三十条第（四）项规定的仲裁申请，仲裁委员会应当在收到仲裁申请之日起五日内，向申请人作出书面说明并告知申请人向有管辖权的仲裁委员会申请仲裁。

对仲裁委员会逾期未作出决定或者决定不予受理的，申请人可以就该争议事项向人民法院提起诉讼。

第三十二条 仲裁委员会受理案件后，发现不应当受理的，除本规则第九条规定外，应当撤销案件，并自决定撤销案件后五日内，以决定书的形式通知当事人。

第三十三条 仲裁委员会受理仲裁申请后，应当在五日内将仲裁申请书副本送达被申请人。

被申请人收到仲裁申请书副本后,应当在十日内向仲裁委员会提交答辩书。仲裁委员会收到答辩书后,应当在五日内将答辩书副本送达申请人。被申请人逾期未提交答辩书的,不影响仲裁程序的进行。

第三十四条 符合下列情形之一,申请人基于同一事实、理由和仲裁请求又申请仲裁的,仲裁委员会不予受理:

(一)仲裁委员会已经依法出具不予受理通知书的;

(二)案件已在仲裁、诉讼过程中或者调解书、裁决书、判决书已经发生法律效力的。

第三十五条 仲裁处理结果作出前,申请人可以自行撤回仲裁申请。申请人再次申请仲裁的,仲裁委员会应当受理。

第三十六条 被申请人可以在答辩期间提出反申请,仲裁委员会应当自收到被申请人反申请之日起五日内决定是否受理并通知被申请人。

决定受理的,仲裁委员会可以将反申请和申请合并处理。

反申请应当另行申请仲裁的,仲裁委员会应当书面告知被申请人另行申请仲裁;反申请不属于本规则规定应当受理的,仲裁委员会应当向被申请人出具不予受理通知书。

被申请人答辩期满后对申请人提出反申请的,应当另行申请仲裁。

第二节 开庭和裁决

第三十七条 仲裁委员会应当在受理仲裁申请之日起五日内组成仲裁庭并将仲裁庭的组成情况书面通知当事人。

第三十八条 仲裁庭应当在开庭五日前,将开庭日期、地点书面通知双方当事人。当事人有正当理由的,可以在开庭三日前请求延期开庭。是否延期,由仲裁委员会根据实际情况决定。

第三十九条 申请人收到书面开庭通知,无正当理由拒不到庭或者未经仲裁庭同意中途退庭的,可以按撤回仲裁申请处理;申请人重新申请仲裁的,仲裁委员会不予受理。被申请人收到书面开庭通知,无正当理由拒不到庭或者未经仲裁庭同意中途退庭的,仲裁庭可以继续开庭审理,并缺席裁决。

第四十条 当事人申请鉴定的,鉴定费由申请鉴定方先行垫付,案件处理终结后,由鉴定结果对其不利方负担。鉴定结果不明确的,由申请鉴定方负担。

第四十一条 开庭审理前，记录人员应当查明当事人和其他仲裁参与人是否到庭，宣布仲裁庭纪律。

开庭审理时，由仲裁员宣布开庭、案由和仲裁员、记录人员名单，核对当事人，告知当事人有关的权利义务，询问当事人是否提出回避申请。

开庭审理中，仲裁员应当听取申请人的陈述和被申请人的答辩，主持庭审调查、质证和辩论、征询当事人最后意见，并进行调解。

第四十二条 仲裁庭应当将开庭情况记入笔录。当事人或者其他仲裁参与人认为对自己陈述的记录有遗漏或者差错的，有权当庭申请补正。仲裁庭认为申请无理由或者无必要的，可以不予补正，但是应当记录该申请。

仲裁员、记录人员、当事人和其他仲裁参与人应当在庭审笔录上签名或者盖章。当事人或者其他仲裁参与人拒绝在庭审笔录上签名或者盖章的，仲裁庭应当记明情况附卷。

第四十三条 仲裁参与人和其他人应当遵守仲裁庭纪律，不得有下列行为：

（一）未经准许进行录音、录像、摄影；

（二）未经准许以移动通信等方式现场传播庭审活动；

（三）其他扰乱仲裁庭秩序、妨害审理活动进行的行为。

仲裁参与人或者其他人有前款规定的情形之一的，仲裁庭可以训诫、责令退出仲裁庭，也可以暂扣进行录音、录像、摄影、传播庭审活动的器材，并责令其删除有关内容。拒不删除的，可以采取必要手段强制删除，并将上述事实记入庭审笔录。

第四十四条 申请人在举证期限届满前可以提出增加或者变更仲裁请求；仲裁庭对申请人增加或者变更的仲裁请求审查后认为应当受理的，应当通知被申请人并给予答辩期，被申请人明确表示放弃答辩期的除外。

申请人在举证期限届满后提出增加或者变更仲裁请求的，应当另行申请仲裁。

第四十五条 仲裁庭裁决案件，应当自仲裁委员会受理仲裁申请之日起四十五日内结束。案情复杂需要延期的，经仲裁委员会主任或者其委托的仲裁院负责人书面批准，可以延期并书面通知当事人，但延长期限不得超过十五日。

第四十六条 有下列情形的，仲裁期限按照下列规定计算：

（一）仲裁庭追加当事人或者第三人的，仲裁期限从决定追加之日起重新计算；

（二）申请人需要补正材料的，仲裁委员会收到仲裁申请的时间从材料补正之日起重新计算；

（三）增加、变更仲裁请求的，仲裁期限从受理增加、变更仲裁请求之日起重新计算；

（四）仲裁申请和反申请合并处理的，仲裁期限从受理反申请之日起重新计算；

（五）案件移送管辖的，仲裁期限从接受移送之日起重新计算；

（六）中止审理期间、公告送达期间不计入仲裁期限内；

（七）法律、法规规定应当另行计算的其他情形。

第四十七条 有下列情形之一的，经仲裁委员会主任或者其委托的仲裁院负责人批准，可以中止案件审理，并书面通知当事人：

（一）劳动者一方当事人死亡，需要等待继承人表明是否参加仲裁的；

（二）劳动者一方当事人丧失民事行为能力，尚未确定法定代理人参加仲裁的；

（三）用人单位终止，尚未确定权利义务承继者的；

（四）一方当事人因不可抗拒的事由，不能参加仲裁的；

（五）案件审理需要以其他案件的审理结果为依据，且其他案件尚未审结的；

（六）案件处理需要等待工伤认定、伤残等级鉴定以及其他鉴定结论的；

（七）其他应当中止仲裁审理的情形。

中止审理的情形消除后，仲裁庭应当恢复审理。

第四十八条 当事人因仲裁庭逾期未作出仲裁裁决而向人民法院提起诉讼并立案受理的，仲裁委员会应当决定该案件终止审理；当事人未就该争议事项向人民法院提起诉讼的，仲裁委员会应当继续处理。

第四十九条 仲裁庭裁决案件时，其中一部分事实已经清楚的，可以就该部分先行裁决。当事人对先行裁决不服的，可以按照调解仲裁法有关规定处理。

第五十条 仲裁庭裁决案件时，申请人根据调解仲裁法第四十七条第（一）项规定，追索劳动报酬、工伤医疗费、经济补偿或者赔偿金，如果仲裁裁决涉及数项，对单项裁决数额不超过当地月最低工资标准十二个月金额的事项，应当适用终局裁决。

前款经济补偿包括《中华人民共和国劳动合同法》（以下简称劳动合同法）规定的竞业限制期限内给予的经济补偿、解除或者终止劳动合同的经济补偿等；赔偿金包括劳动合同法规定的未签订书面劳动合同第二倍工资、违法约定试用期的赔偿金、违法解除或者终止劳动合同的赔偿金等。

根据调解仲裁法第四十七条第（二）项的规定，因执行国家的劳动标准在工作时间、休息休假、社会保险等方面发生的争议，应当适用终局裁决。

仲裁庭裁决案件时，裁决内容同时涉及终局裁决和非终局裁决的，应当分别制作裁决书，并告知当事人相应的救济权利。

第五十一条 仲裁庭对追索劳动报酬、工伤医疗费、经济补偿或者赔偿金的案件，根据当事人的申请，可以裁决先予执行，移送人民法院执行。

仲裁庭裁决先予执行的，应当符合下列条件：

（一）当事人之间权利义务关系明确；

（二）不先予执行将严重影响申请人的生活。

劳动者申请先予执行的，可以不提供担保。

第五十二条 裁决应当按照多数仲裁员的意见作出，少数仲裁员的不同意见应当记入笔录。仲裁庭不能形成多数意见时，裁决应当按照首席仲裁员的意见作出。

第五十三条 裁决书应当载明仲裁请求、争议事实、裁决理由、裁决结果、当事人权利和裁决日期。裁决书由仲裁员签名，加盖仲裁委员会印章。对裁决持不同意见的仲裁员，可以签名，也可以不签名。

第五十四条 对裁决书中的文字、计算错误或者仲裁庭已经裁决但在裁决书中遗漏的事项，仲裁庭应当及时制作决定书予以补正并送达当事人。

第五十五条 当事人对裁决不服向人民法院提起诉讼的，按照调解仲裁法有关规定处理。

第三节 简易处理

第五十六条 争议案件符合下列情形之一的，可以简易处理：

（一）事实清楚、权利义务关系明确、争议不大的；

（二）标的额不超过本省、自治区、直辖市上年度职工年平均工资的；

(三)双方当事人同意简易处理的。

仲裁委员会决定简易处理的,可以指定一名仲裁员独任仲裁,并应当告知当事人。

第五十七条 争议案件有下列情形之一的,不得简易处理:

(一)涉及国家利益、社会公共利益的;

(二)有重大社会影响的;

(三)被申请人下落不明的;

(四)仲裁委员会认为不宜简易处理的。

第五十八条 简易处理的案件,经与被申请人协商同意,仲裁庭可以缩短或者取消答辩期。

第五十九条 简易处理的案件,仲裁庭可以用电话、短信、传真、电子邮件等简便方式送达仲裁文书,但送达调解书、裁决书除外。

以简便方式送达的开庭通知,未经当事人确认或者没有其他证据证明当事人已经收到的,仲裁庭不得按撤回仲裁申请处理或者缺席裁决。

第六十条 简易处理的案件,仲裁庭可以根据案件情况确定举证期限、开庭日期、审理程序、文书制作等事项,但应当保障当事人陈述意见的权利。

第六十一条 仲裁庭在审理过程中,发现案件不宜简易处理的,应当在仲裁期限届满前决定转为按照一般程序处理,并告知当事人。

案件转为按照一般程序处理的,仲裁期限自仲裁委员会受理仲裁申请之日起计算,双方当事人已经确认的事实,可以不再进行举证、质证。

第四节 集体劳动人事争议处理

第六十二条 处理劳动者一方在十人以上并有共同请求的争议案件,或者因履行集体合同发生的劳动争议案件,适用本节规定。

符合本规则第五十六条第一款规定情形之一的集体劳动人事争议案件,可以简易处理,不受本节规定的限制。

第六十三条 发生劳动者一方在十人以上并有共同请求的争议的,劳动者可以推举三至五名代表参加仲裁活动。代表人参加仲裁的行为对其所代表的当事人发生效力,但代表人变更、放弃仲裁请求或者承认对方当事人的仲裁请求,进行和解,必须经被代表的当事人同意。

因履行集体合同发生的劳动争议，经协商解决不成的，工会可以依法申请仲裁；尚未建立工会的，由上级工会指导劳动者推举产生的代表依法申请仲裁。

第六十四条 仲裁委员会应当自收到当事人集体劳动人事争议仲裁申请之日起五日内作出受理或者不予受理的决定。决定受理的，应当自受理之日起五日内将仲裁庭组成人员、答辩期限、举证期限、开庭日期和地点等事项一次性通知当事人。

第六十五条 仲裁委员会处理集体劳动人事争议案件，应当由三名仲裁员组成仲裁庭，设首席仲裁员。

仲裁委员会处理因履行集体合同发生的劳动争议，应当按照三方原则组成仲裁庭处理。

第六十六条 仲裁庭处理集体劳动人事争议，开庭前应当引导当事人自行协商，或者先行调解。

仲裁庭处理集体劳动人事争议案件，可以邀请法律工作者、律师、专家学者等第三方共同参与调解。

协商或者调解未能达成协议的，仲裁庭应当及时裁决。

第六十七条 仲裁庭开庭场所可以设在发生争议的用人单位或者其他便于及时处理争议的地点。

第四章 调解程序

第一节 仲裁调解

第六十八条 仲裁委员会处理争议案件，应当坚持调解优先，引导当事人通过协商、调解方式解决争议，给予必要的法律释明以及风险提示。

第六十九条 对未经调解、当事人直接申请仲裁的争议，仲裁委员会可以向当事人发出调解建议书，引导其到调解组织进行调解。当事人同意先行调解的，应当暂缓受理；当事人不同意先行调解的，应当依法受理。

第七十条 开庭之前，经双方当事人同意，仲裁庭可以委托调解组织或者其他具有调解能力的组织、个人进行调解。

自当事人同意之日起十日内未达成调解协议的，应当开庭审理。

第七十一条 仲裁庭审理争议案件时,应当进行调解。必要时可以邀请有关单位、组织或者个人参与调解。

第七十二条 仲裁调解达成协议的,仲裁庭应当制作调解书。

调解书应当写明仲裁请求和当事人协议的结果。调解书由仲裁员签名,加盖仲裁委员会印章,送达双方当事人。调解书经双方当事人签收后,发生法律效力。

调解不成或者调解书送达前,一方当事人反悔的,仲裁庭应当及时作出裁决。

第七十三条 当事人就部分仲裁请求达成调解协议的,仲裁庭可以就该部分先行出具调解书。

第二节 调解协议的仲裁审查

第七十四条 经调解组织调解达成调解协议的,双方当事人可以自调解协议生效之日起十五日内,共同向有管辖权的仲裁委员会提出仲裁审查申请。

当事人申请审查调解协议,应当向仲裁委员会提交仲裁审查申请书、调解协议和身份证明、资格证明以及其他与调解协议相关的证明材料,并提供双方当事人的送达地址、电话号码等联系方式。

第七十五条 仲裁委员会收到当事人仲裁审查申请,应当及时决定是否受理。决定受理的,应当出具受理通知书。

有下列情形之一的,仲裁委员会不予受理:

(一)不属于仲裁委员会受理争议范围的;

(二)不属于本仲裁委员会管辖的;

(三)超出规定的仲裁审查申请期间的;

(四)确认劳动关系的;

(五)调解协议已经人民法院司法确认的。

第七十六条 仲裁委员会审查调解协议,应当自受理仲裁审查申请之日起五日内结束。因特殊情况需要延期的,经仲裁委员会主任或者其委托的仲裁院负责人批准,可以延长五日。

调解书送达前,一方或者双方当事人撤回仲裁审查申请的,仲裁委员会应当准许。

第七十七条 仲裁委员会受理仲裁审查申请后,应当指定仲裁员对调解协议进行审查。

仲裁委员会经审查认为调解协议的形式和内容合法有效的,应当制作调解书。调解书的内容应当与调解协议的内容相一致。调解书经双方当事人签收后,发生法律效力。

第七十八条 调解协议具有下列情形之一的,仲裁委员会不予制作调解书:

(一)违反法律、行政法规强制性规定的;

(二)损害国家利益、社会公共利益或者公民、法人、其他组织合法权益的;

(三)当事人提供证据材料有弄虚作假嫌疑的;

(四)违反自愿原则的;

(五)内容不明确的;

(六)其他不能制作调解书的情形。

仲裁委员会决定不予制作调解书的,应当书面通知当事人。

第七十九条 当事人撤回仲裁审查申请或者仲裁委员会决定不予制作调解书的,应当终止仲裁审查。

第五章 附　　则

第八十条 本规则规定的“三日”、“五日”、“十日”指工作日,“十五日”、“四十五日”指自然日。

第八十一条 本规则自2017年7月1日起施行。2009年1月1日人力资源和社会保障部公布的《劳动人事争议仲裁办案规则》(人力资源和社会保障部令第2号)同时废止。

19. 劳动和社会保障部关于确立劳动关系有关事项的通知

（劳社部发〔2005〕12号　2005年5月25日发布）

各省、自治区、直辖市劳动和社会保障厅（局）：

近一个时期，一些地方反映部分用人单位招用劳动者不签订劳动合同，发生劳动争议时因双方劳动关系难以确定，致使劳动者合法权益难以维护，对劳动关系的和谐稳定带来不利影响。为规范用人单位用工行为，保护劳动者合法权益，促进社会稳定，现就用人单位与劳动者确立劳动关系的有关事项通知如下：

一、用人单位招用劳动者未订立书面劳动合同，但同时具备下列情形的，劳动关系成立。

（一）用人单位和劳动者符合法律、法规规定的主体资格；

（二）用人单位依法制定的各项劳动规章制度适用于劳动者，劳动者受用人单位的劳动管理，从事用人单位安排的有报酬的劳动；

（三）劳动者提供的劳动是用人单位业务的组成部分。

二、用人单位未与劳动者签订劳动合同，认定双方存在劳动关系时可参照下列凭证：

（一）工资支付凭证或记录（职工工资发放花名册）、缴纳各项社会保险费的记录；

（二）用人单位向劳动者发放的"工作证"、"服务证"等能够证明身份的证件；

（三）劳动者填写的用人单位招工招聘"登记表"、"报名表"等招用记录；

（四）考勤记录；

（五）其他劳动者的证言等。

其中，(一)、(三)、(四)项的有关凭证由用人单位负举证责任。

三、用人单位招用劳动者符合第一条规定的情形的，用人单位应当与劳动者补签劳动合同，劳动合同期限由双方协商确定。协商不一致的，任何一方均可提出终止劳动关系，但对符合签订无固定期限劳动合同条件的劳动者，如果劳动者提出订立无固定期限劳动合同，用人单位应当订立。

用人单位提出终止劳动关系的，应当按照劳动者在本单位工作年限每满一年支付一个月工资的经济补偿金。

四、建筑施工、矿山企业等用人单位将工程(业务)或经营权发包给不具备用工主体资格的组织或自然人，对该组织或自然人招用的劳动者，由具备用工主体资格的发包方承担用工主体责任。

五、劳动者与用人单位就是否存在劳动关系引发争议的，可以向有管辖权的劳动争议仲裁委员会申请仲裁。

20. 广东省高级人民法院、广东省劳动人事争议仲裁委员会关于劳动人事争议仲裁与诉讼衔接若干意见

(粤高法发〔2018〕2号　2018年7月18日发布)

为统一劳动人事争议裁审法律适用标准,规范裁审程序衔接,根据《中华人民共和国劳动法》《中华人民共和国劳动合同法》(以下简称《劳动合同法》)、《中华人民共和国劳动争议调解仲裁法》以及《人力资源和社会保障部　最高人民法院关于加强劳动人事争议仲裁与诉讼衔接机制建设的意见》的有关规定,结合我省实际,制定本意见。

一、出租汽车(巡游车和网约车)驾驶员与经营者订立劳动合同并按劳动合同履行的,认定为劳动关系;双方订立承包、租赁、联营等合同,并建立营运风险共担、利益共享分配机制的,按双方约定执行。实际履行与约定不一致或双方未约定的,以实际履行情况认定。

二、网络平台经营者与相关从业人员之间的用工关系性质,原则上按约定处理。如双方属于自负盈亏的承包关系或已订立经营合同、投资合同等,建立了风险共担、利益共享的分配机制的,不应认定双方存在劳动关系。实际履行与约定不一致或双方未约定的,以实际履行情况认定。

三、村民委员会、居民委员会、农村集体经济组织与其对外聘用人员发生的用工关系,符合劳动关系特征的,应认定为劳动关系。

四、用人单位和劳动者均不能对工资数额举证的,由仲裁机构、人民法院参照本单位同岗位平均工资或者根据用人单位经济类型,参照当地城镇非私营单位就业人员年平均工资或当地城镇私营单位就业人员年平均工资确定。如按照

上述标准确定的工资与该行业(或岗位)的普遍工资收入明显不符的,参照政府职能部门公布的人力资源市场工资指导价位等因素综合确定。

五、非因劳动者原因致用人单位生产经营陷入严重困境,有丧失清偿能力的可能并致用人单位停产、限产,用人单位可以根据《劳动合同法》第四十条第三项的规定解除劳动合同并支付经济补偿,也可以与劳动者协商约定停工限产期限。停工限产未超过一个工资支付周期,用人单位按照正常工作时间支付工资,超过一个工资支付周期,用人单位根据《广东省工资支付条例》第三十九条的规定向劳动者支付工资或生活费。停工限产超过合理期限或约定期限,劳动者根据《劳动合同法》第三十八条第一款第一项的规定提出解除劳动合同并主张经济补偿的,应予支持。

六、女职工按照《女职工劳动保护特别规定》第七条的规定休产假的,原工资标准按照《广东省实施〈女职工劳动保护特别规定〉办法》第十三条第二款的规定确定。根据《广东省人口与计划生育条例》第三十条的规定,符合法律、法规规定生育子女的,女方享受八十日的奖励假,男方享受十五日的陪产假,在规定假期内照发工资,不影响福利待遇和全勤评奖。奖励假和陪产假期间的工资应按职工正常出勤情况下的应得工资计算,但加班工资、高温津贴、支付周期超过一个月或未确定支付周期的劳动报酬除外。

七、在工伤停工留薪期内,劳动者的原工资福利待遇不变,由所在单位按月支付。工伤停工留薪期工资应按劳动者工伤前十二个月的平均工资(包括加班工资)支付。

八、劳动者与用人单位虽未签订名称为劳动合同的书面协议,但双方签订的包含工资、岗位、工作时间、劳动期限等内容的书面协议,具备劳动合同本质特征的,应当认定双方已经订立书面劳动合同。

九、用人单位违反《劳动合同法》第十四条第二款的规定,未与劳动者订立无固定期限劳动合同的,用人单位应根据《劳动合同法》第八十二条第二款的规定,从依法应订立无固定期限劳动合同之日满一个月的次日起向劳动者每月支付二倍工资。

十、原劳动部《违反和解除劳动合同的经济补偿办法》废止后,经济补偿月数上限、工作年限不满六个月经济补偿计发月数、经济补偿的计发基数问题统一适用《劳动合同法》第四十七条的规定。

根据《劳动合同法》第九十七条第三款的规定,《劳动合同法》施行之日存续的劳动合同在该法施行后解除或终止的,依照《劳动合同法》第四十六条规定用人单位应当支付经济补偿的,补偿年限从该法施行之日起计算。在《劳动合同法》施行前,按照当时的规定用人单位应当支付经济补偿的,仍适用当时规定。

十一、劳动者患病、非因工负伤医疗期满后,经劳动能力鉴定委员会鉴定为完全丧失劳动能力或大部分丧失劳动能力,不能从事原工作、也不能从事由用人单位另行安排的工作而解除劳动合同的,用人单位应按规定支付经济补偿并支付不低于六个月工资的医疗补助费。

十二、劳动者申请仲裁或起诉时请求违法解除或违法终止劳动合同的赔偿金,但仲裁机构或人民法院经过审理后认为应支持劳动者解除或终止劳动合同的经济补偿的,可直接裁判用人单位向劳动者支付经济补偿。劳动者申请仲裁或起诉时请求解除或终止劳动合同的经济补偿,但仲裁机构或人民法院经过审理后认为应支持违法解除或终止劳动合同的赔偿金的,可在劳动者请求的金额范围内予以支持。

十三、用人单位以劳动者违反计划生育政策为由解除劳动合同的,应承担违法解除劳动合同的法律责任。

十四、建设单位、施工总承包单位或者具有用人单位资格的专业分包或劳务分包单位违反法律、法规规定将承包业务转包给不具备用人单位资格的组织或者自然人,社会保险行政部门认定建设单位、施工总承包单位或者具有用人单位资格的专业分包单位承担工伤保险责任,建设单位、施工总承包单位或者具有用人主体资格的专业分包单位以其与劳动者不存在劳动关系为由抗辩的,不予支持。劳动者依据工伤认定结论主张停工留薪期工资的,应予支持。

十五、按建设项目参加工伤保险的,根据社会保险行政部门作出的工伤认定结论,由所列的工伤保险责任单位作为工伤待遇支付主体。若工伤认定结论仅列建筑工程项目部,未明确工伤保险责任单位的,劳动者以不具备用人单位资格的项目部作为被申请人提起劳动仲裁的,不予受理。劳动者可以请求社会保险行政部门重新作出结论。

十六、劳动者达到法定退休年龄或者已经享受基本养老保险待遇的,劳动关系终止。劳动者所受伤害如被社会保险行政部门认定为工伤,劳动者要求用工单位参照《广东省工伤保险条例》规定的工伤保险待遇支付有关费用的,应予支持，但不包括一次性就业补助金。

十七、符合《劳动合同法》第十四条第二款、第三款规定的情形的，劳务派遣单位应依法与被派遣的劳动者订立无固定期限劳动合同。

十八、用工单位违反《劳务派遣暂行规定》第三条、第四条规定的劳务派遣用工范围和用工比例的，由人力资源社会保障行政部门依法处理，不影响劳务派遣合同的效力。

十九、根据《劳动合同法》第五十七条的规定，劳务派遣单位未取得经营劳务派遣业务行政许可的，劳务派遣协议无效。因劳务派遣协议无效给劳动者造成损害的，劳务派遣单位与用工单位承担连带责任，但用工单位能证明其已尽审查义务的除外。

二十、职业病诊断、鉴定过程中，在确认劳动者职业史、职业病危害接触史时，当事人对劳动关系、工种、工作岗位或者在岗时间有争议的，可以向劳动人事争议仲裁委员会申请仲裁。劳动者对仲裁裁决不服的，可以依法向人民法院提起诉讼。用人单位对仲裁裁决不服的，可以在职业病诊断、鉴定程序结束之日起十五日内依法向人民法院提起诉讼；诉讼期间，劳动者的治疗费用按照职业病待遇规定的途径支付。

二十一、对仲裁裁决主文或仲裁调解书中的文字、计算错误以及仲裁机构已经认定但在裁决主文中遗漏的事项，可以补正或说明的，人民法院应当告知仲裁机构补正或说明，或向仲裁机构调卷查明。仲裁机构不补正也不说明，且人民法院调卷后执行内容仍然不明确无法执行的，可以裁定驳回执行申请。如仲裁机构通过监督程序对案件重新作出处理，原裁决书或调解书已经执行的，被执行人依据生效的法律文书可向人民法院申请执行回转。仲裁裁决被人民法院裁定不予执行的，当事人可以向人民法院起诉。

生效仲裁裁决书或调解书，申请人应向被执行人住所地或被执行财产所在地基层人民法院申请执行。

二十二、仲裁过程中，用人单位可能出现逃匿、转移财产等情形的，劳动者应当通过仲裁机构向人民法院申请财产保全，仲裁机构在接到劳动者提交的申请后 48 小时内向被申请人住所地或被申请保全的财产所在地的基层人民法院移交保全申请书、财产线索清单、用人单位情况说明等相关材料。人民法院裁定采取保全措施或者裁定驳回申请的，应当将裁定书送达当事人，并通知仲裁机构。

人民法院经审查认为劳动者经济确有困难,或有证据证明用人单位存在欠薪逃匿可能的,可以减轻或免除劳动者提供担保的义务,及时采取保全措施。

二十三、申请人的仲裁请求同时涉及终局裁决事项和非终局裁决事项的,仲裁机构在同一份裁决书中分别列明终局裁决事项和非终局裁决事项,并分别告知权利救济途径,视为已分别制作仲裁裁决书。

二十四、仲裁机构可以根据案件审理需要,申请基层人民法院签发调查令,由仲裁机构向有关单位和个人调查取证。调查取证的事项包括银行代发工资情况及相关单位、个人保存的证据材料等。

人民法院可以根据案件审理需要,要求仲裁机构就仲裁阶段的案件处理情况作出说明,或委托仲裁机构向劳动监察、社会保险经办机构等调取、核实相关材料。

二十五、当事人在仲裁阶段办理委托代理手续时,可同时明确诉讼和执行阶段的委托代理人及委托权限。对当事人已明确诉讼和执行阶段委托代理人及委托权限的,仲裁机构可依据当事人申请提供有关授权委托材料。

二十六、当事人对仲裁裁决认定的事实无异议的,人民法院可直接采信。当事人在仲裁阶段承认的对己方不利的事实或认可的证据,人民法院可以予以确认,但当事人反悔并有相反证据足以推翻的除外。对当事人服裁部分,人民法院可在说理部分直接确认,并形成相应判项。

二十七、根据《广东省劳动人事争议处理办法》第五十八条第三款的规定,受送达人无法联系,或者以直接送达、委托送达、邮寄送达、留置送达等方式无法送达的,可在人力资源社会保障行政部门的门户网站公告和在受送达人住所地张贴公告,自发出公告之日起,经过30日即视为送达。根据《广东省劳动人事争议处理办法》第五十八条第四款的规定,劳动者人数在10人以上的集体争议,仲裁机构以直接送达方式无法送达用人单位的,可以在有关基层组织见证下,在用人单位住所地或者生产经营场所张贴有关文书,并采用拍照、录像等方式记录,自张贴之日起即视为送达。

二十八、根据《劳动人事争议仲裁办案规则》第三十条的规定,仲裁机构受理案件时不再主动审查仲裁时效。案件受理后,当事人未就仲裁时效进行抗辩的,仲裁机构不主动审查,但案件涉及虚假仲裁,恶意串通损害国家、集体或第三人合法权益的除外。当事人在仲裁阶段未提出时效抗辩,在诉讼阶段又主张时效抗辩的，人民法院不予支持，但其基于新的证据能够证明对方当事人的仲裁请求权已过时效期间的情形除外。

《劳动人事争议仲裁办案规则》实施前，申请人的仲裁请求已超过仲裁时效，申请人在《劳动人事争议仲裁办案规则》实施后申请仲裁不受前款关于仲裁机构不主动审查时效规定的限制。

二十九、鼓励有条件的地区建立劳动人事争议一体化处理工作机制，尝试构建裁审一体化处理网络平台，促进仲裁机构和人民法院立案、保全、证据调查、裁判文书等案件信息共享，实现劳动人事争议公正高效处理。

三十、本意见从下发之日起供全省各级人民法院、仲裁机构参照执行。本意见下发之前的会议纪要、指导意见与本意见不一致的，按本意见处理。法律法规、司法解释有新规定的，按法律法规、司法解释的规定执行。

21. 人力资源和社会保障部办公厅关于妥善处理新型冠状病毒感染的肺炎疫情防控期间劳动关系问题的通知

（人社厅明电〔2020〕5号　2020年1月24日发布）

各省、自治区、直辖市及新疆生产建设兵团人力资源社会保障厅（局）：

为做好新型冠状病毒感染的肺炎疫情防控工作，妥善处理好疫情防控期间劳动关系问题，维护职工合法权益，保障企业正常生产经营秩序，促进劳动关系和谐稳定，现就有关问题通知如下：

一、对新型冠状病毒感染的肺炎患者、疑似病人、密切接触者在其隔离治疗期间或医学观察期间以及因政府实施隔离措施或采取其他紧急措施导致不能提供正常劳动的企业职工，企业应当支付职工在此期间的工作报酬，并不得依据劳动合同法第四十条、四十一条与职工解除劳动合同。在此期间，劳动合同到期的，分别顺延至职工医疗期期满、医学观察期期满、隔离期期满或者政府采取的紧急措施结束。

二、企业因受疫情影响导致生产经营困难的，可以通过与职工协商一致采取调整薪酬、轮岗轮休、缩短工时等方式稳定工作岗位，尽量不裁员或者少裁员。符合条件的企业，可按规定享受稳岗补贴。企业停工停产在一个工资支付周期内的，企业应按劳动合同规定的标准支付职工工资。超过一个工资支付周期的，若职工提供了正常劳动，企业支付给职工的工资不得低于当地最低工资标准。职工没有提供正常劳动的，企业应当发放生活费，生活费标准按各省、自治区、直辖市规定的办法执行。

三、因受疫情影响造成当事人不能在法定仲裁时效期间申请劳动人事争议仲裁的，仲裁时效中止。从中止时效的原因消除之日起，仲裁时效期间继续计算。因受疫情影响导致劳动人事争议仲裁机构难以按法定时限审理案件的，可相应顺延审理期限。

四、各地人力资源和社会保障部门要加强对受疫情影响企业的劳动用工指导和服务，加大劳动保障监察执法力度，切实保障职工合法权益。

人力资源和社会保障部办公厅

2020年1月24日

22. 广东省高级人民法院、广东省人力资源和社会保障厅关于印发《关于审理涉新冠肺炎疫情劳动人事争议案件若干问题的解答》的通知

（粤高法〔2020〕38号　2020年4月21日发布）

为统一涉新冠肺炎疫情劳动人事争议案件的审理标准，坚持维护劳动者合法权益与促进用人单位复工复产相结合，构建和谐稳定劳动关系，根据相关法律法规及司法解释等规定，结合我省实际解答如下：

1. 劳动者在2020年春节延长假期间的工资待遇，应如何确定

按照《国务院办公厅关于延长2020年春节假期的通知》要求，延长2020年春节假期至2月2日。用人单位在春节延长假期间（1月31日、2月1日、2月2日）安排劳动者工作的，应先安排补休；不能安排补休的，应按照不低于劳动者本人日或者小时工资标准的200%支付工资报酬。用人单位在此期间未安排劳动者工作，适逢工作日或者休息日的，按原工资计发方式处理。

2. 2020年春节延长假与其他假期、医疗期、停工留薪期重叠，应如何处理

产假、奖励假、陪产假（看护假）、停工留薪期及医疗期与2020年春节延长假重叠的，不得顺延。年休假与2020年春节延长假重叠的，可以顺延，或者由劳动者另行申请或者由用人单位另行安排。婚丧假、事假与2020年春节延长假重叠的，可由劳动者与用人单位依法协商安排。

3. 劳动者在政府规定延迟复工期间的工资待遇，应如何确定

按照《广东省人民政府关于企业复工和学校开学时间的通知》要求，除特殊情形外，本行政区域内各类企业复工时间不早于2月9日24时。2月3日至

9日受疫情影响延迟复工期间，用人单位已经安排劳动者使用带薪年休假、单位自设福利假等各类假的，按相关假的规定支付其工资。如未安排各类假期的，按劳动合同约定标准支付工资。

符合规定不受延迟复工限制的用人单位，在此期间安排劳动者工作的，应当依法支付劳动者工资。其中，用人单位在休息日安排劳动者工作又不能安排补休的，应当根据《广东省工资支付条例》第二十条规定，按照不低于劳动者本人日或者小时工资标准的200%支付工资报酬。

4. 受疫情影响，用人单位不能依法及时与劳动者订立或者续订书面劳动合同，应如何处理

受疫情影响，用人单位不能依法及时与劳动者订立或者续订书面劳动合同，劳动者请求未签订书面劳动合同二倍工资差额的，不予支持。

疫情防控期间，用人单位与劳动者协商一致，可以采用电子形式订立劳动合同。符合劳动合同法、电子签名法等法律法规规定的电子劳动合同一经订立，与书面劳动合同具有同等法律效力。

5. 劳动者请求新冠肺炎治疗期间或者医学观察期间以及因政府实施隔离措施期间的工资报酬，应如何处理

劳动者要求用人单位按照正常工作时间工资支付新冠肺炎隔离治疗期间或者医学观察期间以及因政府实施隔离措施期间的工资报酬，应予支持。

劳动者不遵守政府疫情防控规定，导致被隔离治疗或者医学观察，劳动者请求该期间工资报酬的，不予支持。

6. 因政府依法采取停工停业、封锁疫区等紧急措施，用人单位延迟复工，劳动者请求不能返岗期间的工资报酬，应如何处理

用人单位安排未返岗劳动者通过电话、网络等方式提供正常劳动的，按正常劳动支付工资。

用人单位安排劳动者在受疫情影响延迟复工期间使用带薪年休假、用人单位自设福利假等各类假的，按相关假的规定支付工资。

用人单位未复工或者复工但劳动者未返岗且不能通过其他方式提供正常劳动的，参照停工停产期间工资支付相关规定与劳动者协商，在一个工资支付周期的，按照劳动合同约定的标准支付工资；超过一个工资支付周期的，由用人单位发放生活费，生活费按不低于当地最低工资标准的80%支付。

前款停工停产期间的计算,从2020年春节延长假结束的次日起至用人单位复工或者劳动者返岗前一日止。但用人单位因生产经营困难在2020年春节假期之前已履行相关程序后决定停工停产的,其停工停产起始日期为宣布停工停产之日。

用人单位停工停产的起止日期计算,从停工停产当日起至复工复产前一日止连续计算。其中,一个工资支付周期最长不超过30天(不剔除休息日、法定节假日等各类假)。用人单位发薪日期在此期间的,不影响按停工停产相关支付标准分段计算工资。

用人单位停工停产后复工,复工后再次停工停产的,每中断一次需重新计算,不得将两次停工停产的时间累加计算。

7.劳动者在其隔离治疗期满或者医学观察期满以及政府实施隔离措施或者采取其他紧急措施结束之后要求返岗,用人单位拒绝的,工资待遇如何处理;劳动者据此解除劳动合同并请求经济补偿的,应否支持

新冠肺炎患者治愈出院后,疑似病人在确诊未患新冠肺炎后,新冠肺炎患者密切接触者、自疫情严重地区返粤劳动者以及其他因疫情防控需要集中或者居家隔离的劳动者,在医学观察期满后要求返岗,用人单位无正当理由拒绝的,应支付正常工作时间的工资。

用人单位拒绝劳动者返岗且不支付工资超过合理期限,劳动者依据劳动合同法第三十八条解除劳动合同并请求支付经济补偿的,应予支持。

8.承担疫情防控保障任务的用人单位,要求劳动者提前返岗或者合理延长工作时间被拒,应如何处理

承担疫情防控保障任务的用人单位,通知劳动者在春节延长假或者限制复工期间返岗或者合理延长工作时间,劳动者无正当理由未按时返岗或者未按用人单位要求合理延长工作时间,属于可以解除劳动合同情形的,用人单位根据法律、劳动合同的约定或者本单位的规章制度可解除劳动合同,劳动者要求用人单位支付解除劳动合同经济补偿或者违法解除劳动合同赔偿金的,不予支持。

9.用人单位以劳动者拒绝到疫情严重地区或者原疫情严重地区但已被确定为低风险地区工作、出差为由,解除劳动合同,劳动者能否主张违法解除劳动合同的赔偿金

疫情防控期间,用人单位未提供必要的防护措施、没有正当理由或者相关的

政策依据要求劳动者到疫情严重地区工作、出差，劳动者有权拒绝。用人单位因劳动者拒绝而解除劳动合同，劳动者根据劳动合同法第八十七条规定请求支付赔偿金的，应予支持。但涉及运送防疫物资等与疫情防控密切相关的，劳动者无特殊情况不得拒绝。劳动者无正当理由拒绝的，用人单位有权依照法律法规、劳动合同约定或者规章制度处理。属于可以解除劳动合同情形的，用人单位依法解除劳动合同，劳动者请求支付赔偿金的，不予支持。

用人单位要求劳动者到原疫情严重地区但已被确定为低风险地区工作、出差，劳动者无正当理由拒不服从的，用人单位有权依照法律法规、劳动合同约定或者规章制度处理。属于可以解除劳动合同情形的，用人单位依法解除劳动合同，劳动者请求支付赔偿金的，不予支持。

10. 用人单位以劳动者籍贯、居所属原疫情严重地区为由解除劳动合同，应如何处理

用人单位以劳动者籍贯、户籍登记、其他有效身份登记的居所属原疫情严重地区为由解除劳动合同，应承担违法解除劳动合同的法律责任。

11. 劳动者违反政府疫情防控措施拒绝治疗、医学观察、医学检查、隔离，用人单位能否解除劳动合同

劳动者违反政府疫情防控措施拒绝治疗、医学观察、医学检查、隔离，影响用人单位生产经营或者严重违反劳动纪律、用人单位规章制度的，用人单位可根据劳动法第二十五条或者劳动合同法第三十九条规定解除劳动合同。

12. 用人单位因受疫情影响延迟发放工资或者未依法及时为劳动者缴纳社会保险费，劳动者解除劳动合同并请求经济补偿，应否支持

用人单位因受疫情影响延迟发放工资未超过30天，或者未依法及时缴纳社会保险费，劳动者以此为由解除劳动合同并请求经济补偿的，不予支持。

13. 用人单位因受疫情影响导致生产经营严重困难而解除劳动合同，劳动者能否主张经济补偿

用人单位因受疫情影响导致生产经营严重困难的，可以与劳动者协商，采取调整薪酬、轮岗轮休、缩短工时、待岗等方式变更劳动合同，稳定工作岗位。如双方未能协商一致，用人单位根据劳动合同法第四十条、第四十一条规定解除劳动合同，应当依照劳动合同法第四十六条、第四十七条规定向劳动者支付经济补偿。

14. 用人单位因受疫情影响停工停产,工资待遇等如何处理

用人单位因受疫情影响停工停产,未超过一个工资支付周期的,应当按照劳动合同约定的工资标准支付工资。超过一个工资支付周期的,用人单位与劳动者可以根据劳动者提供的劳动,协商新的工资标准;协商未成的,用人单位可根据劳动合同法第四十条规定解除劳动合同,但应当依照劳动合同法第四十六条、第四十七条规定,向劳动者支付经济补偿。超过一个工资支付周期的,用人单位没有安排劳动者工作,应当按照不低于当地最低工资标准的80%支付劳动者生活费;用人单位没有安排劳动者工作且未按上述标准支付生活费,超过合理期限或者约定期限,劳动者根据劳动合同法第三十八条规定提出解除劳动合同并请求生活费及经济补偿的,应予支持。

15. 用人单位终止在疫情防控期间到期的劳动合同,劳动者请求继续履行或者支付赔偿金,应否支持

劳动合同在隔离治疗期间、医学观察期间以及因政府实施隔离措施或者采取其他紧急措施期间到期,劳动合同期限分别顺延至劳动者隔离治疗期、医学观察期、隔离期期满或者政府采取的紧急措施结束。

用人单位终止在上述期间到期的劳动合同,劳动者请求继续履行的,应予支持。劳动者不要求继续履行或者劳动合同已经不能履行,请求根据劳动合同法第八十七条规定支付赔偿金的,应予支持。

16. 用人单位以劳动者在治疗期间或者疫情防控期间无法提供正常劳动为由解除劳动合同,劳动者请求继续履行或者支付赔偿金,应否支持

劳动者因隔离治疗、医学观察、政府实施隔离措施或者采取其他紧急措施,未能提供正常劳动,用人单位以此解除劳动合同,劳动者要求继续履行的,应予支持;劳动者不要求继续履行或者劳动合同已经不能履行,请求根据劳动合同法第八十七条规定支付赔偿金的,应予支持。

17. 劳动者患新冠肺炎治疗后不能从事原工作,也不能从事由用人单位另行安排的工作,用人单位能否解除劳动合同

劳动者患新冠肺炎,在规定的医疗期满后不能从事原工作,也不能从事由用人单位另行安排的工作,用人单位根据劳动合同法第四十条规定可解除劳动合同,但应当支付经济补偿。

新冠肺炎患者、病原携带者、疑似病人、密切接触者的隔离治疗期或者医学

观察期均不计算为医疗期。隔离治疗结束后仍需停止工作继续治疗的，自继续开始治疗之日起计算医疗期。

18. 疫情防控期间共享用工的劳动关系，应如何认定

疫情防控期间，员工富余单位将劳动者借出至缺工单位共享用工的，不改变借出单位与劳动者之间的劳动关系，但劳动合同中的相关条款经双方协商可以变更。

19. 劳动者因患新冠肺炎认定为工伤，应如何处理

劳动者因患新冠肺炎认定为工伤，依法享受工伤保险待遇。已参加工伤保险的，工伤保险待遇由工伤保险基金和用人单位按工伤保险有关规定支付；未参加工伤保险的，由用人单位按照规定的工伤保险待遇项目和标准支付。

20. 劳动者因患新冠肺炎死亡不属于工伤，其近亲属主张用人单位支付死亡抚恤待遇，应如何处理

劳动者因患新冠肺炎死亡不属于工伤，其近亲属根据《广东省企业职工假期待遇死亡抚恤待遇暂行规定》要求用人单位支付丧葬补助费、供养直系亲属一次性救济金（或者供养直系亲属生活补助费）、一次性抚恤金的，应予支持，但已按规定纳入社会保险支付的除外。

21. 疫情防控期间的仲裁时效、起诉、上诉期限及案件审理期限如何把握

当事人受疫情影响不能在法定仲裁时效期间申请劳动人事争议仲裁的，仲裁时效中止。从中止时效的原因消除之日起，仲裁时效期间继续计算。

当事人或者代理人受疫情影响，无法参加诉讼、仲裁，可以向人民法院或者仲裁机构申请延期审理，人民法院、仲裁机构受疫情影响难以按法定期限审理案件的，可相应顺延审理期限。

当事人受疫情防控措施影响无法在法律规定的诉讼期间起诉或者上诉，在障碍消除后的10日内申请顺延期限的，人民法院可予准许。

22. 本解答应如何执行

本解答从下发之日起供全省各级人民法院、仲裁机构参照执行。法律法规、司法解释有新规定的，按法律法规、司法解释的规定执行。

23. 劳动与社会保障法律规范梳理

第一部分　综　　合

中华人民共和国劳动法

劳动部关于《劳动法》若干条文的说明

劳动部关于贯彻执行《中华人民共和国劳动法》若干问题的意见

劳动和社会保障部关于非全日制用工若干问题的意见

中华人民共和国工会法

中国工会章程

中华全国总工会办公厅关于规范召开企业职工代表大会的意见

企业内部控制应用指引第 3 号——人力资源

对外劳务合作管理条例

人力资源社会保障行政复议办法

第二部分　劳动就业

一、就业促进

中华人民共和国就业促进法

就业补助资金管理办法

人力资源和社会保障部、教育部、卫生部关于进一步规范入学和就业体检项目维护乙肝表面抗原携带者入学和就业权利的通知

人力资源和社会保障部、国家发展改革委、民政部、财政部关于实施提升就

业服务质量工程的通知

二、就业管理

人力资源市场暂行条例

残疾人就业条例

网络招聘服务管理规定

外国人在中国就业管理规定

人才市场管理规定

就业服务与就业管理规定

人力资源和社会保障部关于印发《〈就业失业登记证〉管理暂行办法》的通知

外商投资人才中介机构管理暂行规定

外商投资职业介绍机构设立管理暂行规定

三、职业资格与职业能力

职业技能鉴定规定

职业资格证书规定

中华技能大奖和全国技术能手评选表彰管理办法

专业技术人员继续教育规定

专业技术人才知识更新工程实施方案

人力资源和社会保障部办公厅关于加强新职业培训工作的通知

专业技术人才知识更新工程数字技术工程师培育项目实施办法

职称评审管理暂行规定

人力资源和社会保障部关于公布《国家职业资格目录(2021年版)》的公告

人力资源和社会保障部办公厅关于做好国家职业资格目录*公布实施后技能人员职业资格有关工作的通知

人力资源和社会保障部办公厅关于颁布水泥生产工等3个国家职业技能标准的通知

---

* 该目录部分失效。

人力资源和社会保障部办公厅、工业和信息化部办公厅关于颁布集成电路工程技术人员等7个国家职业技术技能标准的通知

人力资源和社会保障部办公厅关于进一步做好技能人员职业资格证书发放管理有关工作的通知

第三部分　劳动合同

一、总类

中华人民共和国劳动合同法

中华人民共和国劳动合同法实施条例

集体合同规定

劳动部关于实行劳动合同制度若干问题的通知

劳动和社会保障部、建设部、全国总工会关于加强建设等行业农民工劳动合同管理的通知

劳动和社会保障部、中华全国总工会、中国企业联合会、中国企业家协会关于开展区域性行业性集体协商工作的意见

劳动和社会保障部关于建立劳动用工备案制度的通知

电子劳动合同订立指引

二、劳动合同订立与劳动关系确认

实施《劳动法》中有关劳动合同问题的解答

劳动部关于订立劳动合同有关问题的通知

劳动部关于企业工会主席签订劳动合同问题的通知

劳动部办公厅关于固定工签订劳动合同有关问题的复函

劳动部办公厅关于企业职工被错判宣告无罪释放后,是否应恢复与企业的劳动关系等有关问题的复函

劳动部办公厅关于职工应征入伍后与企业劳动关系的复函

劳动部办公厅对《关于实行劳动合同制度若干问题的请示》的复函

劳动和社会保障部关于确立劳动关系有关事项的通知

三、劳动合同变更与解除

国有企业富余职工安置规定

企业经济性裁减人员规定

劳动部办公厅对《关于如何确定试用期内不符合录用条件可以解除劳动合同的请示》的复函

劳动部办公厅对《关于患有精神病的合同制工人解除劳动合同问题的请示》的复函

劳动部办公厅对《关于如何理解无效劳动合同有关问题的请示》的复函

劳动部办公厅关于劳动者解除劳动合同有关问题的复函

四、经济补偿与赔偿

违反《劳动法》有关劳动合同规定的赔偿办法

劳动部办公厅对《关于如何理解"同一用人单位连续工作时间"和"本单位工作年限"的请示》的复函

劳动和社会保障部办公厅关于用人单位违反劳动合同规定有关赔偿问题的复函

劳动和社会保障部办公厅关于对事实劳动关系解除是否应该支付经济补偿金问题的复函

劳动和社会保障部办公厅关于复转军人军龄及有关人员工龄是否作为计算职工经济补偿金年限的答复意见

劳动和社会保障部办公厅关于破产企业一次性安置人员再就业后工龄计算问题的复函

五、劳务派遣

劳务派遣暂行规定

劳务派遣行政许可实施办法

第四部分　劳动报酬

一、工资

关于工资总额组成的规定

《关于工资总额组成的规定》若干具体范围的解释

工资支付暂行规定

劳动部对《工资支付暂行规定》有关问题的补充规定

工资集体协商试行办法

最低工资规定

城镇集体所有制企业工资同经济效益挂钩办法

国有企业工资总额同经济效益挂钩规定

国有企业工资内外收入监督检查实施办法

技能人才薪酬分配指引

劳动和社会保障部办公厅关于部分公民放假有关工资问题的函

劳动和社会保障部、国家发展和改革委员会、财政部关于调整煤矿井下艰苦岗位津贴有关工作的通知

劳动和社会保障部关于职工全年月平均工作时间和工资折算问题的通知

财政部关于企业加强职工福利费财务管理的通知

最高人民法院关于审理拒不支付劳动报酬刑事案件适用法律若干问题的解释

保障农民工工资支付条例

拖欠农民工工资"黑名单"管理暂行办法

拖欠农民工工资失信联合惩戒对象名单管理暂行办法

建设领域农民工工资支付管理暂行办法

工程建设领域农民工工资保证金规定

工程建设领域农民工工资专用账户管理暂行办法

二、工时

国务院关于职工工作时间的规定

劳动部贯彻《国务院关于职工工作时间的规定》的实施办法

《国务院关于职工工作时间的规定》问题解答

关于企业实行不定时工作制和综合计算工时工作制的审批办法

劳动部关于职工工作时间有关问题的复函

人力资源和社会保障部、商务部关于服务外包企业实行特殊工时制度有关问题的通知

三、休假

职工带薪年休假条例

企业职工带薪年休假实施办法

人力资源和社会保障部办公厅关于《企业职工带薪年休假实施办法》有关问题的复函

全国年节及纪念日放假办法

国务院关于职工探亲待遇的规定

国家劳动总局关于制定《国务院关于职工探亲待遇的规定》实施细则的若干问题的意见

国家劳动总局、财政部关于国营企业职工请婚丧假和路程假问题的通知

企业职工患病或非因工负伤医疗期规定

劳动部关于贯彻《企业职工患病或非因工负伤医疗期规定》的通知

四、公积金

住房公积金管理条例

住房公积金统计管理办法

建设部、财政部、中国人民银行关于住房公积金管理若干具体问题的指导意见

第五部分　劳动安全

一、安全生产

中华人民共和国安全生产法
生产安全事故报告和调查处理条例
安全生产事故隐患排查治理暂行规定
企业安全生产责任体系五落实五到位规定

二、职业病防治

中华人民共和国职业病防治法
使用有毒物品作业场所劳动保护条例
工作场所职业卫生管理规定
用人单位职业健康监护监督管理办法
职业病诊断与鉴定管理办法
职业病分类和目录
用人单位劳动防护用品管理规范

三、特殊保护

女职工劳动保护特别规定
禁止使用童工规定
未成年工特殊保护规定
施工现场安全防护用具及机械设备使用监督管理规定
建筑施工人员个人劳动保护用品使用管理暂行规定
防暑降温措施管理办法

第六部分　劳动争议处理

一、调解

中华人民共和国劳动争议调解仲裁法

中华人民共和国人民调解法

企业劳动争议协商调解规定

人力资源和社会保障部、司法部、中华全国总工会、中国企业联合会、中国企业家协会关于加强劳动人事争议调解工作的意见

人力资源和社会保障部、中华全国工商业联合会关于加强非公有制企业劳动争议预防调解工作的意见

人力资源和社会保障部、中央综治办关于加强专业性劳动争议调解工作的意见

人力资源和社会保障部、司法部、财政部关于进一步加强劳动人事争议调解仲裁法律援助工作的意见

二、仲裁

中华人民共和国劳动争议调解仲裁法

劳动人事争议仲裁办案规则

劳动人事争议仲裁组织规则

劳动部、总后勤部关于军队、武警部队的用人单位与无军籍职工发生劳动争议如何受理的通知

劳动和社会保障部办公厅关于劳动争议仲裁机构能否受理退休干部要求更改参加革命工作时间问题的复函

劳动和社会保障部办公厅关于劳动争议仲裁委员会作出仲裁裁决后不再变更被执行主体的复函

最高人民法院关于劳动争议仲裁委员会的复议仲裁决定书可否作为执行依据问题的批复

最高人民法院关于人民法院对经劳动争议仲裁裁决的纠纷准予撤诉或驳回

起诉后劳动争议仲裁裁决从何时起生效的解释

最高人民法院关于审理劳动争议案件诉讼当事人问题的批复

最高人民法院关于安徽省高级人民法院关于李向阳等十人与亳州市烟草专卖局劳动争议纠纷一案的请示的复函

人力资源和社会保障部、最高人民法院关于加强劳动人事争议仲裁与诉讼衔接机制建设的意见

第七部分　事业单位劳动人事

一、事业单位人事招聘

事业单位人事管理条例

事业单位公开招聘人员暂行规定

中共中央组织部、人力资源和社会保障部关于进一步规范事业单位公开招聘工作的通知

事业单位公开招聘违纪违规行为处理规定

国务院办公厅转发人事部关于在事业单位试行人员聘用制度意见的通知

事业单位岗位设置管理试行办法

《事业单位岗位设置管理试行办法》实施意见

中共中央组织部、人力资源和社会保障部关于进一步做好艰苦边远地区县乡事业单位公开招聘工作的通知

人力资源和社会保障部关于事业单位公开招聘岗位条件设置有关问题的通知

二、事业单位人事待遇

国家机关、事业单位贯彻《国务院关于职工工作时间的规定》的实施办法

人事部关于事业单位试行人员聘用制度有关工资待遇等问题的处理意见(试行)

事业单位工作人员收入分配制度改革方案

事业单位工作人员收入分配制度改革实施办法

关于机关事业单位离退休人员计发离退休费等问题的实施办法

机关事业单位工作人员带薪年休假实施办法

人力资源和社会保障部、民政部、财政部关于事业单位工作人员和离退休人员死亡一次性抚恤金发放办法的通知

三、人事处分与争议处理

事业单位工作人员处分暂行规定

人力资源和社会保障部关于贯彻执行《事业单位工作人员处分暂行规定》若干问题的意见

人事争议处理规定

劳动人事争议仲裁办案规则

劳动人事争议仲裁组织规则

事业单位工作人员申诉规定

最高人民法院关于人民法院审理事业单位人事争议案件若干问题的规定

最高人民法院关于事业单位人事争议案件适用法律等问题的答复

第八部分　社会保险

一、总类

中华人民共和国社会保险法

实施《中华人民共和国社会保险法》若干规定

社会保险行政争议处理办法

社会保险业务档案管理规定(试行)

人力资源社会保障行政复议办法

社会保险个人权益记录管理办法

社会保险欺诈案件管理办法

财政部、国家税务总局关于基本养老保险费、基本医疗保险费、失业保险费、住房公积金有关个人所得税政策的通知

二、缴费和监管

社会保险费征缴暂行条例

社会保险审计暂行规定

社会保险费征缴监督检查办法

社会保险基金监督举报工作管理办法

社会保险基金行政监督办法

社会保险稽核办法

劳动和社会保障部办公厅关于对破产企业生产自救期间应否缴纳社会保险费问题的复函

劳动和社会保障部办公厅关于如何执行和解释社会保险费征缴有关规定的复函

最高人民法院关于在审理和执行民事、经济纠纷案件时不得查封、冻结和扣划社会保险基金的通知

最高人民法院研究室关于王某与某公司劳动争议纠纷申请再审一案适用法律问题的答复

三、特殊参保

中国人民解放军军人配偶随军未就业期间社会保险暂行办法

在中国境内就业的外国人参加社会保险暂行办法

劳动和社会保障部办公厅关于单位外派职工在境外工作期间取得当地居民身份证后社会保险关系处理问题的复函

劳动和社会保障部办公厅关于取得国外永久性居民身份证回国工作人员在国内工作期间有关社会保险问题的复函

劳动和社会保障部、财政部、人事部、中央机构编制委员会办公室关于职工在机关事业单位与企业之间流动时社会保险关系处理意见的通知

人力资源和社会保障部办公厅关于进一步做好在国内就业的华侨参加社会保险有关工作的通知

香港澳门台湾居民在内地(大陆)参加社会保险暂行办法

第九部分　养 老 保 险

一、职工基本养老保险

(1)综合

国务院关于工人退休、退职的暂行办法

国务院关于建立统一的企业职工基本养老保险制度的决定

国务院关于完善企业职工基本养老保险制度的决定

劳动和社会保障部关于完善城镇职工基本养老保险政策有关问题的通知

劳动和社会保障部、财政部关于调整原行业统筹企业基本养老保险缴费比例的通知

劳动和社会保障部办公厅关于给企业造成经济损失的职工办理退休手续问题的复函

劳动和社会保障部办公厅关于执行劳社部发〔2000〕13 号文件有关规定的复函

(2)特殊参保

劳动和社会保障部、财政部、农业部、国务院侨务办公室关于农垦企业参加企业职工基本养老保险有关问题的通知

劳动和社会保障部、财政部、司法部关于监狱企业工人参加企业职工基本养老保险有关问题的通知

劳动和社会保障部、民政部关于社会组织专职工作人员参加养老保险有关问题的通知

人力资源和社会保障部、财政部、中华全国供销合作总社联合印发关于供销合作社企业职工参加企业职工基本养老保险有关问题的通知

劳动和社会保障部办公厅关于对破产企业离退休人员养老保险有关问题的复函

劳动和社会保障部办公厅关于转制科研单位劳动合同制工人参加养老保险有关问题的函

劳动和社会保障部办公厅关于对社会力量所办学校等民办非企业单位参加

城镇企业职工养老保险的复函

(3)个人账户与转移接续

劳动和社会保障部办公厅关于规范企业职工基本养老保险个人帐户管理有关问题的通知

统一和规范职工养老保险个人账户记账利率办法

国务院办公厅关于转发人力资源和社会保障部、财政部城镇企业职工基本养老保险关系转移接续暂行办法的通知

城镇企业职工基本养老保险关系转移接续暂行办法

人力资源和社会保障部关于城镇企业职工基本养老保险关系转移接续若干具体问题的意见

人力资源和社会保障部关于城镇企业职工基本养老保险关系转移接续若干问题的通知

人力资源和社会保障部、财政部、总参谋部等关于军人退役基本养老保险关系转移接续有关问题的通知

人力资源和社会保障部办公厅关于职工基本养老保险关系转移接续有关问题的补充通知

人力资源和社会保障部办公厅关于职工基本养老保险关系转移接续有关问题的函

人力资源和社会保障部办公厅关于养老保险关系跨省转移视同缴费年限计算地有关问题的复函

(4)工龄计算与退休年龄

劳动和社会保障部关于制止和纠正违反国家规定办理企业职工提前退休有关问题的通知

劳动和社会保障部、人事部、财政部、科学技术部关于转制单位部分人员延缓退休有关问题的通知

劳动部办公厅对"关于除名职工重新参加工作后工龄计算有关问题的请示"的复函

劳动和社会保障部办公厅关于兼并破产企业职工提前退休问题的函

劳动和社会保障部办公厅关于职工从事特殊工种的工作年限折算工龄问题的函

劳动和社会保障部办公厅关于劳动合同制职工工龄计算问题的复函

(5)养老待遇

国务院关于切实做好企业离退休人员基本养老金按时足额发放和国有企业下岗职工基本生活保障工作的通知

国务院办公厅关于各地不得自行提高企业基本养老金待遇水平的通知

劳动和社会保障部办公厅关于机关事业单位劳动合同制工人退休待遇问题的复函

劳动和社会保障部办公厅关于退休人员被判刑后有关养老保险待遇问题的复函

财政部、劳动保障部、国务院侨办关于对归难侨离退休人员基本养老金实行定额补助有关问题的通知

劳动和社会保障部办公厅关于对扣发离退休人员基本养老金抵偿债务问题的复函

劳动和社会保障部、人事部、财政部、科学技术部、建设部关于转制科研机构和工程勘察设计单位转制前离退休人员待遇调整等问题的通知

劳动和社会保障部办公厅关于机关事业单位劳动合同制工人退休后基本养老金调整有关问题的复函

人事部、劳动和社会保障部关于实行企业化管理的事业单位参加企业基本养老保险统筹后职工退休待遇问题的复函

人力资源和社会保障部关于因失踪被人民法院宣告死亡的离退休人员养老待遇问题的函

人力资源和社会保障部、财政部关于解决未参保集体企业退休人员基本养老保险等遗留问题的意见

人力资源和社会保障部、财政部关于提高建国前参加工作的老工人生活补贴标准和扩大发放范围的通知

人力资源和社会保障部、财政部关于建立城乡居民基本养老保险待遇确定和基础养老金正常调整机制的指导意见

二、企业

企业年金办法

企业年金基金管理运作流程

企业年金基金管理办法

人力资源和社会保障部、民政部关于鼓励社会团体、基金会和民办非企业单位建立企业年金有关问题的通知

财政部、国家税务总局关于个人所得税法修改后有关优惠政策衔接问题的通知

三、居民基本养老保险

国务院关于建立统一的城乡居民基本养老保险制度的意见

城乡养老保险制度衔接暂行办法

城乡养老保险制度衔接经办规程(试行)

城乡居民基本养老保险经办规程

劳动和社会保障部、民政部、审计署关于做好农村社会养老保险和被征地农民社会保障工作有关问题的通知

人力资源和社会保障部办公厅关于出国(境)定居人员参加新型农村和城镇居民社会养老保险有关问题处理意见的函

人力资源和社会保障部办公厅关于城乡居民养老保险关系转移接续有关问题处理意见的复函

四、事业单位基本养老保险

国务院关于机关事业单位工作人员养老保险制度改革的决定

机关事业单位工作人员基本养老保险经办规程

在京中央国家机关事业单位工作人员养老保险制度改革实施办法

机关事业单位基本养老保险关系和职业年金转移接续经办规程

人力资源和社会保障部办公厅、总后勤部财务部关于军人退役参加机关事业单位养老保险有关问题的通知

五、职业年金

机关事业单位职业年金办法

职业年金基金管理暂行办法

职业年金基金归集账户管理暂行办法

人力资源和社会保障部、财政部、总参谋部等关于军人职业年金转移接续有关问题的通知

人力资源和社会保障部办公厅关于职业年金计划备案和编码规则等有关问题的通知

第十部分　医疗保险

一、职工基本医疗保险

国务院关于建立城镇职工基本医疗保险制度的决定

城镇职工基本医疗保险业务管理规定

劳动和社会保障部、财政部、国家经济贸易委员会、卫生部、国家中医药管理局关于加强城镇职工基本医疗保险费用结算管理的意见

劳动和社会保障部、国家发展计划委员会、财政部、卫生部、国家中医药管理局关于城镇职工基本医疗保险诊疗项目管理的意见

劳动和社会保障部、国家发展计划委员会、财政部、卫生部、国家中医药管理局关于确定城镇职工基本医疗保险医疗服务设施范围和支付标准的意见

二、居民基本医疗保险

国务院关于整合城乡居民基本医疗保险制度的意见

国务院办公厅转发卫生部、财政部、农业部部门关于建立新型农村合作医疗制度意见的通知

劳动和社会保障部、国家发展和改革委员会、财政部等关于城镇居民基本医疗保险医疗服务管理的意见

人力资源和社会保障部、财政部、卫生部关于开展城镇居民基本医疗保险门诊统筹的指导意见

人力资源和社会保障部关于普遍开展城镇居民基本医疗保险门诊统筹有关问题的意见

三、特殊参保

劳动和社会保障部、铁道部关于铁路系统职工参加基本医疗保险有关问题的通知

劳动和社会保障部、国务院侨务办公室关于获准出境定居的归侨侨眷职工医疗保险有关政策问题的通知

劳动和社会保障部、中共中央金融工作委员会、中共中央企业工作委员会关于中央直属企事业单位按属地管理原则参加统筹地区基本医疗保险有关问题的通知

劳动和社会保障部、国家电力公司关于国家电力公司所属单位职工参加基本医疗保险有关问题的通知

劳动和社会保障部关于石油石化集团所属企业有偿解除劳动合同人员属地参加基本医疗保险问题的复函

人力资源和社会保障部、财政部、国务院国有资产监督管理委员会、监察部关于妥善解决关闭破产国有企业退休人员等医疗保障有关问题的通知

人力资源和社会保障部关于领取失业保险金人员参加职工基本医疗保险有关问题的通知

劳动和社会保障部办公厅关于城镇灵活就业人员参加基本医疗保险的指导意见

劳动和社会保障部办公厅关于推进混合所有制企业和非公有制经济组织从业人员参加医疗保险的意见

四、关系转移接续

流动就业人员基本医疗保障关系转移接续暂行办法

关于做好进城落户农民参加基本医疗保险和关系转移接续工作的办法

流动就业人员基本医疗保险关系转移接续业务经办规程

五、异地就医与结算

人力资源和社会保障部、财政部关于做好基本医疗保险跨省异地就医住院医疗费用直接结算工作的通知

人力资源和社会保障部办公厅关于做好基本医疗保险跨省异地安置退休人员备案工作的通知

人力资源和社会保障部办公厅关于进一步加强基本医疗保险异地就医监管的通知

人力资源和社会保障部、财政部、国家卫生和计划生育委员会关于进一步做好基本医疗保险异地就医医疗费用结算工作的指导意见

人力资源和社会保障部办公厅、财政部办公厅关于规范跨省异地就医住院费用直接结算有关事项的通知

六、其他

社会保险基金先行支付暂行办法

人力资源和社会保障部、财政部、卫生部关于开展基本医疗保险付费总额控制的意见

人力资源和社会保障部关于进一步加强基本医疗保险医疗服务监管的意见

人力资源和社会保障部办公厅关于全面推进基本医疗保险医疗服务智能监控的通知

人力资源和社会保障部办公厅关于发布医疗保险按病种付费病种推荐目录的通知

国务院办公厅关于全面实施城乡居民大病保险的意见

财政部、劳动和社会保障部关于企业补充医疗保险有关问题的通知

第十一部分　生育保险

企业职工生育保险试行办法

生育保险和职工基本医疗保险合并实施试点方案

劳动和社会保障部、国家计划生育委员会、财政部、卫生部关于妥善解决城镇职工计划生育手术费用问题的通知

劳动和社会保障部办公厅关于进一步加强生育保险工作的指导意见

人力资源和社会保障部办公厅关于妥善解决城镇居民生育医疗费用的通知

人力资源和社会保障部、财政部关于适当降低生育保险费率的通知

人力资源和社会保障部、财政部、国家卫生和计划生育委员会关于做好当前生育保险工作的意见

国务院办公厅关于全面推进生育保险和职工基本医疗保险合并实施的意见

第十二部分　工伤保险

一、总类

工伤保险条例

劳动和社会保障部关于实施《工伤保险条例》若干问题的意见

人力资源和社会保障部关于执行《工伤保险条例》若干问题的意见

人力资源和社会保障部、住房和城乡建设部、国家安全生产监督管理总局、全国总工会关于进一步做好建筑业工伤保险工作的意见

工伤保险经办业务管理规程(试行)

劳动和社会保障部、卫生部、国家中医药管理局关于加强工伤保险医疗服务协议管理工作的通知

最高人民法院行政审判庭关于《工伤保险条例》第六十四条理解和适用问题请示的答复

二、缴费与参保

部分行业企业工伤保险费缴纳办法

劳动和社会保障部、国家安全生产监督总局、国防科学技术工业委员会关于贯彻《安全生产许可证条例》做好企业参加工伤保险有关工作的通知

劳动和社会保障部关于农民工参加工伤保险有关问题的通知

劳动和社会保障部、国务院国有资产监督管理委员会关于进一步做好中央企业工伤保险工作有关问题的通知

人力资源和社会保障部关于做好老工伤人员纳入工伤保险统筹管理工作的通知

人力资源和社会保障部、财政部关于调整工伤保险费率政策的通知

最高人民法院行政审判庭关于离退休人员与现工作单位之间是否构成劳动关系以及工作时间内受伤是否适用《工伤保险条例》问题的答复

最高人民法院行政审判庭关于超过法定退休年龄的进城务工农民因工伤亡的，应否适用《工伤保险条例》请示的答复

三、工伤认定

工伤认定办法

劳动和社会保障部办公厅关于职工在工作中遭受他人蓄意伤害是否认定工伤的复函

劳动和社会保障部办公厅关于对《工伤保险条例》有关条款释义的函

劳动和社会保障部办公厅关于对工伤认定法律适用问题的复函

最高人民法院关于审理工伤保险行政案件若干问题的规定

最高人民法院行政审判庭关于职工外出学习休息期间受到他人伤害应否认定为工伤问题的答复

李 华

盈科律师事务所创始合伙人、盈科全国业务指导委员会主任。

李华律师作为盈科全国业务指导委员会主任，负责盈科体系内的专业化建设，带领盈科律师，构建出完整的专业化法律服务体系，包括研究院、专业委员会及综合性法律中心，推动盈科律师专业化的法律服务，以适应法律服务市场不断细分的需要。在此基础上，通过集成各专业委员会纵深化的法律服务能力为客户提供综合性的法律服务。

曾荣获全国律师行业优秀党员律师、北京市优秀律师、朝阳区优秀律师、朝阳区首届优秀女律师、朝阳区优秀党员的荣誉称号，钱伯斯《大中华区指南2023》TMT：数据保护&隐私领域上榜律师。

蒋阳兵

中山大学法律硕士，盈科深圳专职律师，具有独立董事资格，兼任深圳前海国际商事调解中心调解员、中山市国资委外部董事专家库成员。

张　莹

岭南师范学院马克思主义学院教师。

孔　霞

北京大学硕士毕业，深圳前海合作区人民法院调解员，具有上市公司独立董事及基金从业资格，积极幸福心理倡导者。